Johann Adam Hartung

Die Religion und Mythologie der Griechen

1. Teil - Naturgeschichte der heidnischen Religionen

Literaricon

Johann Adam Hartung

Die Religion und Mythologie der Griechen

1. Teil - Naturgeschichte der heidnischen Religionen

ISBN/EAN: 9783965065659

Auflage: 1

Erscheinungsjahr: 2023

Erscheinungsort: Treuchtlingen, Deutschland

© Literaricon Verlag UG (haftungsbeschränkt)

www.literaricon.com

Printed in Germany

Cover: August Theodor Kaselowsky, Peleus entführt Thetis, Abb. gemeinfrei

DIE

RELIGION UND MYTHOLOGIE

DER

GRIECHEN

VON

J. A. HARTUNG.

Motto:

Könnt ich Magie von meinem Pfad entfernen
Die Zaubersprüche ganz und gar verlernen:
Stünd ich, Natur, vor Dir ein Mann allein,
Da wär's der Mühe werth ein Mensch zu sein!

ERSTER THEIL.

NATURGESCHICHTE DER HEIDNISCHEN RELIGIONEN,
BESONDERS DER GRIECHISCHEN.

LEIPZIG,

VERLAG VON WILHELM ENGELMANN.

1865.

DEM VETERAN

UNTER

DEN JEZT LEBENDEN

UNSTERBLICHEN DICHTERN DEUTSCHLANDS

HERRN GEHEIMRATH

DR. FRIEDRICH RÜCKERT

ZUM ANDENKEN

AN VIELJÄHRIGE FREUNDSCHAFT

HOCHACHTUNGSVOLL UND DANKBARST

GEWIDMET.

Hochzuverehrender Herr und Freund!

Ein Buch welches seine Entstehung Ihrer Anregung und seine Gestaltung und Vollendung Ihren belehrenden Gesprächen dankt, muss auch billig Ihnen gewidmet werden, wenn Sie es anders nicht verschmähen, bei dem Kinde eines Vaters, dessen Erzeugte nicht alle wohlgerathen sind, Pathenstelle zu vertreten. Wenn wir auf mythologische Gegenstände zu sprechen kamen, pflegten unsere Urtheile über die nöthigen Grundansichten übereinzustimmen, und dabei geschah es einmal (es war im Sommer 1859) dass Sie, Ihre Unzufriedenheit äussernd über die Deutungsversuche eines neueren vielverbreiteten mythologischen Werkes, Ihre Rede mit der Aufforderung an mich schlossen, dass ich eine griechische Mythologie schreiben solle! Durch Ihr Zutrauen bewogen, hab' ich die Arbeit unverzüglich begonnen, und ohngefär in Jahresfrist war der erste Entwurf vollendet, so dass ich Ihnen bereits im Sommer 1860 die Darlegung der Grundsäze meiner Behandlungsweise als Einleitung vorlesen konnte. Die darauf folgende Erweiterung dieser Einleitung sammt vollständiger Umarbeitung des ganzen Werkes, welche mich abermals ein Jahr lang beschäftigte, richtete sich vorzüglich nach Ihren Bemerkungen. Auch bei dieser zweiten Durcharbeitung hatte sich der Stoff noch nicht so vollständig übersichtlich zusammenlegen und zu einem organischen Ganzen gestalten lassen, dass mir kein Zweifel mehr über die Richtigkeit alles Einzelnen und seine Stellung zu dem Ganzen übrig geblieben wäre. Denn es war keine Kleinigkeit, erst jedem einzelnen Gott und Heros nach eigner Forschung sein Wesen aufzuschliessen, sodann das Gleichartige zusammenzuordnen ohne Synkrasie, und das Verschiedene zu scheiden mit Beachtung der überall in allem Organischen vorhandenen unmerklichen Uebergänge, und so endlich die richtige Gliederung zu dem Aufbau des Ganzen zu gewinnen, dass die Theile einander heben und tragen, das Einzelne von dem Ganzen Licht gewinne und das Ganze wieder in jedem Einzelnen seine Bestätigung finde. Wie sehr meine Arbeit in allem diesen von allen früheren mythologischen Werken sich unterscheidet, kann daher schon aus der Eintheilung des Stoffes entnommen werden. Um es aber rund heraus zu sagen, so lassen die Abweichungen in folgende Punkte sich zusammenfassen:

Die früheren Untersuchungen gehen alle von einer bildlichen Auffassung des Begriffes My t h u s aus, indem sie darunter allegorische Erzählungen verstehen, was sie so wenig sind wie irgend eine Erzälung des alten oder neuen Testaments.

Meine Vorgänger halten sogar die G ö t t e r für A l l e g o r i e n , was sie doch zu keiner Zeit gewesen sind, selbst die moralischen Gewalten, der Eros, die Ate, die Dike u. s. w. nicht, sondern Dämonen so gut wie die physischen.

Sie nehmen das S y m b o l für ein beweisendes oder belehrendes Zeichen, während es ein versicherndes Unterpfand ist, und nicht sowohl etwas bedeutet als etwas gewährt und ist. Ihnen allen ist die R e l i g i o n ein Erzeugniss müssiger Speculation und bilderdenkenden Philosophirens, während ich sie vielmehr für ein Bedürfniss des menschlichen Gemüths und für einen mit einem Gott geschlossenen Bund erkläre.

Sie bemühen sich alle bloss um Deutung der Göttergeschichten, während sie die Heroen-Geschichten entweder wie Grimms Volksmährchen ohne Aufschluss nach einander erzälen in der Verbindung in welche sie von den alten Logographen gebracht worden sind, oder für entstellte Geschichte halten, und einen historischen Kern herauszuschälen bemüht sind, der niemals drinnen gewesen ist.

Dieses Werk ist daher die erste vollständige Auslegung der Heroen-Sagen, und diese Sagen sind mit den Göttergeschichten zugleich abgehandelt, weil, was ja in anderen Mythologien bereits erkannt worden ist, die Heroen verkommene und verdunkelte Götter sind, und die Deutung ihrer Mythen einen Schlüssel gibt zur Deutung der Göttersagen selbst, während diese wieder zur Deutung jener behilflich sind.

Meine Vorgänger haben ferner den Unterschied zwischen Dichter-Erzälungen und Tempelsagen unrichtig gefasst, und nicht genug erwogen, dass der Dichter die Sagen nach seinen eigenen Zwecken, unbekümmert um deren mystische Bedeutung, verändern muss. Sie unterscheiden nicht zwischen Glauben und Dichten, und wollen den Glauben aus dem Dichten entstehen lassen, anstatt umgekehrt.

Sie bringen ferner die Mythen nicht in die gebührende engste Verbindung mit den gottesdienstlichen Symbolen und Ceremonien, welches mir der richtigste Weg zu ihrer Deutung scheint, und wesshalb mir Pausanias für wichtiger gilt als Homer und Hesiod.

Kurz, meine Vorgänger stehen theils auf dem Standpunkte rationalistischer Wundererklärungen und Verwandlung mythischer Erzälungen in historische Facta, theils werden sie von romantischer Bewunderung des Aberglaubens beherrscht, und sind darum unvermögend, weder diesen von echter Religion, noch auch echte Religion von Wissenschaft und Philosophie zu unterscheiden, sondern Alles liegt untereinander so dass Eines mit dem Andern verdorben wird.

Es scheint mir darum doch endlich an der Zeit mit meiner Arbeit, wie sie auch sein mag, hervorzutreten, zumal wenn ich sehe, dass man noch ausländische Forschungen, wie die von Gladstone über Homer, worin ein mässiger Irrthum meines seligen Freundes Nägelsbach auf die Potenz erhoben wird, für übersezungswerth achtet, und wenn ich sehe wie die Aufwärmung des alten Irrthums in allerneuesten poetischen Naturanschauungen immer noch Verleger und Leser findet.

I N H A L T.

I. ABSCHNITT.

ÜBER DIE ENTSTEHUNG UND WEITERBILDUNG DER RELIGIONEN.

A. VON DER ENTSTEHUNG DER RELIGIONEN.

II. ABSCHNITT.

ÜBER DIE ENTSTEHUNG UND WEITERBILDUNG DER MYTHEN.

A. VON DEM URSPRUNG DER MYTHEN.

B. VON DER WEITERBILDUNG DER MYTHEN.

I. Abschnitt.

Ueber die Entstehung und Weiterbildung der Religionen.

A. Von der Entstehung der Religionen.

1. Die Religion ein Bund und ein Erziehungsmittel.

Die Naturkundigen alter und neuer Zeit[1] lehren uns, dass
wir mit unseren Sinnen nicht die Dinge an sich sondern nur
den Eindruck der Dinge auf unsere Organe wahrnehmen,
mithin nicht die Dinge selbst, sondern vielmehr nur uns
selbst in den Dingen oder die Zustände unserer Organe empfinden, wie sie von den Dingen veranlasst sind. Und die Philosophen sagen uns, dass die Begriffe Raum und Zeit, in denen wir die von unseren Sinnen empfangenen Eindrücke der
Aussenwelt uns zurechtlegen, keineswegs Objecte unserer un-
mittelbaren Wahrnehmung, sondern nur Formen unserer Anschauung und Bestimmungen unseres Denkens seien, mithin
auch die Gesetze des natürlichen Zusammenhanges der Dinge
nur in unserem Denken existiren, wenigstens ihre Realität
nicht nachgewiesen werden kann, weil unser Ich niemals aus
sich selbst und dem Reiche seiner Gedanken heraustreten
kann. Sollte es mit unserem geistigen Fühlen anders, als mit

---

1) Bereits die Cyrenaische Philosophenschule im Alterthum war zu
dieser Erkenntniss vorgedrungen: Cic. acad. pr. II, 24, 76.

unserem sinnlichen Empfinden und mit unserem Denken beschaffen sein? Muss es nicht eben so subjectiv, innerlich, durch die Organe der geistigen Auffassung bedingt sein und bleiben? Lediglich aber um das Fühlen handelt sichs, wenn man nach dem Ursprung der Religionen fragt, nicht um das Denken, aus welchem in der ganzen Welt noch niemals eine Religion sondern immer nur philosophische Systeme hervorgegangen sind. Die Philosophie aber oder die Wissenschaft kann nie etwas anderes als einen Zusammenhang von Ursachen und Wirkungen, eine Kette von Gründen und Folgen in allen Erscheinungen nachweisen, und wird stets Alles auf organisch wirkende unwandelbare Geseze zurückführen müssen, mithin die Götter in Ruhestand versezen. Wenn aber bei dem unpersönlichen Gedankengotte und der sittlichen Weltordnung, welchen der Pantheismus als den Grund der Welt und als die zusammenhaltende Einheit sezt, selbst in unserem denkenden Zeitalter die Wenigsten sich beruhigen mögen, sondern einen thätig eingreifenden, d. h. wunderthätigen, und vor allem einen ihnen ganz besonders angehörigen Gott für ihr Herz verlangen; so ist leicht einzusehen, wie unmöglich die Vorstellung eines derartigen Gedanken-Wesens den Menschen der Urzeit gewesen sein muss, oder, wenn sie einen solchen Gott sich denken konnten, wie unmöglich er ihnen genügen konnte, Menschen, denen der Instinct Alles und Nichts die Reflexion war, und die, von den Eindrücken der nächsten Umgebung beherrscht, überhaupt zu keinem zusammenhängenden Ueberblick sich erheben konnten, wenn anders ihre Bedürfnisse ihnen Zeit dazu liessen. Nothwendig musste auch Alles was mit unwiderstehlicher Macht auf den Naturmenschen wirkte, ihm als mit einer geistigen Macht belebt erscheinen, indem er, wie gesagt, sich selbst in den Dingen empfindend, weit weniger zur Abstraction geneigt und fähig war. Wenn er von einem Dinge, sei es angenehm oder unangenehm berührt, verlezt oder erfreut, beglückt oder gequält wurde, wenn es eine Macht übte, welcher er unfähig war zu widerstehen, so konnte er nicht anders als diesen Gegenstand als belebt sich vorstellen, und die unergründlichen Mächte, die ihm zu stark waren, als Dämonen anerkennen. Indem er aber von einer doppelten Natur, der äusseren und der inneren, von der Gewalt der Elemente und der Gewalt der sinnlichen Triebe, sich beherrscht fühlte, so musste er ebensowohl »die geheimen tiefen Wunder der eigenen Brust« wie die unbegriffenen Erscheinungen der Aussenwelt anstaunen fürchten und verehren. Also füllte sich die Schöpfung um ihn sowohl als in ihm mit Geistern oder Dämonen, deren theils wohlthätige theils schädliche Wirkungen allenthalben zu erkennen waren.

Mit diesen Wesen nun, wenn man weder mit List noch mit Gewalt über sie Herr werden konnte, musste ein friedliches und freundliches Abkommen getroffen werden. Von Versuchen, Dämonen, Riesen und Zauberern mit List und Gewalt Vortheile abzutrozen, wird in allen Volkssagen viel erzält, doch mehr noch von freundlichen Verhältnissen, die durch Gaben, d. h. Opfer, und Bitten oder Gebete gewonnen waren. Man sucht die Gunst und den Beistand einiger zu gewinnen, wenn es nicht möglich ist allen gerecht zu werden. Also schliesst man zuerst mit einem Haus- und Familien-Gotte einen Bund, oder vielmehr der Gott selbst schliesst diesen Bund mit seinem Verehrer, so wie Jehovah mit Noah und mit Abraham; und das ist der Begriff des Wortes *religio*, welches, von *ligare* stammend, unserer Beweisführung zur Stüze dient.

Monotheistich, aber nicht theistisch, beginnt jede Religion des einzelnen Menschen, der sich einen Schutzgeist erwählt oder von ihm erkoren wird, wie ja noch die Homerischen Helden alle an einzelne, ihnen eigene, Schuzgötter sich halten. Polytheistisch wird die Religion erst dann, wenn mehrere Stämme mit ihren Schuzgeistern zu einer Gemeinde zusammentreten, vorausgesezt, dass keine auf ihren eigenen Gott und auf ihre eigenen Rechte eifersüchtige Priesterschaft die

Aufnahme fremder Götter hindert. In dieser Weise sind die vielen Stadt- und Landes-Götter der griechischen Stämme, als die Hellenen ihrer Einheit gegenüber den Barbaren sich bewusst geworden waren, in dem griechischen Olymp vereinigt worden [2]: den Römern aber sind frühzeitig ihre angestammten Götter überdeckt und verschüttet worden von dem aus allen Ländern und Völkern zuströmenden fremden Götter-Gemengsel. Polytheistisch gestaltet ist auch bereits die Sage von einem Compromiss der griechischen Götter mit den Menschen bei Hesiod Θ. 535, welche oben darein von einer Ueberhebung der Menschen zeugt [3]. Die Götter, so heisst es dort, wollten sich mit den Menschen auseinander sezen [4], nämlich über ihre Rechte und Forderungen an die Menschen; und dabei wurde Zeus vom Prometheus hinter das Licht geführt, der eine partheiische Theilung des Opferfleisches ihm aufnöthigte [5]. Monotheistisch dagegen und fromm ist der Verkehr des Gesezgebers Minos mit Zeus in der Idäischen Grotte: überein war auch das Verhältniss des Tantalus zum Zeus ursprünglich gemeint, obgleich die Sage auch hier einen Betrug in der missverstandenen Sohnes-Opferung angeheftet hat. Von Numa und seinem Verhältniss zur Egeria und noch von anderen derartigen Religions-Stiftern zu reden wäre hier zu weitläufig.

Es ist eben so wahr, dass die Götter nach dem Bilde der Menschen, wie dass die Menschen nach dem Bilde der Götter gemacht sind, und aus dieser Gegenseitigkeit folgt, dass stets die Götter, ihren Verehrern entsprechend, roh und blutdürstig bei blutdürstigen Wilden, mild und edel bei den edleren Völkern sein müssen [6]. Aber trozdem, wie sie auch nur sein

---

2) Vgl. Juven. 13, 42—52.
3) Vgl. Schömann, Gr. Alt. II. p. 134 f.
4) ἐκρίνοντο θεοὶ θνητοί τ' ἄνθρωποι.
5) ἑτεροζήλως διεδάσσατο μοίρας.
6) Euripides Iphig. T. 390.

mögen, müssen sie stets einen bildenden Einfluss auf den treu ergebenen Menschen üben darum, weil dieser in ihnen seine Ideale findet. Und mögen auch immer zuerst Furcht und Vortheil den Bund geschlossen haben, so kann es doch nicht fehlen, dass nicht bald auch Liebe und Dankbarkeit sich einstelle, weil doch der Wohlthaten mehr als der geduldeten oder verhängten Uebel sind, und jeder Mensch in seinem Leben es öfter erfährt, dass er aus rettungslos scheinenden Gefahren und Nöthen unverhofft durch die Hand seines Gottes sich erlöst siht. Dabei kann er nicht umhin, das Gute was ihm zu Theil geworden ist als göttlichen Segen und Belohnung seines Rechtthuns, und dagegen das Ueble als Strafe begangener Sünde anzusehen. Wenn also auch bei Abstumpfung des Gewissens der Gott im Innern des Menschen nicht mehr vernehmlich spricht, so wird dieser doch noch den ausser ihm waltenden Gott fürchten und um dessen Gnade nicht allein durch Opfer und Gebete sondern auch durch Rechtschaffenheit und Frömmigkeit sich bewerben müssen. Nun gibt es aber keine Zeit und keinen Raum und keinen Zustand menschlicher Existenz, der von der Gegenwart göttlicher Wesen frei wäre: also ziehen die Götter mit den Menschen in ihre Wohnungen ein und umschweben sie Tag und Nacht, sie zeigen den Ansiedlern die Stätten wo sie sich anbauen sollen, lassen sich mit ihnen nieder in Hainen und Tempeln, auf Auen und Höhen, beschirmen die Burgen und walten im Haus und auf den Strassen. Also werden sie auch mit Recht als die Gründer der Staaten und Gesezgeber betrachtet. Und so ist die Religion, so wie die Sprache, zugleich mit dem Eintritt des Menschen in die Menschheit, d. h. mit dem Beginn des gesellschaftlichen und staatlichen Lebens, entstanden, und gehört so wesentlich zur Existenz des Menschen wie die Unterscheidung von Recht und Unrecht, durch welche die bürgerlichen Gemeinden bestehen: endlich umfasst sie alles Hohe und Heilige, was dem Menschen die Herrschaft über seine Begierden verleihen, was

ihn über ihn selbst erheben, was ihn selbst zur Aufopferung
seines Lebens für das Glück seiner Mitmenschen begeistern
kann.

2. Der Staat als Kirche.

Es hat eine Zeit gegeben, wo man die Religionen von
staatsklugen Männern, welche einsahen, dass die Massen ohne
einen übermenschlichen Zaum sich nicht lenken lassen, erfunden sich dachte, und mittelst einer Art von Heuchelei und
frommen Betrugs, genannt Accommodation, den Völkern ein-
geprägt. Bald nachher, indem man solche absichtliche Täu-
schung für unwürdig und des Beispiels wegen auch für gefähr-
lich erachtete, schien es gerathener, die Religionsstifter selbst
mit in die Reihe der Getäuschten zu stellen: also gab man ihnen
zu ihrer Weltweisheit eine immer dichtende kindliche Phantasie,
kraft deren alle ihre Gedanken als Bilder zur Welt kamen,
und in dieser Gestalt den Völkern mitgetheilt wurden, woraus
nun sofort die Götter mitsammt den Mythen und gottesdienstlichen Ceremonien hervorgegangen sein sollten. Entgegen
diesen Erzeugnissen des Rationalismus und der Romantik
haben wir nun bereits erkannt, dass die Religion ein unmit-
telbares Product der Menschwerdung des Menschen war, und
dass diese Menschwerdung zusammentrifft mit der Entstehung
patriarchischer und staatlicher Gemeinden, mit denen zugleich
auch Gesezgebung und Moralübung nothwendig wurden. Ob
es je einen anderen menschlichen Zustand vor diesem gegeben
hat, und ob man so einen Zustand einen thierischen oder
einen englischen und paradiesischen nennen müsste (in den
griechischen Mythen finden sich immer beiderlei Auffassungen
vereinigt braucht uns hier nicht zu kümmern. Jedenfalls
wäre derselbe ein sündloser gewesen (denn auch das Thier ist
sündlos, weil willenlos, und somit auch frei von den Uebeln,
welche der Gebrauch der Vernunft in der Willensfreiheit
sammt der Erhebung über den Instinct und der zugreifenden

Begierde den Menschen gebracht hat. Mit der Sünde und ihren Folgen Gram, Kummer, Mühen und Krankheiten, war aber auch sogleich das Heilmittel gegeben, und dieses Heilmittel war eben die Religion, welche den armen Sterblichen in der Gemeinschaft mit den seligen Göttern zeitweilige Wiederkehr jenes verlorenen paradiesischen Zustandes, von dem die Sagen der Vorzeit erzählen, bei den Festfeiern gewährte, und eine vollständige Wiederbringung desselben am Ende aller Tage verhiess.

Der in solcher Weise auf Religion gegründete Staat war, nach unserer Art zu reden, eine Kirche. Zur Unterhaltung lebendigen Verkehrs und beständiger Gemeinschaft mit den Göttern dienten die Zeichendeuter (μάντεις, die Beter ἀρητῆρες) und die Opferer ἱερεῖς, und als Unterpfänder dieser Gemeinschaft gebrauchte man die Symbole, an welche, als gottesdienstliche Verrichtung, die Ceremonien, und als belehrende Auslegungen, die heiligen Geschichten oder Mythen sich knüpften. Von allem diesen werden wir abgesondert ausführlich in den folgenden Capiteln zu sprechen haben: unsere Einleitung wird demnach naturgemäss in zwei Theile zerfallen, deren einer von der Religionsübung, den Ceremonien und Symbolen, der andere von den Glaubensbekenntnissen oder Mythen zu handeln hat: und in einem jeden dieser Theile wird wieder abgesondert von der Entstehung und von der Weiterbildung zu sprechen sein.

3. Veränderungen und Wandelungen göttlicher Personen.

Der Staat ist eine Anstalt zur Menschenerziehung theils durch seine Geseze und theils durch seine Götter. Die Geseze wirken blos hindernd und verbietend, aber der Glaube wirkt fördernd und belebend. Zufolge der Vielseitigkeit der Menschen-Natur, indem ein jeder seinen besonderen Gott nach seinem eigenen Naturell gestaltet, entsteht auch eine Vielseitigkeit und Mannichfaltigkeit göttlicher Vorbilder, und dieser Vorbilder bedarf ein Volk, damit jeder Einzelne nach seiner angeborenen Richtung, nach Stand und Beruf, Neigung und Anlage, im Himmel seinen Vertreter finde[7]. Es gehört daher zur Vollkommenheit eines jeden Götter-Himmels, eine gewisse Vollständigkeit göttlicher Personen zu besitzen: und damit diese zu Stande komme, muss eine Art gegenseitiger Ausgleichung und Ergänzung unter den göttlichen Wesen eintreten. Und das ist nicht schwer, indem ein jeder Gott einerseits die Fähigkeit besizt, durch Uebernahme von Aemtern sein Wesen bis zum Weltengott zu erweitern, und anderseits auch die Nachgiebigkeit, um eingedrungenen Doppelgängern einen Theil seiner Befugnisse abzutreten. Dazu kommt, dass die Götterwelt, so wie sie in allem analog und entsprechend der Menschenwelt lebt und waltet, also auch eine Art von Staat unter einem Oberhaupte bildet mit Classen und Ständen von Dämonen, die in allen Elementen walten und je nach ihrem Stand und Beruf auch schwächer oder mächtiger sind. Es gibt aber immer zwei Reiche, des Lichtes und der Finsterniss, der Lebendigen und der Todten, die sich mitunter auch nach der moralischen Schäzung in Reiche des Guten und des Bösen scheiden. Und im Reiche des Lichtes tritt wieder eine Scheidung nach den Elementen ein, so dass es Luft-, Erd- und Wassergeister gibt; die Luftgeister sind die ursprünglich himmlischen, die Erdgeister stehen mit den unterirdischen in der nächsten Berührung, doch sind sie auch aus dem Himmel nicht ausgeschlossen, so wenig als die Fluss- und Seegötter. Ueberhaupt aber ist kein Reich von dem anderen völlig abgeschlossen, und das ist natürlich, weil ja auch das Leben dem Tode verfällt und vom Tode Wiederkehr zu neuem Leben möglich ist, und weil die Elemente alle sich gegenseitig halten und stüzen, so dass also ein Gott verschie-

---

7) Plin. H. N. II, 5, 16 *Major coelitum numerus etiam quam hominum intelligi potest, quum singuli quoque ex semet ipsis totidem deos faciant etc.*

denen Reichen angehören und auch verschiedene Wandelungen eingehen kann. Die Verwandlungen und Zertheilungen, die Verfestungen des Anfangs Flüssigen, die Verwitterungen, Zertrümmerungen, Ueberschüttungen, und dann wiederum der von Dichtern und Künstlern bewirkte Neubau aus den Ruinen haben die alten Mythologien und Religionen zu hieroglyphischen Räthseln für den Forscher gemacht. Doch dürfen wir an deren Aufschliessung trozdem nicht verzweifeln, wenn wir nur den rechten Schlüssel finden: der Schlüssel aber ist nicht in müssigen Speculationen zu suchen, sondern in den Bedürfnissen des menschlichen Herzens und der menschlichen Natur: und das ist zunächst die Erkenntniss, wodurch sich unsere Arbeit von den Arbeiten unserer Vorgänger unterscheidet.

4. Symbolik.

Heyne hat zuerst die Ansicht aufgestellt, dass die Mythologie eine bildliche Sprache sei, in welcher die ersten Lehrer der Menschheit ihre Ideen über Gott und göttliche Dinge, ihre Weisheit und Erkenntniss überhaupt, ausgeprägt hätten, um sie den Unmündigen mitzutheilen. Diese Ansicht, einige unwesentliche Abänderungen abgerechnet, hat bis auf den heutigen Tag sich erhalten, die unwesentlichen Abänderungen aber, welche sie im Laufe der Zeit erfahren hat, sind theils Verbesserungen, theils Verschlimmerungen zu nennen. Eine Verbesserung war ohne Zweifel die Erkenntniss, dass die Religion und die Mythen keine absichtliche Erfindung seien, und, wenn Dichtung, doch keine bewusste, sondern eine eben so unwillkürlich und nothwendig aus dem menschlichen Geiste hervorgequollene, wie die Sprache und Anderes was zum Begriff Mensch gehört. Eine Verschlimmerung aber war die mit der Identitäts-Philosophie herrschend gewordene Ansicht von einer reineren Urreligion und einem erleuchteten Urvolke, odann von einer geschehenen Trübung und Zertrümmerung jener Urweisheit, die sich in den Asiatischen Priesterschaften, in den Mysterien u. s. w. fortgepflanzt habe. In dieser Schule ist die Symbolik förmlich zum System ausgebildet worden von G. Fr. Creuzer, gegen den wir uns daher wenden müssen, wenn wir die Quelle des Irrthums aufzeigen und widerlegen wollen. Es ist der Mühe werth zu sehen, durch welche Sprünge Creuzer sogleich bei der Erörterung der Begriffe Symbol und Mythus in den Irrthum sich hineingestürzt hat. Das Wort σύμβολον kann nur missbräuchlich zuweilen für ein beweisendes Zeichen (argumentum, σημεῖον, gebraucht werden: sonst bedeutet es immer ein Recht- und Anspruch-sicherndes Unterpfand, und bezieht sich wie schon seine Abstammung zeigt, auf einen Vertrag oder Bund oder ein auf Treu und Glauben beruhendes Verhältniss Zweier. Es sezt also ferner die Existenz eines Rechtszustandes und den Anfang zu einer bürgerlichen Gemeinde voraus. Der Unterschied der zwei Synonyma ist gross, und es gehört gerade kein grosser Scharfsinn dazu um ihn zu fassen. Wenn mir z. B. für ein dargeliehenes Capital ein Schein eingehändigt wird, so ist dieser Schein nicht bloss eine Urkunde, womit ich die gemachte Darleihung beweisen kann, sondern, was weit wichtiger ist, auch eine Sicherheit, die mir meinen Besiz garantirt, ein Unterpfand, dass mir mein Geld, sobald ich es rechtlich fordern kann, zurückgezalt werden muss, und ist darum, so lange der Schuldner zalungsfähig bleibt, von gleichem Werth mit dem Capitale selbst, weshalb jener Schein auch als sogenanntes Papiergeld veräussert werden kann. So war auch die *tessera hospitalis*, welche man σύμβολον nannte, kein blosses Zeichen womit man das Gastverhältniss nachweisen konnte, sondern zugleich ein Unterpfand, welches dem Reisenden die Aufnahme in dem fremden Haus verbürgte: und von gleicher Art war die *tessera* der Soldaten in der Schlacht und alles was nur immer von den Griechen σύμβολον genannt wird. Nun ist, wie wir gesehen

haben, die Religion ein Bund mit dem Gott oder ein
Vertrag mit unsichtbaren Mächten, und alles was zum Gottesdienste gehört, sei es nun Bild, Reliquie, Fetisch u. s. w.
oder Verheissung (Omen) oder heilige, von dem Gott selbst
oder seinen Mittlern eingesezte Ceremonie (Sacrament), oder
Gebetsformel, alles das, sag' ich, vertritt die Stelle eines
σύμβολον, so dass es demjenigen, welcher daran Theil hat in
die kirchliche Gemeinde aufgenommen ist und es gläubig
gebraucht denn auf Treue von der einen und auf Glauben
von der anderen Seite beruht, sagten wir, so ein Verhältniss
den Schuz des treuen Gottes, mit welchem der Bund geschlossen ist, unter den dabei bedungenen Opfern, verbürgt.

Hätte also Creuzer nur dieses Wort richtig angesehen,
und wäre er im Stande gewesen, hier und anderwärts von den
objectiven Thatsachen vorurtheilslos sich führen zu lassen, so
war er sogleich auf den richtigen Standpunkt gestellt, von
welchem aus die Räthsel sich lösen mussten. Allein kaum hat
er die Bedeutung und Anwendung des Wortes σύμβολον nach
dem Lexikon richtig angegeben, so springt er zum σημεῖον
hinüber und behauptet, dass das Zeichen im Gegensaz des
Wesens, das Wort als Zeichen der Sache, das Sinnbild als
Zeichen einer Handlung oder Gesinnung mit jenem gemeint
sei, was doch nie und nirgends, selbst nicht in den von ihm selbst
angeführten Beispielen eines weiter ausgedehnten Gebrauches,
der Fall ist: denn wenn z. B. der Epheukranz σύμβολον νίκης
Ἰσθμιάδος genannt wird, so ist nicht bloss ein beweisendes, sondern auch, gleich einem empfangenen Orden, ein auf
gewisse Ehrenrechte Anspruch gebendes Zeichen gemeint:
und so ist auch bei Sophokles Phil. 404 σύμβολον λύπης nicht
ein Zeichen der Trauer, sondern ein Unterpfand erlittener
Kränkung gemeint, welches die damit Begabten dem Philoktet
zu Bundesgenossen macht. Die nächste Folge dieser Miss-
deutung nun war, dass Cr. die μαντεία zu einer Deutung
des in seinem Ursprunge Dunklen machte, indem ihm die

»Zeichen und Wunder«, die φάσματα, *omina*, *prodigia* u. s. w., auch bloss in die Augen fallende Zeichen von derartigem Dunklen d. h. Göttlichem waren, anstatt dass er sie Verheissungen und Bürgschaften für gläubige Empfänger nennen musste. Also unterschied Cr. ferner ein discursives Lehren und ein intuitives. Das erstere (um hier sogleich an einem Beispiel zu zeigen, welcher Art seine sinnbildernden Symbole seien) schien ihm durch ein Symbol, den heiligen Steinhaufen des Hermes (des Lehrers der Beredtsamkeit, bezeichnet, »der das Bild der aus Begriffen zusammengesezten Rede und der aus Elementen nach und nach zusammengesezten Buchstabenschrift sei« — gewiss recht sinnig! ohngefähr wie wenn man aus einem Stereotypendruck der Ilias alle Wörter und Wörtchen, von einander gerissen und über einander hingeworfen, als ein Sinnbild der Ilias geben wollte! Die intuitive Rede aber schied sich ihm in zwei Unterarten, in die symbolische oder mythische und in die welche durch Bilder redet, oder in die Orphische und die Pythagoreische. Also war symbolisch- oder mythisch-sprechen Eins, und der Mythus war im Grunde nicht verschieden von der Allegorie, er war nur eine Species der letzteren. Zum Symbol aber verhielt sich der Mythus wie das Ohr zum Auge, er war in seiner frühesten Erscheinung das ausgesprochene Symbol.

Die Schelling, die Creuzer, die Görres, die Schubert u. s. w. waren es, von denen auch alle die weiteren Behauptungen, die wir in den folgenden Paragraphen zu widerlegen haben, aufgestellt worden sind, von einer ursprünglichen gottähnlichen, sogar auch mit Wunderkraft begabten, Menschheit und einer höheren Offenbarung, die mit dem Sündenfall verloren gieng, von der aber die Trümmer sich erhalten haben in den Asiatischen Priesterschaften, in den Ueberlieferungen der Pelasger und in den Mysterien, von einer vorhellenischen Zeit symbolischer Dichtung, in welcher noch Poesie, Philosophie

und Theologie ungetrennt beisammen lagen, von dem Fort-
erben der dämonischen Wunderkraft in den Erdorakeln, sammt
allen den Phantastereien, welche darauf abzielen mussten, den
Aberglauben der Asiaten heilig zu sprechen und dagegen die
Vernunft, welche in der griechischen Kunst und Wissenschaft
sich offenbarte, als etwas Profanes erscheinen zu lassen. Alle
diese Uebel aber sind entstanden aus den misslungenen und
von Haus her missrathenen Versuchen, aus der Religion Philosophie und aus der Philosophie Religion zu machen, welche
Versuche immer damit enden müssen, die Religion an der
Philosophie und die Philosophie an der Religion zu ruiniren.
Es wäre nun einmal Zeit, das Thörichte solcher Versuche einzusehen, um für immer davon abzustehen: es wäre Zeit sich
der Unvereinbarkeit beider klar bewusst zu werden, um einen
Compromiss zu gegenseitiger Toleranz und Schonung des bei-
derseitigen Besizstandes zu stiften. Eine Religion kann es
einmal nicht geben ohne Personificirung des Absoluten, und
eine Philosophie ist wiederum nicht möglich mit Personificirung des Absoluten: aber sie können sich trozdem mit einander vertragen, so wie Verstand und Gemüth in e i n e m
Menschen neben einander walten können, ohngeachtet sie
meistens sich widersprechen oder beeinträchtigen, und ohngeachtet, in getrennten Richtungen, jener zur Philosophie
dieses zur Religion sich hinneigen.

»Die Eule siht bei Nacht, der Adler schaut in's Licht:
Thun beide, Wissenschaft und Andacht, Gleiches nicht?
Von denen jede hat ihr eigenes Gebiet,
Das d e r geschieden hat, der Tag und Nacht einst schied.
Und wer vermischen will die zwei, was kommt heraus?
Ein misslich Mittelding, der Dämmerung Fledermaus.«

So Rückert: aber schon vor langen Zeiten hat Lessing
das Gleiche gezeigt und gelehrt, ohne dass man auf ihn hören
mochte.

5. Die Vermenschlichung.

> Barbaren hatten versucht
> sich Götter zu machen:
> Allein sie sahen verflucht,
> garstiger als Drachen!

Die Aegypter erkannten in Zwiebeln, Lauch und Knoblauch etwas Göttliches, schwuren bei ihnen, als bei Göttern, und hielten es für Sünde hineinzubeissen[8], und die Pythagoreer rührten aus demselben Grunde keine Bohnen an, weil sie glaubten ein Geist stecke darinnen. Solcherlei Gründe, um das nebenbei zu bemerken, und keineswegs medicinische Beobachtungen oder Nüzlichkeits-Principien, waren die Anlässe, manche Speisen zu verbieten, manchen Pflanzen geheime Kräfte zur Reinigung, anderen zur Befleckung zuzutrauen, wie z. B. die Mistel Alles heilen konnte bei den Druiden und wie mit einem gewissen Kraute sogar Todte auferweckt wurden[9]. Wo man aber Steine und Pflanzen verehrt und das thaten die Orphiker so gut wie die Aegyptier, da ist es um so weniger zu verwundern, wenn auch Thiere angebetet werden. Dabei ist freilich nie zu vergessen, dass nicht das Thier als Thier, sondern der Geist oder Dämon, der in dem Thiere, im Stein oder in der Pflanze wohnt, vergöttert wird. Darum bleibt man auch nicht bei dem Thiere stehen, sondern macht eine Zusammensetzung aus Thier und Mensch, indem man einen Stier-, Hund-, Sperberkopf u. s. w. auf einen Menschenleib sezt, oder umgekehrt einem Stier oder Ross einen Menschenkopf sammt Flügeln ertheilt. Schon diese monströsen Zusammensezungen bekunden den Trieb, die Götter als Menschen zu gestalten, und auf diesem Wege sind die Mannstiere, die Mannlöwen, die Greife, die Einhörner, die Cherubim und Seraphim entstanden, in denen man also keine Allegorien,

---

8, Juven. 15, 9. Plin. H. N. XIX, 32, 101
9 Plin. H. N. XVI, 95, 249. XXV, 5, 14.

sondern ein Hinstreben aus der Thiergestalt in die Menschengestalt erkennen muss und einen Anfang, den Gott von dem Elemente, in welchem er befangen war, zu trennen. Erst mit der Verwandlung in schöne Menschengestalt wird diese Lostrennung vollendet sein, und erst den Griechen ist diese Erhebung der göttlichen Mächte über die Natur und die Befreiung von ihren Elementen vollständig gelungen. Es mag erhaben klingen, wenn wir von den Germanen und den Persern lesen, dass sie es mit der Majestät der Götter unverträglich gefunden haben, dieselben in Menschengestalt auszuprägen und in Tempel einzuschliessen: beim Lichte betrachtet besagt das doch nichts weiter, als dass die Götter noch in den Elementen darin staken, also noch die Elemente, d. h. die Materie, göttlich verehrt wurde. Indessen haben auch diese Völker bei solcher Gestaltlosigkeit ihrer Dämonen nicht beharren und dem Anthropomorphismus nicht ausweichen können, so wenig wie die Israeliten, wenn sie von der Hand, dem Auge, den Ohren, dem Throne Gottes u. s. w. redeten. »Der Mensch begreift niemals, wie anthropomorphisch er ist«, sagt Goethe, und das gilt noch von den heutigen Menschen so gut wie von den ehemaligen. Wir meinen noch heute Gott am höchsten zu ehren, wenn wir ihm alles, was bei Menschen für schön und gross gilt, im Superlativ beilegen. Denn der Mensch kennt einmal nichts Höheres, so zu sagen Göttlicheres, als die selbstbewusste göttliche Vernunft, und vermag sich von sich selbst, d. h. seinen menschlichen Vorstellungen, nicht zu trennen [10]. Mithin wer sich Gott nicht als ein derartiges Wesen denken kann, gilt für einen Atheisten. Betrachten wir ein Naturwerk, ein Blatt einer Pflanze oder die ganze Pflanze, so erkennen wir darinnen eine so wunderbare, über alle Begriffe feine und zweckmässige Einrichtung, dass wir mit Staunen die Weisheit des Schöpfers preisen, und damit glauben wir etwas Rechtes gesagt zu

---

10) Ἄνθρωπος μέτρον πάντων.

haben, während wir doch im Grunde nichts gethan haben, als das Gotteswerk auf die Stufe eines Menschenwerkes herabgesezt. Denn Weisheit oder Vernunft oder Bewusstsein oder Gedanke, oder was wir immer für Ausdrücke gebrauchen, alle sind sie anthropomorphisch und tragen eine Berechnung, ein Abmessen von Zwecken und Mitteln, eine Planentwerfung, ein Nach- und Nebeneinandererfinden und die ganze Mühseligkeit menschlicher Machwerke auf das Gotteswerk über, und diese Armseligkeit wird dadurch nicht verbessert, dass wir die Weisheit und Vollkommenheit auf die Potenz erheben: denn immer bleibt doch das Gotteswerk in die Kategorie von Menschenwerken herabgesezt.

Ob man nun Götter in Menschengestalt ausprägt oder nur in menschlicher Weise von ihnen redet, das macht allerdings einen Unterschied, indem dort die Versuchung nahe gelegt wird, die Gegenwart des Gottes an das Bild geknüpft zu glauben, hier dagegen das Bewusstsein, dass der Gott ein Geist sei, sich leichter bewahren lässt: indessen für die theoretische Erkenntniss wird der Unterschied verschwinden. Denn ganz gewiss stellen die Homerischen Griechen sich ihre Götter eben so gut wie die Hebräer zu Davids Zeit als geistige Wesen vor, und es sind immer nur angenommene Formen und gleichsam nur Mittel um den Menschen begreifbar oder fühlbar zu werden, wenn sie in leiblichen Gestalten entweder ihrer Phantasie oder ihren Sinnen vorschweben, nur momentane Verwandlungen ihrer, alle mögliche Formen anzunehmen fähigen, Naturen. »Eine Gestalt«, sagt Lehrs, Pop. Aufs. p. 137, »muss nach dem griechischen Volksglauben, natürlich ein jeder dieser Götter in jedem Augenblick tragen: aber welche, das ist ihm als Gott völlig gleich und anheimgestellt. Er trägt nur die menschliche Gestalt für gewöhnlich, als die schönste und edelste und geeignetste, aber an sich ist ihm jede andere Gestalt, wenn er sie annehmen möchte, eben so natürlich«. Also nehmen sie oft auch Gestalten von Thieren an, wie z. B. Athene und

Apollon in Gestalt von Geiern, auf einer Buche sizend, dem
Zweikampfe des Ajas und des Hektors zusehen, oder wie
Athene, nachdem sie erst als Mentor den Odysseus zum Kampf
mit den Freiern ermuthigt, in Gestalt einer Schwalbe auf dem
Balken unter der Decke seinem Kampfe zusiht, und zulezt
von dort herab die Aegis erscheinen lässt, vor welcher entsezt
die Feinde auseinander stieben [11] : oder wie Zeus als Schwan
der badenden Leda naht, oder wie Dionysos sich oft als
Stier oft als Tiger oder Leopard erblicken lässt u. s. w. Es
ist aber nicht ganz willkürlich, in welche Gestalt ein Gott sich
verwandeln will, so wie auch die einem jeden Gott zugetheil-
ten Symbole und die ihn begleitenden Thiere nicht gleichgiltig sind. Wenn also den Zeus der Adler, der Pfau die Hera
begleitet, wenn die Aphrodite von Tauben, die Demeter von
Schlangen, der Hermes von Widdern gezogen wird, so ist
damit gesagt, dass sie sich auch in die nämlichen Thiere zu
verwandeln oder in denselben zu erscheinen lieben, wie in
dem Eber der Typhon, in dem Lintwurm oder Drachen der
Wasserdämon, in der biblischen Schlange der Teufel, u. s. w.
Anfangs nun ist in dem Glauben der Menschen, so lange sie
ihren eigenen Vorstellungen überlassen bleiben, alles unbe-
stimmt, flüssig, in einander rinnend. Ein Vogel gibt ein
Zeichen durch den Flügel oder Ruf — ein Gott steckt dahinter. Welcher? Nun eben der, zu dem man kurz vorher
gebetet hat, oder auch der begleitende Genius: und dieser
Genius rinnt wieder meistens mit dem allwaltenden Welt-
gotte oder mit dem Schicksal zusammen. Ein Mensch gibt
in einem wichtigen Moment einen Ausschlag auf unsere Ent-
schliessung sei es im Guten oder im Bösen: ein Gott oder
ein Dämon hat in Gestalt dieses Menschen uns vor einem
Fehltritte bewahrt oder zum Bösen verführt. Und sei es dass
man die Götter als Thiere oder als Menschen oder als Misch-

---

11) Od. χ., 206. 240. 298.

gestalten in Tempeln wie gegenwärtige erblickt: so dumm ist doch kein Volk jemals gewesen, dass es den Gott oder Dämon in dem Thier oder Bilde beschlossen glaubte. Dieses Flüssige nun wird zur Consistenz gebracht, wenn es durch Erzählungen der Dichter zu bestimmten Gestalten ausgeprägt wird: und darum hatten die Hebräer es leichter, die Geistigkeit ihres National-Gottes zu bewahren, weil sie keine plastische Dichtkunst besassen. Noch mehr aber halfen dazu die Tempel-Bilder, gegen welche darum die hebräischen Propheten so sehr eiferten, während sie gegen die Symbolik der Sprache und anderes Vermenschlichende nichts einzuwenden fanden. Auf diesem Standpunkt verweilen wir heute noch.

6. Die Vermenschlichung ist der Religion nothwendig.

Wenn der Mensch etwas schafft oder bildet, so benüzt er bestimmte Körper als Stoffe und gibt ihnen beliebige Formen, sezt sie mit einander in Verbindung, lässt sie auf einander wirken, alles nach Berechnung, Regel und Zwecken. In der Natur aber gibt es zuvörderst keine von der Form geschiedenen Stoffe, sondern Alles, es mag einen Raum einnehmen oder nicht, ist Kraft und Leben. Es gibt auch keine Scheidung in Zweck und Mittel, sondern alles ist zugleich Zweck und Mittel: keine Pflanze und kein Geschöpf ist für andere da, doch bedürfen sie alle einander. Es gibt ferner in der Natur auch keine Entgegensezung von Ganzen und Theilen, sondern Alles ist wie Eines und das Eine wie Alles, jeder Theil wie das Ganze und das Ganze wie jeder Theil, weshalb auch nicht zu fürchten ist, dass jemals ein Theil übergreifen und das Ganze in Gefahr bringen könnte. Wenn man nun von Gott, als einem persönlichen Wesen in menschlicher Weise spricht, so wird ihm jenes Alles, was wir von den Menschenwerken prädicirt haben, Berechnung und Absicht und nach einander folgendes Schaffen u. s. w. beigelegt. Und freilich kann die Religion, so sehr sie auch immer vor der Vermenschlichung sich scheuen mag, des Anthropomorphismus nicht entbehren, und würde Gott zu verlieren fürchten, wenn sie ihn nicht als Person sich denken dürfte. Darum wird sie, wie gesagt, auch niemals mit der Philosophie oder Wissenschaft zusammenfallen können. Denn die Persönlichkeit lässt sich erstlich nicht mit der Allgegenwart vereinigen und zweitens nicht von der Vermenschlichung trennen, und gegen beides sträubt sich der Verstand. Zwar die Vernunft erkennt, dass das Unendliche überall nur durch das Endliche zur Erscheinung kommt, und das Endliche nur durch den Inhalt des Unendlichen besteht: doch wird durch derartige Reflexionen das Gefühl nicht befriedigt, welches sich im Nachtheil fühlt gegen die Uebergriffe des Verstandes, der alle seine Eroberungen auf Kosten des Gefühles macht und dabei unduldsam und herrschsüchtig ist. Wenn aber die Religion gegen den Verstand ankämpfen will, so siht sie sich genöthigt von dem Verstande selbst die Waffen zu entlehnen, und dann verfällt sie nothwendig in Sophistik, indem sie die gemüthlichen Schöpfungen der Phantasie als Glaubensartikel zu verfechten sucht. Und vielleicht gelänge ihr die Besiegung ihres Gegners leichter, wenn sie nur ihrer vermenschlichenden Betrachtungsweise wenigstens auf Momente sich entäussern wollte. So meint sie z. B., wenn das Weltall nicht das Product eines Gedankens wäre, so müsste es das Ergebniss des Zufalls sein. Allein so wie schon der Ausdruck »Gedanke« ein menschenähnliches Wesen voraussezt, so sind auch Zufall und Nothwendigkeit derartige auf Zweck und auf Gestaltung eines vorhandenen Stoffes sich beziehende Begriffe. In der Natur aber waltet weder Zufall noch Nothwendigkeit, sondern ewiges unbegreifliches Leben. Und was der Gedanke nach berechneten Zwecken schafft, das zeichnet sich durch einseitige Brauchbarkeit aus, und unterscheidet sich eben dadurch von den organischen Schöpfungen der Natur, welche immer nach allen Seiten hin und in jeder Beziehung so zu sagen brauchbar und passend eingerichtet und dabei so vollkommen in sich geschlossen und abgerundet sind, als wären sie nur für sich und um ihrer selbst willen da: und in dieser Ganzheit und Vollkommenheit aller seiner Theile bis zu den kleinsten, durch kein Mikroskop mehr erkennbaren, besteht eben die Harmonie, Vollkommenheit und Unzerstörbarkeit des Weltalls. Nun sezt aber das Geschöpf einen Schöpfer und das Gesez einen Gesezgeber voraus, und wenn immerhin mit dem Aussprechen solcher Begriffe sogleich unabwendbar die Vermenschlichung sammt der selbstischen Beziehung auf den die Begriffe bildenden Geist beginnt; so ist doch diese Vereinseitigung Gottes, in welcher recht eigentlich die Religion besteht, dem Gefühle so nothwendig wie die Vereinseitigung oder Concentrirung der Menschenliebe im Patriotismus und in der Pietät. Dieselbe verträgt sich auch recht gut mit der Allseitigkeit wissenschaftlicher Auffassung — weil ja doch in der Allseitigkeit der Beziehungen auch jede besondere Beziehung mit enthalten sein muss — nur muss man dabei die Allseitigkeit nicht aus den Augen verlieren: denn sonst verfällt man in Irrthümer. Dergleichen Irrthümer sind ausser der bekannten Teleologie auch die Uebertragung aller menschlichen Empfindungen auf den die Welt erhaltenden und regierenden Geist, wozu auch gehört die Verpflanzung eines bösen Princips aus der sittlichen Welt in die physische sammt der Einbildung, dass was den menschlichen Sinnen schmeichelt oder ihnen zuwider ist auch von Gott verworfen sein müsse, während doch in der Natur auch die Verwesung mittelst der nämlichen Kräfte wie die Erzeugung und Mehrung vor sich geht, und zu Gottes Geschöpfen auch solche Thiere gehören, deren blosse Erscheinung oft Grauen erregt, deren Aufenthalt übelriechende Pfützen, deren Nahrung das Aas ist.

Eine der menschlichen Vorstellungs-Weise sich entäussernde Betrachtung erkennt in den sogenannten »Werken« Gottes das Wort entstammt ebenfalls dem Anthropomorphismus; denn Gott arbeitet und schafft nicht, sondern lässt

wachsen etwas weit über Vernunft und Weisheit und jegliches
Prädicat, womit Menschenwerke gepriesen werden, Erhabenes
und sogar Grundverschiedenes von jenem. Einen Namen dafür kann der Mensch in seiner Sprache nicht haben eben
darum, weil alle seine Begriffe nur menschliche sind. Es ist
aber auch nicht nöthig, dass wir Alles, auch das was über uns
steht, begreifen und benennen können. Für unsere Sittlichkeit genügt es zu wissen, dass die Geschöpfe alle durch Harmonie bestehen und Alles was diese Harmonie stört auf ihre
Entartung, Verkümmerung und Zerstörung hinwirkt, diese
Einsicht, sag' ich, genügt um uns daran ein Beispiel zu nehmen, indem wir fühlen und an uns und anderen erkennen,
dass unser physisches und geistiges Wesen den nämlichen
Gesezen unterworfen ist, also dass jede Ueberschreitung der
Naturgebote zerstörende Folgen hat und jedes Zuwiderhan-
deln wider unser Gewissen uns mit uns selbst entzweit und
unser Glück verhindert. Wir sehen ferner, dass eine jede
rechtzeitige und gute That, gleich einem ausgestreuten Saat-
korn, viele andere gute Thaten, dagegen jede üble andere ihres
Gleichen hervorbringt, und dass somit unser sittliches Gedeihen sowohl als unsere Seelenruhe von der Befolgung der
Gebote, die statt des Instinctes uns in's Herz geschrieben
sind, unsere Entartung aber und stufenartige Entwürdigung
von der Betäubung und Abstumpfung des Gewissens abhängt.
Wen solche Betrachtungen nicht von Missethaten und Lastern
abzuhalten vermögen, den wird auch die gefürchtete Zuchtruthe eines zürnenden Gottes, der doch schliesslich durch
Busse sich begütigen lässt, nicht zu zügeln vermögen.

Also führen beide Betrachtungsweisen, die rechnende
und die fühlende, oder die wissenschaftliche und die gläubige,
in Bezug auf die sittlichen Vorsäze zu einem Resultat, und
brauchen sich nicht vor einander zu fürchten noch einander
zu verklagen. Wenn man daher von dem gläubigen Menschen
verlangen kann, dass er in der Ablehnung grober Vermensch-

lichung des Göttlichen nicht lauter Atheismus sehen möge, so kann hinwiederum auch von dem denkenden Menschen gefordert werden, dass er nicht jegliche, dem gläubigen Gefühl nothwendige, Vermenschlichung verwerfen möge. Gott offenbart sich stets persönlich unserm Innern, wenn wir ihm nahen im Gebet, und diese persönliche Offenbarung ist ein Heraustreten desselben aus dem physischen und gesezlichen Zusammenhang der Dinge, als eines lebendigen allmächtigen Gottes, mithin ein Wunder, hervorgerufen durch den Glauben welcher im Gebet sich bethätigte. Und wie der Andacht des Einzelnen, so erscheint Gott auch der Andacht der Gemeinden in dem öffentlichen Gottesdienste, der mit seinen Ceremonien und Formen ohne persönliche Vermenschlichung Gottes und göttlicher Wesen gar nicht denkbar wäre. Persönlichkeit des lebendigen Gottes, Wunder und Glaube, sind also drei von der Religion schlechterdings unzertrennliche Begriffe.

7. Der Anthropomorphismus in der Wissenschaft unzulässig.

Wenn wir aber die Vermenschlichung der Religion zuerkennen, so müssen wir sie eben darum von der wissenschaftlichen Betrachtungsweise ausschliessen und in philosophischen Forschungen uns verbitten, weil das Denken kein Glauben, und das Erkennen kein Fühlen sein soll und weil, wo Ursachen und Folgen und Zusammenhang verlangt wird, die Wunder ausgeschlossen bleiben müssen. Es kommt stets nur ein Gemisch von Wahrheit und Irrthum heraus, wenn man von unwissenschaftlichen Principien ausgehend, deren Consequenzen mit den Waffen der Wissenschaft zu behaupten sucht. Wer z. B. seinen Volks- und Patriarchen-Gott, wie man das von jeher gethan hat, auf den Thron des Weltengottes sezt, der mag sich veranlasst sehen, zum Beweise, dass es ein »Walten Gottes in der Weltgeschichte« gebe, ein mehrbändiges Werk zu schreiben, und mag viele Noth haben mit der Rechtfertigung seines Gottes. Für denjenigen aber, welcher

den wahren Gott erkannt hat, ist das ein sehr überflüssiges
Bemühen: derselbe wird urtheilen, dass nur ein Wahnsinniger
jenes Walten Gottes leugnen könnte, und dass ohne dasselbe
es gar keine Weltgeschichte, ja nicht einmal eine Geschichte,
sondern nur ein wüstes Chaos von Geschichten ohne irgend
eine Entwickelung geben könnte. Der Mensch schafft seine
Sprache unbewusst gerade so wie die Spinne ihr Nez und die
Biene ihren Bau, und aller Scharfsinn der Forscher kann die
Weisheit solcher unbewussten Schöpfungen nicht ausdenken:
und in der nämlichen Weise machen auch Völker ihre Geschichte und geht die Menschheit ihren Gang, von der Hand
des Höchsten wunderbar geleitet. Hier nun mit einer schema-
tisirenden Zweckmässigkeits-Theorie heran zu kommen und
die Völker auf das Prokrustes-Bette gewisser Begriffe zu spannen, das ist gerade so viel werth wie das Bemühen der jüngst
verstorbenen Identitäts-Philosophie, nach gewissen Einfällen
a priori zu bestimmen was mit dem Fernglas und Vergrösse-
rungsglas zu erforschen war. Gott sei's gedankt, dass in der
Naturforschung diese »Saturnalien«, wie Humboldt sie nennt,
bereits geächtet sind, und man nicht mehr sich einbildet, was
Kluges gesagt zu haben, wenn man den Osten Sauerstoff, den
Westen Hydrogen nennt, und den Regen aus der Vermischung
der Westwolken und Ostwolken erklärt. Nun wäre es aber
Zeit, dass man auch im Gebiet der Philologie und der Geschichte das Phantasiren sein liesse, und statt sogenannter Ideen
Erfahrungen zu gewinnen suchte. Da wird z. B. an der Antigone des Sophokles von manchem, der kaum eine andere griechische Tragödie genauer kennen gelernt hat, das ganze griechische Drama sammt den Schicksals-Ideen und dem ganzen
Plunder Hellenischer Religions- und Sittenlehren construirt:
oder es wird die Prometheus-Sage bei Hesiod sammt der ein-
gebildeten Trilogie des Aeschylus zu gleichem Zwecke gemiss-
braucht. Und eine andere Art solcher geistreicher Schemati-
sirung ist es, wenn man gewisse Perioden der Weltgeschichte

unterscheidet, in denen die Menschheit immer eine specifisch andere als in den früheren Perioden gewesen sei, und zwar ohne vermittelnde Uebergänge, wie ein Wandmahler die schwarzen und weissen Striche neben einander hinlaufen lässt. Also sei das erste Zeitalter das der Sprach- und Mythenbildung gewesen, »wo die Erscheinungen ausgeprägt worden seien zu Lauten als Sinnbildern der Begriffe, und das Gottesbewusstsein verwirklicht worden sei durch heilige Mythen und Gebräuche.« Dabei wird nämlich von vornen herein angenommen, dass die Mythen und die Gebräuche, gleichfalls Sinnbilder, eine bildliche Sprache zur Ausprägung religiöser Naturanschauung, gewesen seien. Wer aber hat uns denn gesagt, dass die Menschheit irgend einmal in irgend einer Zeitperiode plözlich eine andere geworden sei, so dass sie anfieng mit anderen Organen zu sehen und mit anderen Geistes-Functionen zu denken? Woher schöpft man ferner das Recht, den religiösen Sagen oder den Legenden der alten Religionen und ihren gottesdienstlichen Verrichtungen oder Ceremonien einen anderen Charakter und eine andere Bedeutung unterzulegen, als ihnen heute noch untergelegt werden könnte? Nun wird es aber doch wohl Niemanden einfallen, solche Ceremonien eine sinnbildliche Sprache zur Ausprägung irgendwelcher, aus der Betrachtung der physischen oder der moralischen Welt geschöpfter, Ideen zu nennen, sondern jedermann weiss oder kann es einsehen, dass die heiligen Verrichtungen und der ganze Gottesdienst die Versöhnung der Götter mit den Menschen, die Gewinnung göttlicher Gnade und göttlichen Segens zum Zweck haben, ingleichen dass die Legenden den Ceremonien, wie auch den Reliquien und gottesdienstlichen Geräthen, zur Auslegung dienen, woraus sich sodann auch eine Geschichte der Heiligen, der Heroen und der Götter leicht zu entfalten pflegt. Nun sollte man ferner meinen, dass die also erfundenen Mythen mit dem Zeitalter, dem sie angehörten, auch hätten absterben und sich

verlieren müssen, zumal wenn nach demselben eine so ganz
veränderte Richtung der Geister und eine ganz andere Art von
Thätigkeit, nämlich eine »auf Staatenbildung und Schöpfungen
der Kunst und Wissenschaft« gerichtete, eintrat. Wenigstens
lehrt das die Erfahrung, dass mit dem Versiegen der Quellen
überall auch die Bäche vertrocknen. Ueberall wo nicht durch
schriftliche Aufzeichnungen oder durch staatliche Einrichtungen für die Fixirung der Erzeugnisse früherer Zeiten gesorgt
ist, da pflegen sie spurlos unterzugehen, und was etwa in
Sitten und Gebräuchen davon hängen geblieben ist, das wird
umgedeutet und auf jezt Herrschendes bezogen. Nichts von
allem dem war in jenem grauen Alterthum, das die Religionen
schuf, zur Bewahrung seiner Hervorbringungen vorgesehen,
und trozdem sollen die Rudera davon bis in die spätesten
Zeiten übergegangen sein, und z. B. dem Abraham soll »die
Kunde von den geistigen Ahnungen und dem Glauben der
Urwelt, als eine fliessende, uralte, heilige Ueberlieferung, eine
Bibel der Vorwelt, vorgelegen haben, reicher und zusammen-
hängender als wir sie kennen.« Wenn man Wunderglauben
ausstaffiren und verbreiten will, so muss man wenigstens dabei
nicht auf Philosophie und Wissenschaft Anspruch machen:
ein Wunder aber ohne Gleichen wäre es gewesen, wenn Abraham, mitten unter heidnischen Völkern, deren Gözen und
Gözendienst er verwarf, die Ueberlieferungen einer recht-
gläubigen Urwelt hätte empfangen können. In unseren Volks-
Mährchen ist von dem alten germanischen Heidenthum gerade
so viel noch anzutreffen, als sich von diesem Heidenthum in
dem Glauben der Menschen und in den Gebräuchen des Volkes
erhalten hat, nicht mehr und nicht weniger. Und die Legenden, welche man in katholischen Kirchen bei Vorzeigung der
Reliquien und bei sonstigen Gelegenheiten erzälen hört,
würden bald vergessen sein, wenn einmal das Volk anfienge
etwa den Cultus des Genies an die Stelle der Heiligen und
des Erlösers zu sezen. Es ist aber das eine rohe Vorstellung,

welche abgesondert erst die Sprache und die Religion, dann den Staat, dann die Wissenschaften und die Künste, Alles nach einander, erfinden lässt, während es doch einmal Zeit wäre einzusehen, dass der Mensch, als Mensch, auch keinen Tag lang ohne die drei ersteren, wenigstens nicht ohne ihre Anfänge, existiren konnte. Denn sobald der Mensch dachte, muss er auch gesprochen haben, und sobald er eine Ehe eingieng und warum sollte man das dem Wilden weniger zutrauen dürfen als den Vögeln des Waldes? hatte er auch den Anfang zu einem Staate gemacht, der sich patriarchalisch erweiterte mit dem Wachsen der Familie; endlich pflegt die Religion, sintemal sie Feiern und Feste verlangt, überall auch zeitig zur Kunst hinzuführen, abgesehen von der Puzliebe und der Genussliebe, der es unmöglich ist sich bloss auf das Nothwendige zu beschränken: die Künste aber sind ja grossentheils ein Erzeugniss des Luxus. Uebrigens pflegten auch nicht aus dem grauen Alterthum in die Gegenwart herüber, sondern umgekehrt aus der Gegenwart in das graue Alterthum hinüber in Sagen ausgeprägte Ideen verpflanzt zu werden, was sich mittelst vieler Beispiele beweisen lässt.

Die Einseitigkeit dieser Geschichts-Betrachtung zeigt sich auch darin, dass sie unter allen historischen Völkern nur drei als Träger ihrer Ideen anerkennen mag, die Hebräer, die Hellenen und die Deutschen, denen noch drei andere als Leiter der weltgeschichtlichen Thaten zur Seite gestellt werden, die Iranier, die Römer und die Engländer hauptsächlich. Also bleiben z. B. die Aegypter ausgeschlossen, deren Standpunkt in der Entwickelung des religiösen Lebens der Völker so wohlberechtigt war wie irgend einer, deren Mittheilungen an die Hebräer von der grössten Bedeutung, und deren Uebereinstimmung mit den Culten der Hellenen von diesen selbst als sehr gross anerkannt gewesen ist. Und wenn man die gottesdienstlichen Formen, in denen sich die Vorstellungen der Menschen von dem Göttlichen ausgeprägt haben, auf Ideen

zurückführen, und nach diesen Ideen die Geschichte con-
struiren will, wie ist es möglich den Aegyptischen Thierdienst
zu übergehen, in welchem so deutlich der Gedanke ausgesprochen ist, dass das Göttliche in dem Instinct zu erkennen
sei, welcher dem vegetativen Walten der Kräfte in den Pflanzen und dem chemischen in den Steinen analog ist? Und da
dieser Standpunkt in den idealen Menschengestalten der Hellenischen Religion seinen Gegensatz und in den Mischgestalten
der Chaldäer und der Perser seinen vermittelnden Uebergang
gefunden hat, so würde dieser Eintheilungsgrund, wo nicht
als der wichtigste allen voranzustellen, doch wenigstens nicht
zu ignoriren sein.

Zu der Vermischung der Religion mit der Philosophie
gehört auch das, dass man die polytheistischen Religionen alle
vom Theismus ausgehen lässt, und dass man ferner, weil das
aller Erfahrung widerspricht und einzusehen ist, dass nur das
abstracte Denken, welches doch dem Urmenschen fern lag, zu
so einer Weltanschauung gelangen konnte, seine Zuflucht zu
einem göttlichen Wunder, einer Uroffenbarung, nimmt, d. h.
ein x oder y als unbekannte Grösse sezt, um bequem rechnen
zu können. Vor allem aber musste man sich klar machen,
was unter den Namen Monotheismus und Polytheismus für
Begriffe zu verstehen seien, um einzusehen dass, streng genommen, eben so wenig eine monotheistische Religion wie eine
polytheistische Philosophie möglich sei, indem ein persönlicher Gott niemals allein und ohne andere Geister, die entweder seines Gleichen oder seine Diener sind, existiren kann,
ein Philosophen-Gott aber niemals ein persönlicher sein kann,
wenn er sich nicht accommodiren und mit dem theologischen
Gotte vereinbaren will. Es gibt viele Teufel und einen
Teufel, und jeder böse Mensch hat seinen besonderen Teufel,
welcher doch wiederum überein oder Eins mit dem Haupt-
teufel ist[12]. So hat auch ein jeder gute Mensch seinen eige-

---

12) Vgl. H. Rückert, Culturgesch. d. deutschen Volkes, Th. II. p. 235.

nen Gott, der ihn begleitet wo er geht und steht und ihm
Gutes und Schlimmes verleiht gleich einem römischen Genius:
und dieser Personal-Gott ist doch wieder Eins mit dem Weltengott. Also schwanken die Vorstellungen überall, dass man
kaum sagen kann, wo der Polytheismus aufhört und der Monotheismus anfängt. Doch diese Sache fordert noch eine genauere Betrachtung.

8. Es gibt keine monotheistische Religion.

> Im Innern ist ein Universum auch,
> Daher der Völker löblicher Gebrauch
> Dass jeglicher das Beste, was er kennt,
> Er Gott, ja seinen Gott benennt,
> Ihm Himmel und Erden übergibt,
> Ihn fürchtet und wo möglich liebt.

Der Homerische Achill, als er zum ersten Mal wiederum
in die Schlacht rücken will, ruft den Zeus von Dodona als
seinen Stammesgott an. Auch die anderen Achäer, als sie in
die Schlacht ziehen wollen, beten ein jeder zu einem anderen Gott, ihm Leib und Leben zum Schuz empfehlend
Il. β, 400, zu welchem wohl anders als seinem Stamm-Gözen?
Der Hippolyt bei Euripides verehrt die Artemis als seine ihm
einzig liebe Göttin mit Hintansetzung, ja sogar mit Verachtung anderer: desselben Dichters Medea erkennt einzig
die Hekate für ihre Göttin an. Die Hirten bei Longos verehren den Pan, als wenn es weiter keinen Gott im Himmel
und auf Erden gäbe; dagegen wird für die Fürsten und Könige
von Kallimachos der Zeus als deren eigenthümlicher Herrgott
bezeichnet: endlich von den minneseligen Rittern des Mittel-
alters ist die Maria auf den Himmelsthron erhoben worden,
auf welchem sie neben dem in Ruhe bleibenden Gott-Vater
fast so allmächtig wie weiland der griechische Zeus neben der
Moira regierte. Bei den Griechen konnte ein jeder Gott in
einer jeden Noth, und nicht bloss in dem ihm eigenthümlichen
Fache, um Hülfe angerufen werden: aber allgemein war man

gewohnt, sich an den zunächst wohnenden Gott, den Schuz-
geist der Stadt oder Gegend zu wenden, was es auch immer betreffen mochte[13]. Wenn nun solcherlei Anrufungen der Volks-
und Familiengötter für Monotheismus zu halten wären, so würde
der Monotheismus allerdings das Erste und Ursprünglichste in
der Welt gewesen sein; wenn aber nicht, dann möchte wohl
ausser dem Bekenntniss »Es ist kein Gott ausser Gott« (mit
welchem aber die eigentliche Religiosität aufhört schwerlich
eine streng-monotheistische Religion zu finden sein.

Es kommt auch Einiges in der Sprach- und Denkweise
der Griechen und auch anderer Völker vor, was zu der Ansicht
verführen kann, als ob ihrer Religion der Monotheismus zu
Grunde gelegen habe. Vor allem sind hier die Redensarten
$\sigma\grave{v}\nu\ \vartheta\varepsilon\tilde{\omega}$ und $\check{\alpha}\nu\varepsilon\nu\ \vartheta\varepsilon o\tilde{v}$ und $\varkappa\alpha\tau\grave{\alpha}\ \vartheta\varepsilon\acute{o}\nu$ und $\acute{v}\pi\grave{\varepsilon}\varrho\ \vartheta\varepsilon\acute{o}\nu$ und
$\check{\iota}\sigma\tau\omega\ \vartheta\varepsilon\acute{o}\varsigma$ zu erwähnen, welche neben $\sigma\grave{v}\nu\ \vartheta\varepsilon o\tilde{\iota}\varsigma$, $\check{\alpha}\nu\varepsilon\nu\ \vartheta\varepsilon\tilde{\omega}\nu$
und $\varkappa\alpha\tau\grave{\alpha}\ \vartheta\varepsilon\acute{o}\nu\ \tau\iota\nu\alpha$ hergehen[14]. Siht man aber näher hin,
so erkennt man erstlich, dass dieser $\vartheta\varepsilon\acute{o}\varsigma$ Eins ist mit dem so
eben betrachteten Personal-Gotte, welcher allerdings, wie im
vorangehenden Paragraphen gezeigt wurde, mit dem Weltengotte oder auch mit dem waltenden Schicksale leicht zusam-
menrinnt nach der allgemein herrschenden unklaren Vorstel-
lung: vgl. z. B. Eur. Phoen. 422 (399 $\sigma o\varphi\grave{o}\varsigma\ \gamma\grave{\alpha}\varrho\ \acute{o}\ \vartheta\varepsilon\acute{o}\varsigma$,
was in dem vorangehenden Verse $\acute{o}\ \delta\alpha\acute{\iota}\mu\omega\nu$ mein Genius oder
mein Stern oder Unstern genannt ist. Zweitens ist zu bemer-
ken, dass dieser $\vartheta\varepsilon\acute{o}\varsigma$, so wie er auch oft $\tau\grave{o}\ \vartheta\varepsilon\tilde{\iota}o\nu$ und $\tau\grave{o}$
$\delta\alpha\iota\mu\acute{o}\nu\iota o\nu$ genannt wird, niemals Gestalt gewinnt. »Bei jedem
Versuche ihn plastisch zu gestalten«, sagt Lehrs, »würde den
Griechen Hand und Sinn vor Impietät erlahmen. Wer wäre
denn dieser neue Gott, durch den alle die übrigen aufgehoben
würden? Es kann dem Griechen nie einfallen zu jenem Gotte
zu beten, zu opfern. Der Grieche sagt: o liebe Götter, er

---

13) Beispiele davon gibt Lehrs, Popul. Aufs. p. 138 ff.
14) Vgl. Lehrs, Populäre Aufs. p. 128.

sagt: o lieber Phöbus, o lieber Zeus: aber, o lieber Gott — es muss jedem, der Griechisch versteht, monströs erscheinen.«

Dass kein Volk der Welt noch jemals so blödsinnig gewesen sei, dass es nicht eine einheitliche Regierung der Welt anerkannt hätte, kann man von vornen herein behaupten, ehe man noch die Zeugen vernommen und in Erfahrung gebracht hat, dass dieses Wesen durch den Himmelsgott vertreten und auch in allen den verschiedenen Zungen oft so genannt zu werden pflegt[15]. Allein theils denkt man sich diese Macht bloss als ein unpersönliches Wesen, als ein das Ganze zusammenhaltendes und bis ins Kleinste bestimmendes Fatum oder Gesetz $\mu o \tilde{\iota} \varrho \alpha$, und theils existirt es auch bloss in der Vorstellung, und wird zwar bei Betrachtung des Weltlaufes und der Menschenschicksale mitunter genannt, aber die Religion bleibt davon, wie noch heutiges Tages, unberührt, im Cultus findet es keine Berücksichtigung und auf die Mythologie hat es vollends keinen Einfluss. Es ist darum grundfalsch, wenn ein neuerer Philosoph, nach der oben beschriebenen Weise, die Mythologie einen auseinander gegangenen Monotheismus genannt hat, und lässt sich das Gegentheil davon ebensowohl psychologisch als auch historisch beweisen. Denn ist jener sogenannte Himmel als unpersönliches Wesen gedacht, so ist er schon an sich kein religiöser Begriff, weil die Religion persönliche mit menschenähnlichen Empfindungen begabte Wesen fordert, die von Bitten und Opfern gerührt werden und durch keine Nothwendigkeit gebunden sind: denn für den persönlichen Gott, für den Gott dem Gebete und Opfer gebracht werden, ist kein Ding unmöglich, für jene unpersönliche Urmacht aber bleibt Alles, was nicht von Anbeginn in ihrem Plane gelegen hat, unmöglich. Das Herrschen der Naturgeseze gewahrt und fühlt jedermann täglich und stündlich: allein eben um ihnen nicht rettungslos unterworfen zu sein, verlangt der

---

15) s. Welcker, Griech. Götterl. I. p. 137.

Mensch nach persönlichen, mit übernatürlichen Kräften begabten, Wesen, deren Gunst und Gnade ihn von jener Nothwendigkeit erlösen könne. Warum denn nun, dürfte man fragen, nicht sofort nach einem einzigen überweltlichen, die
Natur und alle die Dämonen und Geister lenkenden Gott?
Darum nicht, weil ein persönlicher, allmächtiger und allge-
genwärtiger Gott sich so wenig der Phantasie stellt, so leicht
er auch mit dem Verstande zu begreifen ist: und selbst
wenn der schlichte Mensch mit seinem Anliegen so leicht zu
ihm gelangen zu können glaubte, würde er nicht bei ihm beharren mögen, sondern sich lieber an untergeordnete Geister,
als Mittler, wenden, die nicht für die Wohlfahrt des Ganzen
einzustehen haben, die nicht so hoch und so ferne stehen, die
vielleicht auch einmal Menschen gewesen sind, wie Menschen
gefühlt und gelitten haben, von denen also auch leichter etwas
den Naturgesezen nicht Gemässes zu erlangen wäre.

Also kann es keine monotheistische Religion geben, sofern
man nämlich nicht darunter bloss die absolute Souveränetät
eines Geistes über alle Geister, welche lezteren mittelst solchen Absolutismus zu blossen Bothen und Dienern herab-
sinken, darunter verstehen will. Derjenige Deismus aber,
welchen neuere Gelehrte den Griechen gern andichten möchten, und welcher nicht einmal aus irgend einer Religion, sondern aus einer schwächlich-sentimentalen Philosophie herstammt, würde, wie Lehrs richtig bemerkt p. 130, den
Griechen, wie auch dem Kaiser Julian, als ein Atheismus
erschienen sein [16]. Wäre derselbe aber dem religiösen Bedürfniss genügend, so würde die Menschheit, einmal bei so einem
Urquell angelangt, niemals mehr zu dessen Ausflüssen sich
verirrt und niemals mehr von dem einen Geiste weg zu anderen Geistern sich hingewendet haben. Allein so sehr die

---

16, Das verworfenste weibliche Wesen, das Apulejus kennt, bekennt
sich zum Monotheismus: Apul. met. IX, 14.

Erkenntniss einer überall gegenwärtigen, überein wirkenden und das weite All zur Einheit verknüpfenden, alle die waltenden, erhaltenden, zerstörenden und wiederum schaffenden Kräfte beherrschenden, Urmacht dem menschlichen Verstande gemäss ist: so sehr ist dem Gefühle die Vertheilung dieser Kräfte in viele Kräfte und der Phantasie die Personificirung und Vermenschlichung dieser Kräfte Bedürfniss [17] und darum sehen wir in den sogenannten monotheistischen Religionen den Himmel mit Legionen von Engeln und die Hölle mit Teufeln bevölkert, um zu schweigen von den Spaltungen des einen Gottes in mehrere Personen und von dem Zurücktreten des Weltenschöpfers im Cultus und den vielfachen Anrufungen der Heiligen, durch deren Bemühungen jener in Ruhe versezt wird. Noch hat es auch keinen Religionsstifter gegeben, der nicht an ein unsichtbares Reich von Geistern, und nicht bloss eines Geistes, geglaubt hätte. Also kann man wohl mit Recht fragen, ob der Monotheismus überhaupt religiös sei: denn ob diese Geister gehorsam sich unterordnen, wie in einer absoluten Monarchie, oder ob sie, wie in einem constitutionellen Staate, mitberathen, und aus freiem Antrieb, nicht als blosse Diener und Bothen, handelnd erscheinen, darauf kann es doch nicht ankommen, wenn es sich bloss um die Zahl der Geister und nicht um die Einrichtung ihres Reiches handelt.

9. Der Monotheismus ein Erzeugniss späterer Zeit.

Die Geschichte zeigt auch überall, dass der Monotheismus eine Frucht philosophischer Betrachtung und mehr ein Bedürfniss für einsame Denker, der Polytheismus aber ein Bedürfniss für das Volk gewesen sei, ingleichen dass die Ent-

---

17, Plin. H. N. II, 7, 5: *Fragilis et laboriosa mortalitas in partes ista digessit, infirmitatis suae memor, ut portionibus coleret quisque quós maxime indigeret etc.*

wickelung der Religionen von dem Polytheismus zum Monotheismus hinstrebt, nicht umgekehrt. So ist z. B. das Brahma
oder der Brahma in Indien ein Product der Brahmanen-Spe-
culation: von ihm, so wie auch von Vischnu, wissen die Veden
noch nichts, und bei dem Volke hat er nie Eingang finden
können[18]. In gleicher Art ist in der Parsen-Religion der
Ahuramazda an die Stelle des alten Himmelsgottes *Veretraghna*
d. h. Vitra-Tödter, Indra oder Zeus, gesezt worden, ein Wel-
tenschöpfer und Quell des Lebens welcher nicht mehr mit den
Dämonen kämpft, sondern in majestätischer Ruhe auf seinem
goldenen Thron im Himmel Garutmana sizt[19]. Wie spät
aber die Parsen-Religion diejenige Gestalt welche wir aus
dem Avesta kennen lernen bekommen habe, werden wir
weiter unten zeigen.

In der griechischen Religion will Nägelsbach[20] die Hin-
neigung zum Monotheismus darin finden, dass die Kinder des
Zeus διογενεῖς lauter aus ihm herausgeborene Seiten seines
Wesens seien, dass derselbe in der Gemahlin in den Brüdern
und in jenen Kindern wirkt, und dass die *numina* der Olympischen Götter alle von dem einen *numen* des Zeus ausgehen
und nur in Verbindung und Einheit mit ihm gedacht werden.
Das ist allerdings die Art wie ein zum Monotheismus hinstre-
bender griechischer Denker oder Dichter, z. B. ein Aeschylus,
sich seine Religion zurecht legen konnte. Von Aeschylus sind
z. B. die Verse:

Ζεύς ἐστιν αἰθήρ, Ζεὺς δὲ γῆ, Ζεὺς δ' οὐρανός.

Ζεύς τοι τὰ πάντα χὤτι τῶνδ' ὑπέρτερον.

Und natürlich musste ein so strenger, das Volk gleich den
Propheten in der Bibel mit Worten strafender Lehrer[21] gleich

---

18 S. Duncker, Gesch. des Alt. II. p 7. 164. 178. Bunsen Gott in d.
Geschichte III. p. 443.

19 Duncker a. a. O. II. p. 343. Vendidad XIX, 107.

20) S. Nachhom. Theol. p. 133.

21) S. z. B. die Chöre in den Eumeniden.

diesen Propheten auch der bunten Mannichfaltigkeit der Götter, welche der krausen Willkür der Neigungen so bequem ist, abgeneigt sein. Auf derartige hervorragende Grössen also ganz allein hätte Nägelsbach sich berufen sollen, wenn er den Monotheismus der griechischen Menschheit nachweisen wollte. Allein derartige Geister schaffen die Religion nicht.

Auch von dem Monotheismus der Hebräer wird mit Recht behauptet, dass er das Resultat, und nicht der Anfang, der hebräischen Geschichte gewesen sei. Der Gott der Väter war, wie Duncker p. 211. bemerkt, nur der Schuzherr der Hebräer, wie die verwandten Stämme der Ismaeliter, der Moabiter, Ammoniter und Edomiter jeder seinen besonderen Schuzgott hatten, und jeder Stamm seinen Gott für den stärksten hielt[22] : dass in der Zeit vor Moses neben dem Gott in der Höhe noch andere Götter verehrt wurden, sagt Duncker p. 213, beweist die Pluralform Elohim, welche in der ältesten Urkunde der Genesis gebraucht ist[23] , und dass sie gebraucht werden konnte, als diese Schrift geschrieben wurde, zeigt zugleich, dass diese Vielheit noch nach Moses fortdauerte. Ob Moses den Jehovah nur als den ersten oder als einzigen Stammgott zur Anwendung brachte, und in wie weit das leztere gelungen sei, muss diesem Factum, der Erwähnung des Azazel (Mos. III, 16, und dem häufig bezeugten Gebrauch der Theraphim, wie der Versicherung des Ezechiel gegenüber, dass die Hebräer auch in der Wüste den Gözen ihrer Väter gedient hätten '20, 13, 24 , ungewiss bleiben. Derselbe bemerkt ferner, dass die Propheten die ganze Existenz des Jehovah-Cultus bei und nach dem Auszuge aus Aegypten bestreiten[24]. Zu verwundern wäre es nicht, wenn ein erleuchteter Geist, wie Moses, welcher den Greuel des Aegyptischen Thier- und Gözendienstes in der

____

22) Richter 11. 24. Ezech. 15, 11. Numeri 14, 25.
23. S. z. B. Genesis I, 1. 1, 26. 3, 22. vgl. Jos. 24, 2.
24 Amos 5, 25. 26. Ezech. 20, 5—8. 20, 18. 24. 26. Jerem. 7, 21. 22. Könige I, 22, 19 ff. Hiob 2. 1 ff.

Nähe betrachtet hatte, von Verachtung dieses Aberglaubens
getrieben, auf den Entschluss gekommen wäre, die Gözen
sammt und sonders über Bord zu werfen und sich nur dem
einen, der Himmel und Erde und auch die Götter geschaffen
habe, zuzuwenden. Wenn man indess die so eben angeführten
Zeugnisse betrachtet, so muss man zweifeln, ob das seine Mei-
nung war; und vergleicht man damit die Vorstellungen, welche
von dem Wesen des Jehovah in den Büchern Mosis ausgeprägt
sind, so muss man erkennen, dass derselbe noch keineswegs
so wie bei den späteren Propheten ganz von der Molochs-
Natur sich frei gemacht hatte: »Auf den Bergen war Jehovah
angerufen«, sagt Duncker I. p. 210, hier waren ihm die Opfer
gebracht worden, und er pflegte auf die Berge hernieder zu
steigen. Auch Steine waren ihm gesalbt worden. Die Opfer
waren seine Speise, er labte sich an dem lieblichen Geruch
seiner Feuerungen. Er wohnt im Himmel und fährt am Himmel auf den Wolken daher, und öffnet den Schatz und die
Schleusen des Himmels. Er verkündet sich in Donner und
Bliz und im Erdbeben, er erscheint in der Feuerflamme,
in der feurigen Wolke, ja er ist selbst fressendes
Feuer. Jehovah ist ein eifriger, furchtbarer Gott, dessen
Anblick tödtet, dem Alles gehört was die Mutter
bricht, dem die Erstgeburt der Thiere und die Erstlinge der
Früchte dargebracht werden müssen«. Dass die Beschneidung
eine Ablösung dieser Erstgeburts-Opferung war, wie die
Schlachtung des Osterlamms eine Stellvertretung derselben,
ist aus den daran geknüpften Erzählungen zu entnehmen[25].

Die Einheit des Cultus selbst, welche von Moses gegründet worden war, gieng wieder mit der Ausbreitung des Volkes
über einen grossen Landstrich verloren, und damit wurde auch
die Verehrung Jehovahs erschüttert. Also wurden die Kanaani-
tischen Götter Baal und Astarte neben dem Stammgott Jehovah

---

25 S. denselben I. p. 521

verehrt, und in Sichem selbst, der Hauptstadt des Landes, wurde dem Baal ein grosser Tempel gebaut, und hinwiederum, so wie von jenen Gözen, also auch von Jehovah Schniz- und Gussbilder, versilberte und vergoldete, aufgestellt selbst von solchen die gegen die Gözen eiferten, z. B. von Gideon. Die verlorene Einheit wurde wiedergewonnen durch den Salomonischen Tempelbau: wie wenig aber der Erbauer dieses reichen Gotteshauses die Verdrängung der fremden Götter damit beabsichtigte, ist leicht einzusehen, da es eben dieser gewesen ist, welcher deren Verehrung neben der des Jehovah wieder emporbrachte[26]. An diesen Tempelbau aber schloss sich auch die Entstehung und Organisirung eines eigentlichen Priesterstandes, womit das ganze religiöse Leben einen neuen Aufschwung gewann. Indessen ist die Erhebung des Jehovah zum Weltengott doch erst durch die, seit Ahabs Gözendienst immer bedeutender eingreifenden, Propheten vollbracht worden[27].

10. Die Schöpfungsgeschichten.

Alle Kosmogonien, mit Ausnahme der Mosaischen und der Persischen, lassen die Welt mitsammt den Göttern werden, oder doch die Wirksamkeit der letzteren erst später eintreten, nachdem die Dinge bereits eine Zeit lang aus einanderselbst sich entwickelt haben. Jene beiden Schöpfungsgeschichten selbst aber, welche nicht früher verfasst sein können als der Monotheismus ausgebildet war, sind, was deutlich zu erkennen ist, auf die Analogie alljährlich wiederkehrender Natur-Ereignisse gegründet, die auch in Jahresfesten, z. B. den Persischen Gahanbars, als Schöpfungs-Tagen, gefeiert wurden. Also lässt sich behaupten, dass die in den anderen Kosmogonien ausgeprägten Gedanken vollkommen mit den Ansichten unserer Naturforscher übereinstimmen, denen zufolge die Weltkörper und ihre Erzeugnisse und Geschöpfe von

---

26) I. Kön. 11, 4—9. 33.
27) Duncker I. p. 332. 397. 424. 422 f.

jeher in der nämlichen Weise sich gestaltet haben, wie wir sie noch heute vor unseren Augen sich entwickeln und gestalten sehen. Und diese Ansicht ist auch in der Sprache niedergelegt: die Alten sagen *natura. φύσις* in vielen Fällen wo wir Schöpfer zu sagen gewohnt sind, und *natura* kommt von *nasci* werden und wachsen. Zwischen den zwei Vorstellungen aber, dem Schaffen und dem Wachsen, ist ein so grosser, durch nichts zu vermittelnder Unterschied, und die Unmöglichkeit, von dem einen Standpunkte der Betrachtung auf den anderen zu gelangen, ist so gross, dass man getrost behaupten kann, der Schöpfungsglaube habe in denjenigen Religionen, wo von Erzeugung der Götter die Rede ist, niemals ursprünglich vorhanden sein können, weil ein Volk zwar wohl von dem Zeugungsglauben durch Propheten und Lehrer zu dem Schöpfungsglauben bekehrt werden kann, niemals aber unbewusst von selbst von diesem Glauben zu jenem hinübergleiten kann, es müsste denn dieser Schöpfungsglaube auf das Ueberhandnehmen des Glaubens an Magie sich gründen, was vielleicht bei den Parsen und Magiern wirklich der Fall gewesen ist. Der Magier zaubert alles her durch das Sprechen eines einzigen Wortes, eines geister-bannenden und zwingenden Wortes, in dessen Besiz zu gelangen grosse Heiligkeit erfordert, und wer diese Macht über alle die Geister erlangt hätte, der wäre freilich auch Herr der Welten und allmächtig. Das ist das Streben der Indischen Heiligen, die sich einbilden durch übermenschliche Büssungen dahin gelangen zu können, dass sie den höchsten Himmelsgott vom Throne stossen und statt seiner das Weltregiment übernehmen. Auf diesem Wege erhielte man also zwar einen allmächtigen Herren über die Geister, dessen Wille als der zwingendste Despotismus durch den Bann der Geister die Welt beherrschte, aber keinen vernünftigen Monotheismus.

11. Flüssiges und Consistentes in den Göttergestalten.

Ein Streben zur Einheit ist allerdings auch in den Religionen selbst vorhanden, und es äussert sich darinnen, dass fast keiner der Götter auf ein einziges besonderes Element in seinem Walten eingeschränkt ist, und somit fast jeder die Fähigkeit besizt, seine Einseitigkeit zur Allseitigkeit zu erweitern und am Ende sogar die Weltherrschaft zu bekommen. Hängt doch auch in der Natur Alles mit einander zusammen und geht in einander über, und selbst das Entgegengesezte bedingt sich gegenseitig: wie sollten also die Götter oder Geister sich in Grenzen einengen lassen die keine sind? Was ist unter sich verschiedener als Tag und Nacht, Tod und Leben? Allein Tag und Nacht gehen in einander über und scheinen sich gegenseitig zu erzeugen, und auch aus dem Tode gibt es ein Erwachen zu neuem Leben. Mithin wird auch die Sonne nicht bloss dem Tage und auch nicht bloss den Lebenden, das Licht schauenden (wie die Griechen sagen, angehören: denn was thäte sie wohl des Nachts, wenn sie nicht denen drunten in der Unterwelt, wenigstens den Seligen im Elysium, leuchtete? Also wird der König der Lebenden zugleich der König der Todten sein müssen Kronos und Wodan, und der Helios wird wechselsweise auch der Herr des Hades sein können. Dass die Seelen der Menschen Ausflüsse aus dem Aether sind oder dass sie aus dem Himmel stammen, das ist ein sehr alter, fast möchte ich sagen den Menschen angeborener, Glaube, der nicht erst auf die Erfindungen der Philosophie zu warten hatte. Wenn nun der Mensch stirbt, so kommt zwar die Seele mit ihrem Leibe unter die Erde hinab, aber sie bleibt nicht an das Grab gebunden, sondern kann frei umherschweifen und walten da wo sie einst gelebt und gewirkt hat; ja sie kann auch wieder in den Himmel zurückkehren und werden was sie gewesen ist. Ist es also wohl zu verwundern, dass auch Zeus, der Genius der Genien, stirbt und begraben wird und wieder aufersteht, also zeitweilig zum Ἀιδωνεύς wird? Und wenn nicht er selbst, so erleidet das sein ihm gleicher Sohn, der Zagreus Iakchos, Atys, Adonis u. s. w. . Also scheint der Zeus nicht allein mit seinem von ihm grundverschiedenen Bruder Pluton, sondern auch mit seinem Vater, dem Kronos, in Eins zusammen zu fliessen, und in dem Semitischen Bal oder Bel sind wirklich beide untrennbar vereinigt, und dieser Bal ist ferner auch mit dem Moloch Eins, welcher das Aether-Feuer ist. Zeus ist der Himmel: dem Himmel ist die Erde entgegengesezt, und wohl in allen Religionen bilden der Himmelsgott und die Erdengöttin ein ehliches Paar, aus deren Begattung das Meiste erzeugt wird. Aber in dem Phrygischen Zwitterwesen Agdistis scheinen Beide vereinigt, und die Hellenische Religion, welche die Zwitterwesen verschmäht, lässt trozdem aus der Hüfte des Zeus den Dionysos und aus seinem Haupt die Athene hervorgehen, und diese von ihm allein gezeugte Tochter ist ihm so völlig gleich, dass man sie für sein anderes weibliches Selbst, und somit Beide für eine Person, nehmen muss. Poseidon ist der Beherrscher des Meeres: aber auch die Quellen entspringen alle aus dem Meer und die Wolken entstehen aus dessen Ausdünstungen: und wenn die Alles vertrocknende Sommerhize am höchsten gestiegen ist, so stürzt der Sonnengott in das Meer hinab, und dann steigen aus demselben die Wolken auf und bringen mit den Passatwinden die tropischen Regen, von denen die Gewächse wieder erquickt und belebt werden. Also wird der ins Meer gestürzte Phaethon-Melkarth Melikertes) auch zu einem Seegotte und Genossen Poseidons in den Isthmischen Spielen, während umgekehrt der Bellerophon-Poseidon mit dem Quellenross Pegasos in den Himmel aufsteigt, um in Gewittern, vom Blize getroffen, wieder herabzufahren. Auch der feuergezeugte πυριγενής Dionysos flüchtet sich zu den Nymphen in die See, und nicht allein dieser, sondern auch der Feuergeist Hephästos selbst, aus dem Himmel stürzend, findet Aufnahme bei den Göttinnen der

See, und wandelt sich also in einen See-Kobold um, gleich dem Glaukos-Proteus-Nereus. Sollen wir noch ferner davon reden, dass die Erdengöttin zugleich Mondgöttin ist, und dass dieselbe in den drei Reichen waltet als Artemis-Hekate-Proserpina? dass sie als Semele stirbt, als Kore hinabgeraubt wird, als Persephone oder unterirdische Hera neben dem Pluton thront, als Thyone in den Himmel zurückgeführt wird, als Artemis auf der Erde in Wäldern und an Quellen unter den Nymphen waltet? Statt aller anderen Beispiele wollen wir noch das erwähnen, dass es mehrere Klassen von Geistern oder Dämonen gibt, Engel und Teufel, Riesen und Zwerge, schöne jugendliche Götter, Kinder des Himmelsgottes oder Genien, und wiederum monströse Erdgeburten und halbthierische Ungeheuer, himmlische und unterirdische. Zwei Klassen nun von diesen scheinen sich so schroff entgegen zu stehen, dass sie niemals Eins gewesen sein können: und dennoch sind sie aus einander hervorgegangen auch nach der biblischen Tradition, so dass sie also auch wieder zu einander zurückkommen können, gleichwie die Geister der Gestorbenen und die Unterirdischen wieder in den Himmel eingehen können.

Indessen lassen auch diese Thatsachen sich nicht als Beweise für die Ursprünglichkeit des Monotheismus gebrauchen; vielmehr bestätigen sie nur unsere Behauptung, dass, wo immer ein Monotheismus aufgekommen ist, derselbe durch allmähliche Erweiterung eines Volks- oder Familiengottes entstanden sei, indem die Fähigkeit zu solcher Erweiterung in einem jeden Gotte liegt. Der umgekehrte Fall, dass durch Beigesellung immer neuer *numina* zu einem ursprünglich einzig vorhandenen Weltengotte ein Polytheismus aus dem Monotheismus hervor gegangen wäre, etwa so wie in dem mittelalterlichen Christenthum durch Einimpfung des Christenthums auf das Heidenthum der Himmel mit Heiligen bevölkert worden ist, denen man die Kirchen und Dome baute, und die Maria, als Himmelskönigin, neben den drei Personen der Gottheit sich niedergelassen hat dergestalt, dass diese in den Hintergrund und in Ruhestand traten — dieser Fall würde erstlich das frühere Vorhandensein eines ausgebreiteten Polytheismus voraussezen, mithin eben die Ursprünglichkeit des Monotheismus nicht beweisen, zweitens auch das Auftreten von Religionsstiftern behaupten, von denen doch irgendwo noch eine geschichtliche Spur vorhanden sein müsste.

Mit der oben beschriebenen Flüssigkeit göttlicher Persönlichkeiten hängen noch einige andere Erscheinungen zusammen, die wir jezt betrachten wollen.

12. Variationen des Glaubens und der Mythen.

Es gibt keine einzige griechische Sage von der nicht mehrere Variationen sich vorfänden, und dieser Mangel an Uebereinstimmung rührt keineswegs immer von Dichter-Erfindungen her, sondern bestand im Volksglauben, welchem die Dichter gefolgt sind[28]. So wird z. B. einem Gotte dieselbe Göttin oder auch Heroin bald als Schwester und bald als Gattin, in einer dritten Sage vielleicht sogar als Mutter zur Seite gestellt. Und das geschiht bisweilen unter Beibehaltung desselben Namens für die wechselnde Göttin: trägt dieselbe aber mehrere Namen, so dass dem Wechsel noch weniger ein Zweifel im Weg stand, so geschah es oft, dass die eine Person durch die mehrerlei Namen auch in mehrere Personen aus einander gieng. Auch Prädicate von Göttern treten als besondere göttliche Personen auf, und vereinigen sich auch wieder mit ihnen: so die $N\acute{\iota}\varkappa\eta$ neben der Athene, die $\Theta\acute{\epsilon}\mu\iota\varsigma$ neben der Erde. Dieser Umstand macht das Geschäft des mythologischen Forschers sehr verwickelt. Besser ist man bei der Religion der Arier in den Veden daran, in welcher noch Alles durchsichtig und flüssig ist, noch nichts eine concrete Gestalt, sei es durch herrschende Dichtungen oder durch Dogmen, angenommen hat. Hören wir darüber den Bericht von Max Müller

---

28) S. Schömann, Gr. Alt. II. p. 129 ff.

in einer durch Welcker[29] mitgetheilten Stelle. »Es ist kein System von Religion oder Mythologie in den Veden. Namen sind in einem Hymnus als Appellative gebraucht, in einem anderen als Namen von Göttern. Derselbe Gott ist bald vorgestellt als über anderen bald als gleich bald als unter ihnen. Die ganze Natur dieser sog. Götter ist noch transparent, ihre erste Conception in manchen Fällen klar fasslich. Es sind bis jezt keine Genealogieen, keine festen Ehen zwischen Göttern und Göttinnen. Der Vater ist zuweilen der Sohn, der Bruder Gemahl, und die welche in einem Hymnus die Mutter ist, ist in einem anderen die Gattin. Wie die Auffassungen des Dichters wechselten, so wechselte die Natur dieser Götter. Nirgends wird die weite Entfernung, welche die alten Gedichte Indiens von der ältesten Literatur Griechenlands trennt, deutlicher gefühlt, als wenn wir die werdenden Mythen der Veda mit den ausgewachsenen und welkenden Mythen vergleichen, worauf die Dichtkunst Homers gegründet ist«. »Indess steht«, wie Duncker bemerkt, »auch die Anschauung dieser Götter nicht mehr auf der ersten Stufe, und ist bereits ein ziemlich ausgedehnter Vorrath von Mythen vorhanden: man weiss ganze Reihen von Thaten, welche die Götter vollbracht haben, aufzuzälen, es ist öfter von alten Weisen der früheren Zeit die Rede«. Aus diesem Schwanken und jenem Flüssigsein folgt für die Forscher die Pflicht, das Mögliche und Ideelle von dem Gewordenen und Concreten zu unterscheiden. Ideal fliesst Alles in einander, aber alles Gewordene ist trozdem ein besonderes Eigenthümliches, an Ortschaften, Völkerschaften und deren Geschichte Gebundenes, als hätte es über diese locale Färbung und Beschränkung niemals hinausgereicht. Das Verhältniss ist ein Aehnliches wie bei einer Sprache, deren ganzer Wörtervorrath sich wohl auf eine kleine Zal von Stämmen zurückführen lässt,

---

29) Gr. Myth. I. p. 226.

die man in anderen Sprachen wiederfindet, während doch jedes einzelne Wort jeder besonderen Sprache durch die eigenthümlichen Begriffe des Volkes ein ganz eigenthümliches, oft unübersezbares, geworden ist.

13. Das Ausströmen und Rückströmen göttlicher Persönlichkeiten und die Dogmen.

Doch nicht allein historisch sind göttliche Persönlichkeiten aus einander und in einander übergeflossen, sondern noch täglich gehen dergleichen Trennungen und Vereinigungen in den Gemüthern der Gläubigen vor und ist das die einzige Möglichkeit die Persönlichkeit der göttlichen Wesen mit ihrer Allgegenwart und die Einheit des Welt-Regiments mit der Vielheit der Schuzgeister zu vereinigen. Wir haben bereits bemerkt, wie ein jeder Mensch seinen Haus- oder Schuzgott zum Weltengott zu erheben oder, was auf Eins hinausgeht, den Weltengott zu seinem speciellen Schuzgeiste herab zu ziehen pflegt, wenn z. B. die römischen Frauen ihre Genien ihre Juno nannten, oder wenn ein Christ in seinem Gotte vergnügt ist, und ihn um Hilfe anruft gegen seine Widersacher und ihn immer zur Seite hat gleich einem Genius. Ob diese begleitenden Gottheiten Eins mit den höchsten Gottheiten oder getrennt von ihnen walten, darüber gibt das Gemüth sich keine klare Rechenschaft. Der Teufel, welchem Faust sich verschrieben hat, ist in der bestimmten sagenhaften Ausprägung ein Unter-Teufel, Mephistopheles genannt: dieselbe Bewandtniss musste es auch mit demjenigen Teufel haben, welcher fast allnächtlich den Schlaf unseres Luther störte, um mit ihm zu disputiren. Allein Luther nennt ihn den Teufel, nicht einen Teufel, und macht sich über die Möglichkeit, wie derselbe böse Geist zugleich bei ihm in seiner Schlafkammer verweilen, und zugleich an anderen Orten und bei anderen Personen mit seinem Wesen walten könne, keine Scrupel. Und so kennt auch der mittelalterliche Volksglaube zwar ein ganzes Reich von Teufeln, aber diese zahllose Schaar fliesst in jedem Augenblicke wiederum mit dem einen Teufel zusammen, welcher der Gegner Gottes ist, und man hat sich darüber keine klaren und bestimmten Begriffe gebildet. Wenn nun in so ein Gebiet der rechnende Verstand hineingreift, wo er nicht hingehört, dann stuzt er erst und steht eine Weile still, aber bald ermannt er sich wieder und findet Mittel, um auch diese fremde Welt seiner Botmässigkeit zu unterwerfen: er schafft nämlich Dogmen, die, weil sie lauter schlechterdings Unbegreifliches enthalten, unergründliche Geheimnisse heissen: und wenn er dies vollbracht hat, übergibt er diese so zu Stand gebrachte Organisation des heiligen Staates der Wissenschaft, wie er sagt, d. h. der Scholastik, zu weiterer Verwaltung. Zwar die alten blinden Heiden haben dem Verstand keinen Eingriff in die Gebiete des Dichtens und Glaubens verstattet, und sind dadurch bewahrt geblieben vor Kezergerichten, Religionskriegen und anderen Greueln, welche die Geschichte der christlichen Völker entstellen. Man weiss im ganzen Alterthum nichts von einer Bevormundung des Glaubens, bis der Kaiser Julian sich veranlasst sah, eine Art Religions-Unterricht einzurichten zum Schuz gegen die Angriffe der Christen[30]. Nur der Cultus und die überkommenen Gebräuche durften nicht angetastet werden: die Gedanken aber waren frei bis auf völlige Leugnung der Götter, womit natürlich allem Religionswesen sein Werth und seine Bedeutung abgesprochen worden wäre[31]. Es war allgemein herrschende Ansicht, dass die Religion ihren Ursprung in dem Bewusstsein des Menschen habe, nicht von aussen ihm aufzudringen sei[32], also bedurfte man auch keiner Ueberwachung.

<hr>

30) Schömann, Gr. Alt. II. p. 152, Note 3.

31) S. Schömann, a. a. O. p. 152—155.

32) νομίζω πάντας ἀνθρώπους ἴσον περὶ αὐτέων — sc. τῶν θείων — ἐπίστασθαι sagt Herodot II, 3.

14. Die heidnischen Religionen weisen auf keine historische Uroffenbarung zurück.

Der bereits oben berührte Glaube, dass die Religionen zerfallene und mit Unkraut überwucherte Trümmer einer Ur-offenbarung seien, und von dieser reinen Quelle aus eben so bis zur Unkenntlichkeit, wie die Lehren eines Buddha und Moses, ja selbst Christi, verderbt worden seien, ist ein sehr verbreiteter Glaube, und auf historischem Wege und von Seiten der Erfahrung allein ist ihm nicht recht beizukommen, weil er sich auf die bereits dargelegte, in allen Religionen vor-handene, Anlage zum Uebergang in den Monotheismus stüzt. Sein Irrthum aber besteht in der Verwechselung des Ideellen mit dem Wirklichen, oder darinnen, dass er jenes zu einem uranfänglichen Historischen macht. Also geht derselbe auch Hand in Hand mit dem Glauben an die historische Existenz eines Paradieses in der Urzeit, welcher auf der nämlichen Ver-wechselung des in allem Endlichen, als dessen Wesenheit, seienden Unendlichen oder Ideellen mit dem Uranfänglichen beruht, indem er annimmt, dass das jezige Wirkliche aus jenem heraus verdorben sei. Dieser Glaube ist dem Herzen Bedürf-niss, und wir wollen ihn walten lassen da wo er hingehört: aber im praktischen Leben zeigt er sich schädlich, indem er die Menschen und ihre Zustände nicht so nimmt wie sie sind, sondern wie sie sein könnten wenn die goldene Zeit noch be-stände, und Träume zu verwirklichen strebt anstatt Gefor-dertes und Mögliches zu leisten. »Verscherzt ist dem Menschen des Lebens Frucht, so lang er die Schatten zu haschen sucht«. Ein Irrthum welcher dem Leben nicht frommt kann aber noch weniger der Wissenschaft erspriesslich sein. Und die Wissen-schaft soll überhaupt auf keinen Wahn gebaut werden und von keinem Wunderglauben ausgehen. Ein Wunder aber wäre es gewesen, wenn Gott zu Anfang der Zeiten eine ideelle Welt und Menschheit in die reale, eine unendliche in die endliche hinein gesezt hätte, die sich aber nicht halten konnte, sondern alsbald in die fehlerhafte endliche umschlagen musste. Und was ist denn damit erklärt? oder was ist überhaupt damit gesagt ausser demjenigen was jedermann weiss oder doch fühlt, dass nämlich hinter dem Unvollkommenen ein Volkommenes, hinter dem Endlichen ein Unendliches liege, und dass das eine ohne das andere gar nicht gedacht werden könne. Und wollen wir den Wahnglauben noch weiter auf unsere Forschung anwenden, was haben wir damit gewonnen, wenn wir eine sündenreine und erleuchtete Menschheit annehmen, die durch inneres Schauen und näheren Verkehr mit Gott die reine Erkenntniss unmittelbar an der Quelle geschöpft habe? Mit dem Verluste des Paradieses und der Umwandlung des vollkommenen Zustandes in den unvollkommenen musste doch diese Erkenntniss so vollständig verloren gehen, dass kaum mehr eine Erinnerung verbleiben konnte, sintemal ja zugleich eine Umwandlung des ganzen geistigen und leiblichen Lebens, ja sogar auch eine Veränderung der äusseren Natur, eintrat: und wenn auch! wenn wirklich eine Erinnerung an die frühere Erleuchtung gerettet wurde aus dem Paradiese, wie lang konnte sie sich rein erhalten und was konnte sie wirken in dem beschmuzten Gefässe? Oder haben wir die Vertreter jener Ansicht missverstanden, und denken sich dieselben keineswegs eine von der jezigen Menschheit verschiedene Menschheit als die Trägerin der Uroffenbarung, sondern bloss einzelne Weise, die durch besondere göttliche Offenbarung oder auch durch erleuchtete Erkenntniss und inneres Schauen die Urreligion empfangen und ihren Mitmenschen mitgetheilt hätten? So ist darauf zu erwidern, dass damit der Wunderglaube nur ein wenig abgeändert, im Grunde aber derselbe geblieben ist. Die erleuchteten Männer aber wachsen nicht so plözlich aus dem Boden heraus noch fallen sie vom Himmel herab, sondern entstehen aus dem Volke als die begabtesten unter Gleichen, und sie kommen wenn ihre Zeit da ist, d. h.

wenn die Geistesrichtung, die sie vertreten, die herrschende geworden ist. Auch erscheinen sie nicht unangemeldet, sondern einem jeden Messias geht sein Johannes vorher, noch verschwinden sie wie Meteore, sondern lassen Nachfolger und Schüler zurück, welche in ihrem Geiste fortwirken.

So steht es mit der Annahme, dass die heidnischen Religionen Trümmer und verunstaltete Reste einer aus dem Paradies geretteten, einst reinen und nachher getrübten, Gotteserkenntniss waren, einer Ansicht, welche vielen »Guten und Besten« die Köpfe verrückt hat, die harten Köpfe, die an »irden-schlechten Töpfen«, wie die Kabiren sind, zerstossen wurden, worauf gar viele dickleibige Bände voll spizfindiger Phantasien und vornehm klingender Phrasen geschrieben worden sind, deren blosse Durchlesung einem gesunden Menschen Kopfweh machen kann. Es ist aber auch dieser Irrthum lediglich auf die Verwechselung der philosophischen Speculation mit der Religion gegründet, von welcher wir nachher sprechen wollen. Denn hätte sichs um blosse Religion gehandelt, so würde man eingesehen haben, dass gerade diese erst nach dem Sündenfall ihren Ursprung haben konnte. Nur der sündenbewusste Mensch sucht Gott und bedarf der göttlichen Hilfe zur Erlösung aus seinem unglücklichen Zustande: der glückliche und mit Gott einige Mensch bedarf ihrer nicht. Ist es aber so, dann haben die Religionen den entgegengesezten Entwickelungsgang genommen, nämlich nicht aus dem vollkommenen Zustande abwärts in den entarteten, sondern aus der Unvollkommenheit zu höherer Vollkommenheit. Und wären sie auch von einer Offenbarung ausgegangen, da Gott dem Menschen niemals anders als im Herzen sich offenbart, das Herz aber eine Offenbarung nur immer in dem Grade rein empfangen kann als es selber rein und unverdorben ist, so kann die Urreligion, als das Erzeugniss einer sündenbewussten Menschheit, eben nicht die reinste gewesen sein, so wenig als jene Menschheit die vollkommenste und reinste war.

Also werden wir wohl Recht haben, wenn wir behaupten, dass die Religionen anfänglich so einfach, so naturwüchsig und so roh wie die ersten Menschen gewesen seien, in ihrer fortschreitenden Entwickelung aber zugleich mannichfaltiger in ihren Formen geworden sind und aus dem roheren Zustande einem reineren und edleren zugestrebt haben, indem sie gleichen Schritt hielten mit der Cultur, die wir im steten Fortschritt von dem Roheren zum Menschlicheren und Edleren hinstreben sehen.

15. Unterscheidung geoffenbarter und natürlicher Religionen.

Es ist endlich auch eine Verwechselung späterer Culturzustände mit früheren und eine unbefugte Uebertragung dessen, worauf die christliche Religion den meisten Werth legt, auf die ethnischen Religionen, wenn man in die Urzeit eine Offenbarung verlegt. Geoffenbarte Religionen, d. h. solche die von Propheten als Stiftern ausgehen, kennen wir in Asien ausser der mosaischen noch die von Zoroaster und die von Buddha herrührende. Zwar ist die Entstehung dieser beiden, wie auch die Personen ihrer Stifter, in Fabeln gehüllt, aber das Gepräge geoffenbarter Religionen ist ihnen dennoch so deutlich aufgedrückt, dass sie sich wesentlich von den sogenannten natürlichen Religionen unterscheiden. Eine Eigenthümlichkeit jener Religionen ist es nämlich, dass sie, als Reformationen und als Negirung des naturgemäss im Volke entstandenen und durch Tradition festgehaltenen Gözendienstes, die natürlichen Neigungen verwerfen und eben deswegen eine viel strengere Disciplin mit weit weniger Duldung als die natürlichen Religionen in sich enthalten. Während daher die lezteren, bei aller Anerkennung dass der Mensch nicht wie das Thier seinem Triebe folgen könne, und bei allem Bewusstsein der Sündhaftigkeit, von welchem eine jede Religion getragen wird, doch kein höheres Gesez als das naturgemässe Leben und Handeln kennen, und als lezte Instanz der Moral

nur die innere Stimme, das unverdorbene natürliche Gefühl
anerkennen, was sie mit einem Worte φύσιν, *naturam*, nennen; so verlangen die geoffenbarten Religionen unbedingte Hingebung an die Worte des Propheten, weil dem natürlichen Gefühle nicht zu trauen sei, und nehmen einen Sündenfall an,
durch welchen der Mensch die Reinheit seines Gefühles verloren habe [33]. Auch das ist eine Kluft welche die ethnischen
Religionen von den sog. geoffenbarten trennt: weshalb man
sich wohl hüten soll, die Eigenthümlichkeiten der einen auf
die anderen überzutragen.

16. Der Anfang der Religionen war nicht Speculation.

Alle Vorstellungen von Urreligion und Uroffenbarung
beruhen auf der Annahme, dass die ersten Menschen nichts
Angelegentlicheres zu thun hatten, als der philosophischen
Betrachtung, der θεωρία, sich hinzugeben, welches, wie gesagt, eine Verwechselung ganz später Cultur-Zustände mit den
ursprünglichen ist. Die Speculation sezt Theilung der Arbeit
voraus, wenn einzelne vorzugsweise sich ihr hingeben sollen,
sie sezt eine Schwächung des Instinctes voraus, wenn prak-
tische Menschen zwischen ihren Geschäften ihr obliegen sollen:
und die ersten Menschen mussten von diesen beiden vorbedin-
genden Zuständen gerade am weitesten entfernt sein. Sie
mussten von einem mächtigen Instincte so richtig wie die
Thiere geleitet werden, dass sie in allem was sie unternahmen
sich, so zu sagen, als Genies bewiesen: sie »untersuchten
nicht, sie fühlten nur«, und ihr Gefühl war immer das richtige: sie pflegten »zu wandeln und auf ihren Weg zu sehen«,
und befanden sich dabei wohl, dass sie weiter nichts bedurften.
Man kann auf jene Menschen Alles dasjenige anwenden was
Schiller von der Naivetät der Genies sagt. »Unbekannt mit
den Regeln Gesezen, den Krücken der Schwachheit und

33, S. über die Anhänger Buddhas Webers Allg. Weltgesch. I. p. 258
und über Zoroasters Lehre hier unten.

den Zuchtmeistern der Verkehrtheit, bloss von der Natur oder
dem Instinct, ihrem schüzenden Engel, geleitet, geht sie ruhig
und sicher durch alle Schlingen des falschen Geschmackes«
u. s. w. »Sie verfährt nicht nach erkannten Principien, sondern nach Einfällen und Gefühlen: aber ihre Einfälle sind
Eingebungen eines Gottes Alles was die gesunde
Natur thut, ist göttlich, ihre Gefühle sind Geseze für alle
Zeiten und für alle Geschlechter der Menschen«. In dieser
Weise also erkennen auch wir einen glücklicheren sündelosen
Urzustand an, in welcher Weise ihn noch jezt ein jeder Mensch
theilweise besizt und theilweise verloren hat, je nachdem die
Natur sich mehr in ihrer Reinheit und Unschuld erhalten hat,
oder durch Fehltritte, zu welchen Begierde und Leidenschaft
verführen, unsicher geworden, Hilfe und Wiederherstellung
bei den Regeln suchen muss. Denn wer nur immer in irgend
einem menschlichen Thun, bloss von seinem Gefühle geleitet,
das Rechte trifft, ein Mädchen das, von keiner Hofmeisterin
geleitet, sich mit natürlichem Verstande benimmt und mit An-
muth bewegt, ein Jüngling welcher, von allen äusseren Einwirkungen unbeirrt, immer das was ihm gemäss ist ergreift,
und was ihm darin von Meistern und Lehrern geboten wird
ohne Nachbeterei und Nachäfferei sich eigenthümlich aneig-
net, verdankt dies der Unverdorbenheit einer mächtigen
Natur, und ist, soweit er auf dieser ruht, ein Genie. Ein
solches Uebergewicht des Instinctes über den Verstand, oder
vielmehr eine solche Alleinherrschaft des Instinctes, trauen wir
also den ersten Menschen zu, und in diesem Urzustande hatten
sie Gott (nicht Götter, ohne es zu wissen, und was sie immer
thaten das thaten sie mit Gott. In dem Maasse aber als sie
»des frommen Instinctes liebende Warnung verwirkten, als
das tückische Herz den hellen Verstand trübte, und der Empfindungen Streit eines Richters, d. h. der Regeln, bedurfte«,
in demselben Maasse fiengen sie an über den Quell des Uebels
nachzudenken, und in dem nämlichen Grade wie sie nach

Verlust ihres inneren Friedens sich unglücklich fühlten,
fiengen sie auch an Götter zu suchen. Aber ihr Nachdenken
über den Ursprung des Bösen und über die Mittel davon frei
zu werden, wenn es auch einige Mythen hervorbrachte, wie
wir späterhin sehen werden, war doch nicht die Quelle der
thätigen Religion, d. h. des Götter- oder Gözendienstes, als
welcher vielmehr von dem Gefühle des Unglücks und dem
Drange der Noth eingegeben, und von der Furcht und der
Hoffnung, den zwei mächtigsten Beherrschern des Menschenlebens, geschaffen wurde.

17. Die Religion wird durch das Bedürfniss in dem Herzen erzeugt.

Der Mensch findet sich hier auf diese Erde hergesezt
machtlos gegenüber den Mächten die von aussen und von
innen ihn gewaltsam beherrschen. Er empfindet zwar die
Wirkungen, erkennt aber in den seltensten Fällen die Ursachen,
welche oft nach vielen Jahrhunderten erst die Wissenschaft zu
entdecken vermag. Da steht denn die Phantasie keinen Augenblick an, für jede Wirkung nicht allein eine Ursache sondern
auch einen Urheber zu erfinden, an dessen Existenz nicht ge-
zweifelt werden kann, weil ja der thatsächliche Beweis, die
Wirkung, vor Augen liegt. Wenn Blize zucken und zünden,
wenn der Donner rollt, der Regen in Güssen auf die Erde her-
abströmt, so muss gemäss der gleich zu Anfang von uns darge-
legten Anlage des kindlichen Naturmenschen die Schöpfung
mit lebenden Wesen Dämonen oder Geistern zu erfüllen, droben
im Himmel ein mächtiger Beherrscher des Himmels und der
Erde walten, welcher die Blize als seine Geschosse schleudert,
die Wolken sammelt und in ersäufenden Regengüssen die
sündige Menschheit heimsucht[34]. Wenn der Winter Alles
erstarren und erfrieren macht, so muss das die Wirkung eines

---

34 Il. π, 385.

bösgesinnten Dämons sein; und wenn er im Lenz mit Ueber-schwemmungen abzieht, so ist das eine Reinigung der Erde von der Befleckung dieses Dämons. Wenn einen Menschen plözlich, wie wir sagen, der Schlag trifft, so hat ihn ein Gott mit einem Pfeile todtgeschossen. Und wenn jemand, von einer Leidenschaft willenlos hingerissen, gethan hat was ihn gereut, dass er hinterher selbst nicht begreifen kann, wie er dazu ge-kommen, so war er von einem Geiste besessen. Uns mag es oft kaum begreiflich erscheinen, dass die Menschen von so häufig wiederkehrenden Erscheinungen, wie z. B. das An-schwellen von Flüssen oder auch deren blutrothe Färbung ist, die so nahe liegenden Gründe nicht erkannt[35] und daher Flussgeister sich eingebildet haben, welche durch Herbei-ziehung von Gewässern aus dem Erdboden Ueberschwem-mungen machen, wenn sie nicht durch Opfer begütigt werden, in der Art wie z. B. der Skamander in der Ilias es macht, dem man Stiere schlachtete und lebendige Rosse versenkte[36]. Und wiederum weil man das Ausbleiben der Quellen bei anhalten-der Dürre nicht erklären konnte, dichtete man Drachen, die das Wasser im Erdboden zurückhalten. Von wannen die Winde kommen, war noch schwerer einzusehen, und darum ist der Schlauch des Aeolos den Kronos zum Verwalter der Winde gemacht hatte. Od. z, 21 und die zwei Fässer bei den Indern, aus deren einem die Winde, aus dem anderen die Regenwolken herausgelassen werden[37], und die Windebe-schwichtiger in Korinth ἀνεμοκοῖται bei Hesych und die Stürme besprechenden Magier bei den Persern[38], was auch

---

35) Schon darum ist die Deutung des Prädicates διιπέτης durch *coelo lapsus* unzulässig. Euripides gebraucht es im Sinne von διαυγής. Also wird es auch aus διὰ-ἵπτειν oder ἱποῦν; gemacht sein: ἰυαι aber heisst nicht drücken sondern b r e n n e n *urere*, verwandt mit *ignis*.

36 Il. φ, 131. 235. 312.

37 Philostr. Leb. des Apollon. T. III, 3.

38 Herod. VII, 191.

Empedokles zu machen verstand[39], schon weniger zu verwundern. Also sind auch noch bei Shaxpear im Macbeth Hexen die Macherinnen gräulichen Wetters und haben alle Winde im Besiz, und selbst Luther glaubte das noch[40]. Auch Blize wurden hergezaubert[41], und was ist nicht Alles den Hexereien von Weibern Magiern und Indischen Büssern zugetraut worden!

So wird die Welt mit Geistern und Göttern bevölkert, und kann der Mensch keinen Gedanken hegen und keinen Finger rühren, ohne dass unsichtbare Mächte entweder anregen oder mitwirken. Und überall hat auch der Zufall sein Spiel: klug entworfene Pläne misslingen in der Ausführung, während oft was die Dummheit beginnt mit einem glücklichen Ende gekrönt wird und nebenher noch Vortheile erntet: und der Starke unterliegt, während der Schwache, vom Glück begünstigt, den Sieg davonträgt. Allein Glück und Zufall sind zwei Namen welche in dem Begriffskreise frommdenkender Menschen nicht zu finden sind. Es sind Wirkungen deren Ursachen man nicht kennt, mithin Anlässe für die dichtende Phantasie, Geister und Götter nach der Wahrscheinlichkeit in Handlung zu sezen. Was also andere Glück nennen, das ist ihnen ein Offenbarwerden der Gegenwart unsichtbarer Mächte, ein sichtbares Eingreifen ihrer Hände. An jedem Ort und in jeder Gemeinde und bei jedem Geschäft sind sie zugegen: wer ihrer Hilfe theilhaftig sein will, der rufe sie durch Opfer und Gebete, und mache, fern von stolzem Selbstvertrauen, sich diese Mächte gewogen, von denen eine jegliche Gabe kommt und ohne welche nirgends ein Segen oder Gedeihen sein kann[42]. Nicht Philosophie sondern Psychologie ist der Schlüssel zur Erklärung der Religionen und der Mythen: denn

---

39 Sturz, p. 53.
40 S. Tischreden p. 196, b.
41 Plin. H. N. II, 104.
42 Il. υ, 546.

aus den Seelenzuständen quellen sie unbewusst hervor, und der Geist des Menschen selbst schafft sich seine Glaubens-Objecte, um sich von ihnen beherrschen zu lassen und ihre Anerkennung sodann auch anderen als Gesez aufzulegen und als Bedingungen zu zeitlicher und ewiger Seligkeit. So wie nun das menschliche Herz bei allen Völkern zu allen Zeiten und unter allen Zonen im Wesentlichen das nämliche bleibt, so werden uns auch überall die nämlichen Vorstellungen über das Verhältniss der Götter zu den Menschen begegnen, nur je nach dem Stande der Bildung verschieden gefärbt. Also ist die Religion zwar überall ein Bund, mittelst dessen man sich des Schuzes und Beistandes gewisser Gottheiten versichert: aber dieser Bund wird je nach dem Geiste der Contrahenten auf verschiedenen Motiven ruhen. Der rohe Mensch hat rohe Götter, die von Liebe und Treue nichts wissen, mithin gezwungen werden müssen. Also wird er den Vertrag mit ihnen in demjenigen Sinne schliessen in welchem Faust ihn mit Mephistopheles schliesst:

> Die Hölle selbst hat ihre Rechte?!
> Das find' ich gut! Da liesse sich ein Pact,
> Und sicher wohl, mit euch, ihr Herren, schliessen.

Wenn aber das Leben menschlicher und die Gesinnung milder wird, dann tritt Vertrauen an die Stelle der Furcht, Gnade an die Stelle der Schuldforderung, Frömmigkeit an die Stelle der guten Werke; dann verschwindet der Glaube an die magische Kraft der Ceremonien und Symbole (Fetische); dann findet man es endlich auch göttlicher Personen unwürdig, ihnen Laster und Leidenschaften anzudichten deren selbst Menschen sich schämen würden.

Wenn sodann die Götter sittlich gute Wesen geworden sind, so erwartet man dass sie auch bei den Menschen die Sittlichkeit befördern, das Gute belohnen und das Böse bestrafen, und wenn sich dieser Glaube in den Schicksalen der Menschen nicht bestätigt findet, so weiss man das in vielerlei

Weise zu rechtfertigen. Wenn z. B. ein Edler unschuldig leidet, so büsst er eine von seinen Vorfahren begangene Schuld: wenn ein herrlicher Mensch, der kein Verbrechen begangen hat, plözlich von einem Glückes-Gipfel in die Tiefe des Elendes hinabgestürzt wird, so haben die Götter es nicht dulden mögen, dass ein Mensch so hoch steige, etwa gar sich ihnen gleich stelle, oder haben ihn bei Zeiten Demuth lehren wollen, damit er nicht ausarte; wenn Jugend mit Schönheit und Unschuld vereinigt vom Tode dahingerafft wird, so war sie zu gut für die Erde oder es kann in dieser sündenverderbten Welt überhaupt nichts Vollkommenes existiren (»das ist das Loos des Schönen auf der Erde«, oder Gott hat sie zu sich genommen um ihr ein besseres Dasein zu bereiten u. s. w. Ein Mittel mit dem Weltregiment sich zu verständigen findet das Gemüth zulezt auch darin, dass es die Vorausbestimmung und den Zufall, die *Moῖρα* und die *Τύχη*, selbst in die Zal der Götter versezt, mithin zu persönlichen Wesen macht gleich dem *δαίμων*, und ihnen zwar Willen und Empfänglichkeit für Opfer und Gebete zutraut, aber keine sittlichen Motive[43]). Mit einem Worte: die Religion quillt aus dem Herzen und wird darinnen durch die Noth und das Bedürfniss erzeugt.

18. Der Anfang der Religionen war nicht Bilderdenken.

Man spricht von einer Zeit wo die Menschen noch nicht so wie jezt in Begriffen, sondern in Bildern, gedacht haben, oder »wo die Begriffe sich noch nicht ohne die Vermittelung der Phantasie dem Bewusstsein dargestellt haben«; und etwas Schöneres konnte man wahrlich nicht erfinden, um theils seinen Irrthum vor den Angriffen der gesunden Vernunft zu retten, theils die Fruchtbarmachung der mythologischen Wis-

---

43) Vgl. Archilochos Fr. 16. πάντα Τύχη καὶ Μοῖρα, Περίκλεες, ἀνδρὶ δίδωσιν. Diagoras (p. 266 m. Ausg.) κατὰ δαίμονα καὶ Τύχαν τὰ πάντα βροτοῖσιν ἐκτελεῖται. Pindar Ol. XII, 1—16. Plin. H. N. II, 5, 22.

senschaft für unser Leben zu hindern. Indem man die Menschheit, von welcher die Religion und die Mythen herstammen sollen, als eine von der jezigen spezifisch verschiedene, sogar mit einer anderen Denkkraft begabte, betrachtet, ist man der Anwendung dessen was die Vergangenheit lehren kann auf seine eigenen Zustände überhoben. Also ist auch wirklich kein Aberglaube zu plump, kein Irrthum zu toll und kein Missbrauch in ideellen Dingen zu kraus, welchen, und wäre er auch schon zehen Mal bekämpft und verworfen worden, diejenigen, welche darin ihren Vortheil finden, nicht immer wieder von Neuem aufzuwärmen und geltend zu machen sich getrauten, und leider meistens mit Glück durchführen, darum weil die Werkstätte, wo dergleichen gebraut wird, noch für die meisten ein Geheimniss und die Naturgeschichte des Aberglaubens noch keineswegs genugsam erforscht ist, vielmehr die Forscher in der Nebelwolke, um deren Erforschung es sich handelt, selber darin stecken.

Die ersten Religionsstifter waren weder Philosophen noch Dichter noch ein Mittelding von beiden, sondern eben einfach religiöse Menschen, die was sie sagten eben gerade so sagten wie sie's meinten, nicht in Bildern eingehüllt, die man missverstehen und missdeuten, auch wohl mit dem darin eingehüllten Gegenstande vertauschen konnte. Philosophen hätten wiederum Philosophen zu Nachfolgern gehabt, Dichter würden Dichterschulen gegründet haben. Das siht man ein, und darum erdenkt man gewisse ganz besonders organisirte DichterDenker, welche unmittelbar in Bildern gedacht haben, weil die bewusste Erfindung und Verwendung der Bilder zur Accommodation schon eine Art von Betrug voraussezen würde: nachher seien die Bilder mit den darin verhüllten unsichtbaren Ideen vertauscht worden von dem unfähigen oder entarteten Volke, und daraus sei dann die Vielgötterei, Abgötterei, der Thierdienst und die grosse Masse von Fabeln und alles was uns an den alten Religionen so seltsam vorkommt entstanden.

Dieser Grundirrthum hat eine Menge von Irrthümern im Gefolge, den einen schädlicher und an der Auffindung des Rechten hinderlicher als den anderen, wie wir nachher an einigen Beispielen zeigen wollen.

Jede Religion beruht auf Wunderglauben, und der Wunderglaube ist von Anfang entstanden und wird so lange die Welt dauert noch immer fort auf die nämliche Weise entstehen wie wir ihn täglich unter den Menschen entstehen sehen. Wo aber ein Wunderglaube waltet, da ist auch sogleich die Legende oder der Mythus zur Hand, der ihm zur Auslegung dient. Wunder aber sind Thaten von Geistern oder Göttern, entweder sichtbare Einschreitungen der Götter in den Gang der Begebenheiten, theils um Menschen aus Nöthen zu retten theils um Uebelthäter zu strafen, oder Zeichen durch welche sie ihren Willen kundthun und die Zukunft vorher bestimmen. Die Offenbarungen der lezteren Art fordern mitunter einen Ausleger, προφήτης: ausserdem gibt es Seher und Wahrsager als Erforscher der göttlichen Zeichen, Opferer und Beter. Das sind Mittler zwischen der Gottheit und der Gemeinde, und die Seher sind die eigentlichen Gründer der gottesdienstlichen Gebräuche. Und diese alle sind weder hoch über der Menge stehende und sich accommodirende Weise noch müssige, das Uebersinnliche in Bildern schauende Betrachter, sondern vor allem gläubige und an demjenigen was sie thun und zeigen treu haltende Menschen, die religiösesten unter den religiösen; und die Ceremonien verrichten sie nicht als sinnbildliche Handlungen, sondern als wirkungskräftige, Geister bewegende, mitunter sogar bindende, und Gewähr leistende Symbole. Denn Geistern kann man nur mit Geisterkraft begegnen, und das Symbol unterscheidet sich von jedem anderen Bild oder Zeichen eben dadurch, dass es eine Bürgschaft gewährt und ein Unterpfand ist des Bundes welchen der Gott mit dem Menschen geschlossen hat: dadurch aber gewinnt es im Aberglauben magische Kraft gleich einem Amulet, indem der Geist oder Gott mit seiner Gegenwart und seinen Wirkungen an dasselbe gebunden scheint. Das sind die sogenannten Heilthümer oder Heiligthümer, mit den Reliquien der mittelalterlichen Christenheit zu vergleichen, welche besonders in den geheimen Culten eine so grosse Rolle spielen. So wenig aber als diese Symbole, d. h. Unterpfänder, jemals für blosse Bilder gegolten haben, so wenig sind die Götter jemals blosse Allegorien oder dichterische Ideale oder rednerische Personificationen gewesen, sondern von Anfang an lebende Wesen, waltende Dämonen und Geister, und davon sind auch die sittlichen Eigenschaften wie *Fides, Honos. Λιταί, Ἀρά* u. s. w. nicht ausgenommen. Denn blossen Phantasiegebilden schlachtet man keine Opfer, den Göttern aber sind zu allen Zeiten und an allen Orten Opfer geschlachtet worden, und zwar je älter die Zeiten waren desto grausamere.

19. Anhang. Ueber das Avesta.

In der Untersuchung über die Beschaffenheit der ältesten Religionen müssen zwei in der neuesten Zeit erst recht zugängig gewordene Documente, die Veden und das Avesta, einen grossen Ausschlag geben, wenn sie ächt sind. Nun lässt sich zwar an der Aechtheit der Veden und ihrem Alterthum nicht zweifeln, weil der sicherste Beweis für dieses die Sprache und für jene die Geltung noch bei den heutigen Brahmanen ist. Auch das Avesta stammt ohne Zweifel aus dem Alterthum her und seine dem Sanskrit so nah verwandte Sprache ist ohne Zweifel die heilige Sprache der alten Perser gewesen: daraus folgt aber keineswegs, dass diese Religionsschriften so alt seien als sie sein wollen, indem Priestersprachen noch viele Jahrhunderte fortgesezt zu werden pflegen, wenn sie längst im Volke abgestorben sind. Zuvörderst muss man wissen, dass der Zarathustra ein mythischer Name ist, wie der Orpheus und der Numa, und gleich dem Yima oder Dschemschid zu den Heroen der Perser gehört. Trozdem kann die mit seinem

Namen bezeichnete Reformation in Glaubens-Sachen wirklich vorgegangen sein, und die sehr wesentliche Unterscheidung der Persischen Religion von der Indischen, mit der sie doch so Vieles gemein hat, liefert den Beweis für diese Trennung. Diese Eigenthümlichkeit der Zarathustrischen Religion aber besteht in der scharfen Entgegensezung des guten und des bösen Princips, *Ahura-mazda* und des *Angra-mainjus*, zweier den Veden noch ganz unbekannter Wesen, während doch die Dämonen-Kämpfer *Verethraghna* und *Craosha* als *Vitraghna*, *Rudra* und *Maruta* auch in den Veden bereits vorhanden sind. Vielleicht bekundet die Umwandlung der *devas* Götter in die *daevas* Teufel des Parsenglaubens und des Himmelsgottes *Indra* in den Geist der Finsterniss *Andra* eine gewisse Feindschaft beider Religionen, die jedoch auch vieles Heilige mit einander gemein haben, vor allem den Saft *Soma = Haoma* und dessen göttliche Verehrung, das Feuer als Verscheucher und Tödter der Dämonen, den Gott *Mithra*, die Sagen von *Vivanghcat = Vivasvat* und seinem Sohne *Yima = Yama*, von den Drachentödtern *Thaetaona = Traitana* und *Kereçaçpa = Kriçânu*, den *Çarca = Çiva* und die *Aspinen = Açvinen*[44]. Die beiden Religionen haben auch geographisch einander ganz nahe gelegen, indem die Indische in dem Fünfstromlande, die der Iranier in Baktrien ihre erste Heimath und Wiege gehabt haben muss, und beide Völker nannten sich *Arier*. Deutet soweit der Inhalt des Avesta vermöge seiner Zusammenstimmung mit den Veden auf den ältesten Ursprung hin, so sind wiederum viele andere Umstände vorhanden, welche die Einwirkungen einer spätern Zeit erkennen lassen, so dass man wenigstens die Redaction dieser Bücher in eine sehr späte Zeit sezen muss, vielleicht in die der Wiederauffrischung der alten Religion durch die Sassaniden (226 n. Ch.)[45] . Denn es zeigen sich in der Persischen

---

44) Duncker, Gesch. des Alt. II. p. 13. 332.
45) S. Duncker, II. p. 308 f.

Liturgie sogar Elemente vom Cultus der Syrisch-christlichen Kirche [46]. Der Name Zend-Avesta, wenn Zend die Huzvaresch-Uebersezung bezeichnet [47], scheint nur in dieser Beziehung von Bedeutung zu sein. Duncker II. p. 383 meint, dass zwar das Gesezbuch Irans, dessen Bruchstücke im Vendidad erhalten sind, zwischen 800—600 vor Ch. abgefasst sein werde: ob aber die Mehrzahl der Gebete und Anrufungen des Avesta derselben Zeit angehören, bezweifelt er, weil es gewiss sei, dass bei der Erneuerung des Kanon unter den Sassaniden viele jüngere Gebete Aufnahme gefunden haben. Die Haltung des Ganzen sei dürr prosaisch und in gewisser Weise modern, meint er p. 372, die Göttergestalten allegorisirend verblasst und eine Menge von Abstractionen und leblosen Personificationen erfüllen den Himmel. Unterscheidungen, welche die Inder erst spät machten, seien dem Zendavesta bereits geläufig, die existirende Welt und die Welt der Geister, die körperliche und die körperlose, seien gewöhnliche Kategorien u. s. w. Endlich meint er, es werde Niemand im Zendavesta das Product einer naiven Religiosität zu erblicken geneigt sein. Und wir sind der nämlichen Ansicht, und in dieser Ansicht befestigt uns Windischmann in seinen Abhandlungen über die Persische *Anahita* oder *Anaitis* und über den *Mithra*, in denen er darauf ausgeht, die Uebereinstimmung des Inhaltes des Avesta mit den Nachrichten der Alten darzulegen, in der That aber, d. h. durch die Schuld der Thatsachen, das Gegentheil thut. So ist von der *Anaitis* im Avesta keine Spur zu finden ausser der *Ardvî çûra anâhita*, d. h. der fliessenden starken reinen, der Göttin des überirdischen befruchtenden Wassers, die vom Berg *Hukairya* zum See *Vourukascha* fliesst und auch mit vier weissen Rossen fährt, ferner in Gestalt einer wohlgeformten und schöngeschmückten Jung-

---

46 S. Spiegels Avesta I. p. 14. 18. II. p. CXX.
47 Spiegel, I. p. 45.

frau erscheint und, als Gewässer, den Samen der Männer und den weiblichen *foetus* reinigt. Und es erscheint sogar noch zweifelhaft, ob in dem niemals allein vorkommenden Adjectiv *anáhita* (nicht unrein' jene *Anaïtis* zu finden sei, von welcher W. Folgendes aus den Zeugnissen der Alten herausgebracht hat: Sie wird vorwiegend Artemis, und zwar die Persische Artemis genannt, aber auch mit Aphrodite parallelisirt, hatte inmitten offenbar Zarathustrischer Institutionen und neben Wesen desselben Religionssystems Omanos und Anadatos weit verbreiteten Cultus in Persien, Baktrien, Medien, Elymais, Kappadokien, Pontus und Lydien: ihre Tempel sind zu Babylon, Susa, Ekbatana, Konkabar, zu Sardes, Hierocäsarea und Hypäpa, in Damaskus, in Zela, in Akilisene, einer Armenischen Provinz: ihr Dienst wird von Priestern und Hierodulen versehen und ist mit Mysterien, Festen und unzüchtigem Wesen verbunden: die Persischen Sakäen werden mit ihr verknüpft; heilige Kühe sind ihr gewidmet; Artaxerxes Mnemon stellte ihr zuerst Bildsäulen auf und führte dadurch den Bilderdienst in Persien ein; ihre Statue zur Susa war massiv golden und wurde ein Menschenalter vor Christus im Parthischen Kriege geraubt. Manche führten ihren Cultus auf die Taurische Artemis zurück, andere suchten ihn schon zu Zeiten des Kyrus; jedenfalls schliesst die Angabe, Artaxerxes habe zuerst ihr Bild aufgestellt, einen früher bilderlosen Cultus der Anaitis eben so wenig aus, wie bei den anderen Yazatas. Die von Herodot bezeugte Existenz einer Aphrodite bei den Persern lässt vielmehr das hohe Alter desselben nicht bezweifeln.

Von dem Mithra geschiht zwar viele Erwähnung im Avesta, doch geben die Stellen gleichfalls nur ein verblichenes Bild im Vergleich mit demjenigen was der auch in das Abendland gedrungene Cultus zu erkennen gibt. Von dem felsgeborenen und in Grotten verehrten Gotte, von dem Rinderdiebe, der seinen Raub in der Höhle verbirgt, von dem Stier-

Tödter findet sich keine deutliche Spur in den vielen Gebetformeln und Anrufungen des Avesta, und die Entstehung der
berühmten Mysterien ist aus ihnen nicht zu begreifen. Entweder also ist dieser ganze Cultus eine Entartung so eigner
Art wie noch nie eine in den sämmtlichen Religionen vorgegangen ist, oder die Redaction jener Gebetformeln ist jünger
sogar als die Verbreitung des Mithradienstes nach dem Occi-
dent hin, welche von der Zeit des Seeräuber-Krieges anhebt.

B. Von der Weiterbildung der Religionen.

1. Glaube und Aberglaube.

Welcker, Gr. Götterl. II. p. 127 ff. führt eine Menge Beispiele an von dem unter den heutigen wie unter den ehemaligen
Griechen herrschenden Wunder-Glauben und von der Leicht-
gläubigkeit mit welcher dergleichen örtliche Sagen und Legenden sowohl erzält als auch hingenommen werden. Er erkennt,
wie daran die Mantik, die Zeichen- und Traumdeutung und die
Astrologie sich knüpfe, und dass die δεισιδαιμονία, die er mit
»Götterangst« übersezt, nur ein höherer Grad des Aberglaubens
sei. Sodann siht er ein (p. 144), wie gerade das Heidenthum
allem diesen Aberglauben ausgesezt sei und »durch dessen ge-
fährliche Auswüchse entstellt oder seiner gesunden Lebens-
säfte beraubt werde.« Von den Christen sodann sagt er: »Viel
nicht mit der Religion in Verbindung stehender, sondern nur
von der Unwissenheit oder der Phantasie hervorgebrachter
oder aus selbstsüchtigen Absichten genährter Aberglaube
wird immer bleiben. Denn viel ist dessen aus den vorchrist-
lichen Zeiten herabgeerbt und, wie es scheint, untilgbar geworden. Viel anderer wird immer entstehen durch den Hunger
der Geister, auch auf den untersten Stufen, sowohl der Rohheit als auch einer aus Ueberfeinerung, Eitelkeit und Faulheit

entspringenden Ungesundheit der Reichen, nach immer neuen
wunderbaren, ohne Kenntnisse und ohne Nachdenken leicht
aufzuhaschenden Dingen und Vorstellungen. Auch das freie
Spiel mit dem Absonderlichen und Unerklärlichen wird immer
Vielen gefallen, und der Hang zu dem Geheimnissvollen auch
im Kleinsten hängt immer zuletzt zusammen mit dem grossen
Geheimniss des Menschen und Gottes und der Welt, dessen
Ahnung oder Bewusstsein in uns sich immer von neuem regt.«
In allen diesen Betrachtungen vermissen wir eine genaue Unterscheidung dessen was der Verfasser Glaube und was er Aberglaube nenne. Er hat p. 135 viele Beispiele von Verwandelung des Wassers in Wein erzält, aber nirgends gesagt, wie
sich das Wunder zu Kana in Galiläa zu jenen Wundern verhalte. Wir können seine Ansicht darüber ohngefähr errathen
aus der Bemerkung, dass das Christenthum »bei seinem
Eintritt in die Welt von Wundern und Mysterien sei
begleitet gewesen, und dass dasselbe die Religion selbst
an sich sei und jeden Aberglauben nothwendig verscheuche
und vernichte p. 145). Hier erlauben wir uns die Frage:
Hängen denn jene Wunder, mit denen das Christenthum in
die Welt getreten ist, nur so aussen daran, ohne einen Wunderglauben vorauszusezen und zu begünstigen, und lassen sie
sich abstreifen wie eine Schlangenhaut? Wo ist die Grenze des
Glaubens und des Aberglaubens für die gläubigen Bekenner?
Denn kaum dass Welcker behauptet hat, das Christenthum
verscheuche und vernichte den Aberglauben, so weiss er eine
ziemlich grosse Masse von Fällen herzunennen, in welchen
auch christlich gesinnte Menschen dem Aberglauben verfallen
können. Er hätte aber noch edlere Charaktere und begabtere
Geister mit in die Beispielsammlung einschliessen können,
einen Jung-Stilling, einen Lavater, einen F. L. Stolberg; er
hätte endlich sagen können »fehlerhafte Menschen überhaupt«,
und endlich, da es keine fehlerlosen Menschen gibt, sondern
wohl jeder einen unreinen Flecken an sich hat, durch welchen

der Böse Eingang findet, »alle Menschen« oder »alle Christen.«
Auf das Wie kommt es an, wie wir nachher sehen werden,
und nicht auf das Was allein, und es ist keine Gerechtigkeit
in dem Verfahren, die Verirrungen und Ausartungen, zu welchen die Religionen überhaupt in dem Gebahren fehlerhafter
Bekenner hingerathen lassen, der einen Religion, die Voll-
kommenheiten aber, zu denen ihre erleuchteten, durch Künste
und Wissenschaften gehobenen und vor Irrthum mehr und
mehr geschüzten Bekenner gelangen konnten, der anderen
Religion in Rechnung zu bringen. Welcker nennt das Christenthum die Religion an sich. Ein Ding an sich müsste freilich von allen Entartungen ewig befreit bleiben können. Aber
schwerlich möchte diese Religion an sich, die sich zu dem
wirklichen Christenthum verhielte wie Goethes Urpflanze zu
der Rose, den Theologen genügen. Es gibt keine Religion an
sich, so wenig als es einen Baum an sich oder ein Gebäude an
sich geben kann.

Wenn Welcker sagt, dass der Hang zum Geheimnissvollen zusammenhänge mit dem grossen Geheimniss des Menschen und Gottes und der Welt, so war er auf dem Wege zu
der Einsicht, dass ein gewisser Wunderglaube zum Wesen
einer jeden Religion nothwendig gehöre, und dass der rechte
Glaube von dem Aberglauben nur modal verschieden sei. Was
man mit eignen Augen sehen, mit eignen Ohren hören, mit
eignem Verstande prüfen kann, dazu bedarf es keines Glaubens: und wenn die Menschen es jemals so weit bringen
könnten oder zu bringen hoffen dürften, dass sie Alles durch-
schauen und Alles erklären könnten, dass das Verhältniss
Gottes zur Welt, des Leibes zur Seele u. s. w. kein Geheimniss mehr wäre, so könnten sie die Zumuthung des Glaubens
abweisen. Das Unbegreifliche aber ist auch das Unüberwind-
liche: was unsere Fassungskraft überragt, dem müssen auch
unsere Kräfte unterliegen: und wenn jenes zum Glauben auf-
fordert, so zwingt dieses auch zum Wunder-Glauben. Ein

Wunder an sich ist schon alles Unbegriffene und Unbegreifliche, und wo der Mensch mit seiner Kraft zu Ende ist, und doch nicht verzichten kann noch will, sei es von Unruhe des Geistes oder von Noth getrieben, da muss er auf Wunder hoffen und an Wunder glauben, wenn er nicht verzweifeln soll. Es ist also das Gefühl der Ohnmacht welches den Glauben an Götter (Dämonen, Geister, wie man sie immer nennen will) und an Wunder (denn alles Eingreifen von Geistern oder Göttern in die menschlichen Angelegenheiten nennt man Wunder) in den Seelen erweckt: doch muss schon vorher eine religiöse Stimmung im Gemüthe sein: denn der Freigeist glaubt an den Zufall, der Systematiker an Vorherbestimmung oder Schicksal. Wenn Schiller sagt: »du musst hoffen, du musst glauben, denn die Götter leih'n kein Pfand: nur ein Wunder kann dich tragen in das schöne Wunderland!« so ist darauf zu erwidern, dass die Götter allerdings Pfänder leihen, nämlich die heiligen Symbole, und dass das eben das Wunder sei welches mittelst des Glaubens in das schöne Wunderland hinübertrage. Schon ein von einem geliebten Menschen gegebenes Andenken hat eine gewisse Wunderkraft, indem es dem Liebenden und Glaubenden den abwesenden Geliebten vergegenwärtigt und gewissermassen ersezt, also nicht bloss etwas bedeutet, sondern auch wirklich etwas wirkt und ist. Betrachten wir dagegen wie der schlimmdenkende Aberglaube dergleichen Pfänder missbraucht. Die Amme im Hippolyt des Euripides verlangt ebenfalls ein Pfand von dem Jüngling, eine Haarlocke oder eine Franse von seinem Rock, und hat den festen Glauben, dass sie mit diesem Mittel zaubern oder, was hier einerlei ist, Wunder thun könne. Aber erstlich ist es ihr gleichgiltig, auf welchem Weg sie zu diesen Pfändern gelange, sodann kommt es ihr auch gar nicht auf die Gesinnung des Jünglings an, als welcher vielmehr wider seinen Willen zur Liebe gezwungen werden soll. Hieran erkennen wir, wie sich Glaube und Aberglaube von einander unterscheiden.

Die Culturgeschichten der Völker liefern genug Beispiele, wie die gottesdienstlichen Ceremonien und Symbole als Zaubermittel gebraucht zu werden pflegen und ihnen eine gleiche Kraft in Bezug auf die Götter zugetraut wird wie der Zauberer seinen Sprüchen *carmina* und Mitteln *medicamenta* oder *venena* zutraut[49]. Dann ist das Zaubermittel ein Fetisch, in dem gewissermassen ein Dämon steckt, welcher über andere Dämonen Gewalt hat[48], und der Priester ist nicht besser als ein Schamane oder Hexenmeister, der mit seinen Verrichtungen (den »Worten und Werken« oder den Sprüchen und Bräuchen) selbst die Teufel zwingen kann. Da kommt es nun auf ganz genaue Beobachtung alles Vorgeschriebenen an: denn eine einzige Sylbe falsch gesprochen oder ein Versehen in der Verrichtung der Ceremonien macht das Ganze ungiltig oder kann auch Unglück bringen. Darum waren die alten Römer, als Schüler der abergläubischen Etrusker, so peinlich im Sprechen ihrer Gebetformeln und im Verrichten ihrer Ceremonien. Auf die Gesinnung aber kommt es gar nicht an, mehr darauf, dass der Opfernde oder Betende keinen Schmuz am Leibe habe oder sonst keinen Fehler, durch welchen die Unglücksgeister Eingang finden. Etwas besser als dieser Fetisch- und Schamanen-Glaube ist derjenige Standpunkt, in welchem man Opfer, Gebete, Büssungen und Ceremonien als sog. gute Werke übt, d. h. als Leistungen für welche eine Gegenleistung zu erwarten sei, wo also die Symbole fast wie Kassenscheine gebraucht werden, als Anweisungen für hiesiges Wohlergehen und dereinstigen Eingang in die Ewigkeit.

2. Wie die Griechen den Aberglauben überwunden haben.

Glaube ist also in jedem Fall die Grundbedingung für die Religiosität, aber mit dem Glauben allein ist es nicht ge-

---

48 Vgl. Plin. H. N. II, 54. 140. 141. H. Rückerts Culturgeschichte des deutschen Volkes II. p. 195. 255.

49 Vgl. Horaz, epod. V, 67—82.

than: denn wer unterscheidet ihn vom Aberglauben der Buddhisten, der Schamanen, der Hexenmeister, der Fetisch-Anbeter, der werkheiligen Räuber und Verbrecher? Auch auf das Object des Glaubens kommt es nicht an und nicht auf das Dogma: denn alles lässt sich missbrauchen, obwohl das Dogma nicht gleichgiltig ist. Die Zeit des dreissigjährigen Krieges und der Hexen-Verbrennungen, zugleich der Alchymie und Astrologie, kann gewiss am wenigsten sich der Freiheit von Aberglauben berühmen: und doch war dieselbe aus dem erhizten Streit über die reinste Reinheit der Dogmen hervorgegangen. Die Griechen haben niemals weder um Dogmen noch um Ceremonien gestritten, haben auch niemals einen kirchlichen Staat neben dem politischen und eine von den weltlichen Beamten getrennte Priesterschaft gehabt, welche den Glauben vorschrieb und den Gottesdienst regelte und die Kezer bestrafte, und trozdem sind s i e es gewesen, welche die Greuel des Asiatischen und Aegyptischen Aberglaubens überwanden und eine menschenwürdige vernunftgemässe Religion aufbrachten, deren grösster Fehler bloss d e r war, dass sie eine Volks- und keine Welt-Religion für die ganze Menschheit war, und darum nothwendig mit den anderen ethnischen Religionen untergehen musste als die Zeit derselben vorüber war. Durch welche Mittel also haben denn wohl die Griechen ihre Religion zu demjenigen gemacht was uns heute noch zur Bewunderung hinreisst erfreut und belehrt, wenn wir die Früchte desselben in der Poesie und Kunst betrachten? Sie haben Gemüth und Seele Geist und Vernunft hineingetragen, den zerstörenden Verstand aber mit seiner Frivolität und Streitsucht abgehalten. Also haben sie auch das Material des Glaubens nicht angetastet, nur durch die Kunst verschönert — das Schöne aber ist allemal auch vernünftig —, und nicht das W a s sondern nur das W i e des Glaubens in Betracht gezogen. Ein tadelnswerther Glaube war ihnen nicht ein von vorgeschriebener Rechtgläubigkeit abweichender Glaube, sondern ein aus einer unwürdigen Leidenschaft stammender und in unwürdiger Weise sich äussernder Glaube. Also nannten sie den Aberglauben Geisterfurcht $\delta\varepsilon\iota\sigma\iota\delta\alpha\iota\mu\rho\nu\iota\alpha$. Da »wo trüb und wild ein Volk, sich selbst und banger Ahnung überlassen, des Menschenlebens schwere Bürden trägt«, da wirkt die Furcht, dass man den Dämonen Menschen zum Opfer schlachtet, und von ihnen besessen rast um sie los zu werden, und auf jedem Tritt und Schritt etwas zu verfehlen fürchtet was ihnen Eingang verschaffen könnte. Von solchem Verhältniss zu den Göttern finden sich noch genug Spuren in den Religionsbräuchen der Hellenen, aber die Homerischen Götter bereits sind anderer Art. Auch die Asiaten haben den Zustand sklavischer Furcht nicht gerne ertragen und sich davon zu befreien gesucht: allein anstatt sich die Götter als eine höhere Menschheit zu denken, die man bewundern und lieben könne, hat man dieselben in Vorderasien toll und ausschweifend vorgestellt, so wie man selbst gerne war: so war freilich die Höhe ausgeglichen, allein der Mensch hatte mit dieser Herabziehung des Göttlichen nichts gewonnen.

3. Der Asiatische Aberglaube und seine Verbreitung nach dem Westen.

Wir betrachten nun zuerst den Asiatischen Aberglauben, um den Abstand zwischen ihm und der Hellenischen Religion deutlicher zu zeigen, sodann dessen erneuertes Herüberströmen nach Griechenland in wiederholten Reactionen, und die erneuerte Ueberwältigung desselben durch die Kunst und Poesie bis zum entschiedenen Siege der Humanität, wo die Völker-Religionen sich auflösen und der Weltreligion weichen mussten.

Der Aberglaube also äussert sich ganz besonders in dem Glauben an Magie, die wir Sympathie zu nennen pflegen, an Zauberei, Hexerei, Besessensein von Geistern und Austreibung derselben, kurz eben in demjenigen was die Griechen so

richtig **Geisterfurcht** genannt haben. Denn was ist Magie
anders als wunderbares Einwirken auf Geister, die dadurch
gezwungen werden dem Magier zu Willen zu handeln [50]?
Eine Geschichte der Magie gibt Plinius H. N. XXX, 1 mit
interessanten Thatsachen. Wir wollen einige historische Beispiele dieses besonders bei den Indern und den Aegyptern
unglaublich weit getriebenen Unsinns vorzeigen. Porphyrius
bei Augustin De civ. dei X, 11 fragt den Aegypter, dessen
Dämonenglauben er *ad absurdum* führen will, wie es möglich
sei, dass so mächtige Wesen, wie die Götter sind, von laster-
haften Menschen durch Drohungen sich schrecken lassen.
Denn man drohe ihnen den Himmel einstürzen zu machen
und anderes Unmögliches, um sie zu einer Gebetserhörung zu
zwingen. Und ein gewisser Chäremon, der mit derlei Weihen
bekannt sei, sage, dass der allbekannte Aegyptische Glaube
eine grosse Gewalt habe die Götter zu zwingen, wenn z. B.
ein Spruchsprecher der Isis oder dem Osiris drohe, ihre Weihen zu verrathen oder zu zerstören, oder gar die Glieder des
Osiris gräulich zu verstreuen, wofern man seine Bitte nicht
erfüllen wolle. Bei Apulejus Metam. II, 5 kommt ein Aegypter
vor, welcher Todte auferwecken kann: aus Aegypten stammen
die Mysterien und alles was unter dem Namen des Orpheus
gäng und gebe war, und zu allen Zeiten, wenn Griechenland
einer Erneuerung des Aberglaubens bedürftig war, konnte es
aus jener Quelle sich am besten versorgen. Auch Phrygien
und Syrien waren stets bereit mit ihrem Vorrathe auszuhelfen.
Dort herrschte der Dienst der Naturgöttin mit ihren sich selbst
entmannenden und verzückte Tänze aufführenden Geissel-
brüdern, ein nichtswürdiges Gesindel, deren Thun und Treiben wohl von Apulejus Metam. VIII, 24 und 27 am besten
beschrieben wird. Wenden wir uns von da zu den durch eine

---

50 *Magum existimant qui communione loquendi cum diis immortalibus
ad omnia quae velit incredibili quadam vi cantaminum polleat.* Apul. de
magia 26. Derselbe über berühmte Magier und Wunderthäter das. c. 90.

poetische Literatur ausgezeichneten Indiern. Der König Nala tritt einmal zufällig Abends vor dem Schlafengehen in seinen Urin, und geht zu Bette, ohne vorher die Füsse zu waschen. Da bekommt der böse Geist, welcher ihm lange mit Bosheit aufgelauert hat, Macht über ihn, und der vorher erstaunenswerthe Held, der es werth gewesen war, selbst hohen Göttern von der Damajanti vorgezogen zu werden, ist von nun an verwandelt, und sinkt bis zu einem ganz unbeschreiblichen Grade von Geistesverdüsterung hinab — und dafür kann er nichts, denn es ist ihm angethan. Der Glaube, dass äussere Verunreinigung innere Bethörung und Verblendung nach sich ziehe, indem sie den lauernden bösen Dämonen Eingang verschaffe, ist in allen ethnischen Religionen vorhanden, nur in verschiedenem Grade. Denn auf diesem Glauben beruhen die Waschungen, die Räucherungen, die Luftschwingungen, die Abreibungen mit Erde, die Büssungen und Sühnungen, die Besprengungen mit Weihwasser, die Wahl gewisser Speisen und Kleider und die Vermeidung anderer, welche unrein genannt werden, die Furcht einen Todten oder eine Wöchnerin anzurühren, der Gebrauch gewisser heiliger Zweige und der Wollenbinden, welche die Befleckung fern halten sollen: auf diesem Glauben beruhen ferner die vorbereitenden Fasten Enthaltungen und Kasteiungen welche der Einweihung in die Mysterien, der Zulassung zu gewissen Orakeln, und sogar den meisten gottesdienstlichen Handlungen vorausgiengen: darum mussten manche Priester so vielen Beschränkungen in Nahrung Kleidung und Aufenthaltsorten sich unterwerfen, weil sie Alles vermeiden mussten was ihrem Gott für unrein galt: darum endlich haben die Pythagoreer oder Orphiker so Vieles zu beobachten und zu vermeiden gehabt, weil sie vor anderen Menschen durch Reinheit und Heiligkeit sich auszeichnen wollten und von den Einflüssen der bösen Dämonen sich mehr als andere fürchteten. Wo nun stehende Priesterkasten sind, wie in Indien, in Aegypten, bei den Parsen u. s. w., da be-

steht ihr Geschäft besonders darin, solche Befleckungen von
sich und anderen abzuwehren, und, wenn sie geschehen sind,
Reinigungen zu erfinden und auszuführen. Da wird dann das
ganze Leben der Menschen in unauflösliche Fesseln des Aberglaubens geschmiedet und durch ein ängstliches Cermoniell
der Observanz gebunden. von welchem jede freie Regung ge-
hemmt, Geist und Natur völlig getödtet werden. So finden
wir es in dem alten Asien überall, zumal bei den genannten
Völkern. Zwar so toll, wie in den jezt zugängig werdenden
Büchern des Zendavesta die Sache erscheint, kann sie selbst
in Asiatischen Staaten niemals gewesen sein, weil bei so einem
Teufels- und Zauber-Wesen ein Staat, wie der alte Persische
war, gar nicht hätte bestehen können, aber peinlich genug
beweisen sich auch die Römer in solchen Sachen und welches
heidnische Volk war je frei von solchem Aberglauben? Der
Aberglaube traut, wie gesagt. bestimmten Gebet- oder Be-
schwörungsformeln und Ceremonien eine bindende und zwin-
gende Kraft über die Geister und über die Körper zu. »Seine
Wort und Werke merkt ich und den Brauch und durch Geistesstärke thu' ich Wunder auch.« Diese wunderwirkende
Geistesstärke aber wird wiederum durch die nämlichen Mittel
wie die übermenschliche Heiligkeit, nämlich durch Kasteiungen und Büssungen, gewonnen. Es ist bekannt, wie weit
die Indischen Büsser durch solche fortgesezte Uebungen mit
der Zeit es bringen, und welche Macht sie dadurch gewinnen
können. Ein einziges, noch dazu in ungerechtem Zorne ge-
sprochenes, Wort eines solchen Büssers bringt jahrelanges
tiefes Unglück über die Sakontola: ja, soweit geht der Hoch-
muth dieser heiligen Demuth, dass sie den höchsten Herrn des
Himmels vom Throne zu stossen und sich selber darauf zu
sezen hofft, wenn ihr nur was allerdings nicht leicht ist die
jahrelang fortgesezte, von keiner menschlichen Empfindung
jemals unterbrochene und gestörte, Büssung gelingen würde.
In Medien und Persien, wo die Magie recht eigentlich zu

Hause war, muss dieser geweihte Unsinn wo möglich noch weiter gegangen sein. Hier war es, wo das Wort 'Honover', an sich vergöttert und ihm eine weltengestaltende Schöpferkraft beigelegt wurde. Hier gab es eine Unzal böser Geister *Naçus* und *Drukhs,* auszutreiben, was nur mit Ceremonien, Reinigungen Gebeten und magischen Formeln geschehen konnte: und so ein Geschäft forderte einen kundigen Mann, ohne Zweifel einen Magier. Den die Drukhs, wenn sie von dem einen Gliede vertrieben war, stürzte sich auf ein anderes, und der Reihe nach auf die Nägel, die Stirne, die Brauen, den Hinterkopf, das rechte, das linke Ohr, die rechte, die linke Schulter, die rechte, die linke Achsel, die obere Brust, den Rücken, die rechte, die linke Brustwarze, die rechte, die linke Rippe, die rechte, die linke Hüfte, den Unterleib, den rechten, den linken Schenkel, und so weiter auf die Knie, die Schienbeine, die Füsse, die Knöchel, die Sohlen, die Fersen, die Zehen, bis sie endlich, aus allen Winkeln herausgejagt, in Fliegengestalt nach dem Norden, dem Size der Daews, entfloh. Das war also keine kleine Arbeit, und wenn dabei nur in einem Worte oder einer Verrichtung gefehlt wurde, so war Alles umsonst. Hier in der Zend-Religion war es auch, wo zuerst der Hexenglaube, d. h. der Glaube an eine übermenschliche Zauberkraft im Besize wirklicher leibhaftiger Menschen, die von Teufeln gezeugt seien oder mit Teufeln einen Bund gemacht haben, aufgekommen ist. Denn wir lesen im Vendidad, dass es Teufels-Verehrer und Genossen der Teufel *daeva* und Beischläferinnen derselben unter den Menschen gebe, dass man bereits im Leben ein *daeva* werden könne, und dass die *drukhs* von Männern, welche Böses thun, geschwängert werden können u. s. w. Und es scheint, dass dieser Glaube in jenen Ländern sich immerfort gehalten habe bis in unser Mittelalter, wo er sammt anderem derartigen Unrath unmittelbar zu uns herübergestürzt ist, um Feste zu feiern, wie sie die Welt noch nie gesehen hatte, und alle

Greuel, welche jemals in alten und neuen Zeiten der Aberglaube ausgeheckt hatte, weit zu überbieten.

Nicht viel besser als die Asiaten mögen die Etrurier in ihren Religionsansichten gewesen sein, und die von ihnen angesteckten Römer waren auf dem besten Wege, ihr ganzes Religionswesen, Auspicien und Götterdienst, als blosse Magie zu behandeln, wenn nicht die beständigen Kämpfe im Innern und die vielseitigen Berührungen und Reibungen mit anderen Völkern sie vor Aegyptischer und Indischer Verdummung bewahrt hätten.

4. Die Orphiker und Pythagoreer.

Unter den Griechen wurde das ächtasiatische Wesen in Wunderglauben, in Magie und Zauberei, in Ascetik, Geisterfurcht und Geisterbannerei durch die sogenannten Anhänger des Orpheus vertreten. Sie haben den mythischen Helden (einen von Mänaden zerrissenen und seine Gattin aus dem Hades zurückholenden und durch Zaubersprüche sogar die Höllenmächte besiegenden Gott Osiris, Zagreus oder Dionysos zu ihrem Meister gemacht, um ihrem Wesen das Ansehen des grauen Alterthums zu geben, während sie richtiger bloss Pythagoreer genannt worden wären. Dass jedoch Pythagoras der erste Erfinder dieses Glaubens sei, ist ebenfalls nicht möglich, weil derselbe bereits von Alters her in Asien geherrscht hat. Nicht einmal der erste Einführer in Griechenland kann Pythagoras gewesen sein, weil, wie gesagt, gewisse Elemente dieses Glaubens allem religiösen Glauben zu Grunde liegen. Aber ein mächtiger Erneuerer in diesem Felde ist er jedenfalls gewesen: denn während in den Homerischen Gedichten ein völlig weltliches Wesen herrscht und sehr wenig Wohlgefallen an Ascetik sich kund gibt, dabei auch wenig Achtung den Sehern Wahrsagern und Spruchsprechern zu Theil wird, und die Priester gar keine Macht besizen, ihre Dienste auch überhaupt nur wenig gesucht werden, weil die

Opfer von den Fürsten und den Hausvätern selbst verrichtet werden, so findet man dagegen in dem trefflichen Orpheus, welchen jener Heroen-Sänger gar nicht einmal zu kennen scheint, gerade alles dasjenige beisammen, wodurch sich die Aegyptischen Priester und die Persischen Magier auszeichneten, weshalb er auch von diesen wie ihres Gleichen geachtet wurde. Und ächtasiatischer Natur ist auch die Orphische Theologie gewesen, eine Art Pantheismus, der das All in Zeus aufgehen liess, der im Volksglauben längst von der Materie abgelöst worden war, also ähnlich dem Indischen Brahmaismus[51]. Nicht mit Unrecht also behaupteten die Aegyptischen Priester, dass Orpheus alles von ihnen gelernt und überkommen habe. Was aber Orpheus den Griechen gebracht, oder vielmehr was unter seinem Namen gäng und gebe war im Volksglauben und im Cultus, das lässt sich kurz als Sympathie bezeichnen in dem Sinne, in welchem das Wort bei uns gebräuchlich ist. Dahin gehören die τελεταί, d. h. die bannenden und bindenden Ceremonien, welche magische Kraft über die Geister und über die Körper haben, die ἐπῳδαί, d. h. das Spruch-Sprechen oder Singen mit Musik, welche ebenfalls heilende Kraft besizt, die μαντεία, mit welcher man die Mittel erforscht, und die Magie, d. h. Ausübung dieser Mittel zur Versöhnung des Zornes eines Dämons oder zur Hebung eines Uebels. Diese Zaubermacht, und nicht die unwiderstehliche Schönheit seiner Musik, wird damit bezeichnet, wenn es heisst, dass er Steine Bäume und wilde Thiere gezwungen habe ihm nachzufolgen[52]. Sühnungen und Büssungen gehören natürlich ebenfalls dazu: denn durch solchen sich selbst aufgelegten Zwang erwirbt man eben die Macht die Geister zu zwingen: und da der Segen solcher guten Werke und fromme Verrichtungen sich noch über das Leben hinaus erstreckt,

---

51) Nägelsbach, Nachh. Theol. II. p. 402.
52) Paus. VI, 20, 18.

einen besseren Zustand nach dem Tode garantirend, so hat Orpheus auch die Mysterien gestiftet, wenigstens die Bakchischen, während der Dienst der Eleusinischen Göttinnen dem Eumolpos, einem verwandten Geiste, zugeschrieben wird. Er hat sagt Pausanias IX, 30, 4, erfunden τελετὰς θεῶν καὶ ἔργων ἀνοσίων καθαρμοὶς νόσων τε ἰάματα καὶ τροπὰς μηνιμάτων θείων. Ueber die Uebereinstimmung dieses sogenannten Orphischen Wesens mit dem Aegyptischen s. H e r o d. II, 81. Diod. I, 23. 96. Seinen Charakter bezeichnen die Satyren bei Euripides trefflich, wenn sie, zu faul und zu feige, um den glühenden Pfahl mit anzufassen, mit welchem dem Kyklopen das Auge soll ausgebrannt werden, sagen Kykl. 647) :

»Ich weiss 'nen kräftigen Zauberspruch, 'nen Orphischen,
Durch den der Brand von freien Stücken ihm ins Hirn
Eindringt, den Einaug glühend brennt, den Erdensohn.«

Hinwiederum lernt man die imponirende Heiligkeit dieser Menschenklasse kennen, wenn man bei demselben Dichter den Orphiker und Mystiker Hippolytos sagen hört (Hippol. 993):

»Sih dies Sonnenlicht,
Und hier die Erde! in ihnen lebt kein Mensch wie ich
So tugendhaften Wandels, magst du's läugnen auch!
Ich weiss fürs Erste Götter fromm zu ehren, weiss
Den Freund zu schäzen u. s. w.
Von e i n e m bin ich, wo du mich zu packen meinst,
Noch rein: ich hab bis diesen Tag kein Weib berührt.«

Aber wie viel Nichtswürdigkeit auch hinter solcher Heiligkeit sich verbergen konnte, das weiss ebendaselbst Theseus, indem er spricht 948 :

»Du bist der tugendhafte sündenreine Mann?
Der hocherhabne, der mit Göttern stets verkehrt?
Ich glaub' es deiner Gleissnerei mit nichten: nein!
Ich zeihe nicht die Götter solches Unverstands!
Nun prahle fürder, kram' in Worten fort und fort
Bei Pflanzen-Nahrung, sei verzückt! denn Orpheus ist

Dein Meister! Ehre vieler Bücher eitlen Dunst!
Du bist entlarvt! Vor solchen warn' ich jedermann:
Flieht diese Heuchler, die mit frommen Reden euch
Bestricken, während Sünd' und Schand ihr Thun erzielt!«

In diesem Orphiker schildert Euripides zugleich einen Pythagoreer seiner Zeit: denn zwischen beiden war kein Unterschied[53]. Man kann sich daher auch leicht denken, warum in Grossgriechenland ein allgemeiner Unwille über die Pythagoreer ausgebrochen ist, welchem sie erliegen mussten. Es ist gewiss richtig, dass all das Unwesen, was unter dem Namen eines Orpheus, Musäus, Bakis, Pamphus, Olenus u. s. w. umlief, erst in der trüben Zeit der Regierungsumstürze vor den Perserkriegen überhand genommen hat; doch darf man nicht glauben, dass es vorher ganz und gar nicht dagewesen sei. Es ist sowohl vor- als nachhomerisch: denn alles Religionswesen geht davon aus und ist immer wieder dahin zurückzukehren geneigt. Man hat auch zu jeder Zeit sogenannte Orphische Hymnen und kurze Gebetformeln bei den gottesdienstlichen Verrichtungen gebraucht, welche, in Versen verfasst, von den Wissenden mündlich fortgepflanzt wurden[54]. Von solchen Hymnen, die im Besiz einer Priesterschaft waren, spricht z. B. Pausanias IX, 30, 5. 6. und sagt, sie seien kurz gewesen und in poetischer Schönheit nicht zu vergleichen mit den Homerischen, aber an Heiligkeit jenen weit überlegen[55]. Nachher traten Männer wie Onomakritos auf, welche dergleichen Dichtungen zu sammeln vorgaben, in der That aber fälschten, und eine so reiche mystische Literatur hervorbrachten (welche sie auf die mythischen Namen Orpheus, Musäus, Bakis u. s. w. übertrugen), dass bereits Euripides von $\pi o \lambda \lambda \tilde{\omega} v \ \gamma \varrho a \mu \mu \acute{a} \tau \omega v$ $\varkappa a \pi v \acute{o} \varsigma$ sprechen konnte. »Sie haben«, sagt Plato Rep. II.

---

53 Vgl. Diogenes Laert. VIII, 33. Plato Ges. VI. p. 782 D. Nägelsbach, Nachh. Theol. II. p. 404.

54 Vgl. Il. α, 473. χ, 391.

55) Vgl. Paus. I, 14, 3. IX, 27, 2.

p. 364 E. »eine Masse von Schriften des Musäus und Orpheus
aufzuweisen, angeblicher Abkömmlinge der Selene und der
Musen, nach denen sie ihre Ceremonien verrichten, und nicht
allein Einzelnen sondern auch Städten versichern, dass es zum
Glück Erlösungen und Reinigungen von Sünden mittelst
Opfern und Wonnespielen gebe für Lebende und nicht minder
auch für Todte, die sog. Weihen, die uns von den jenseitigen
Strafen erlösen: wer aber nicht opfere, den erwarte Schreck-
liches. « Ferner heisst es daselbst weiter oben: »Bettelpriester
und Wahrsager kommen an die Thüren von Reichen, und
versichern eine von Göttern verliehene Macht zu besizen, mit
Opfern und Sprüchen jede Schuld, die einer begangen oder
von Vorfahren geerbt habe, zu heilen unter Lust und Festlich-
keiten; und wenn einer seinem Feind was anthun wolle, mit
wenig Kosten ihm ein Leid zuzufügen, gleichviel ob er recht-
schaffen oder ungerecht sei, indem sie durch gewisse Beschwö-
rungen die Götter oder Geister sich unterthan machen oder
bannen können«. Von den Schriften dieser Magiker spricht
Euripides auch in folgender Stelle der Alkestis 988: »Auch in
den Thrakischen Tafeln, welche beschrieben sind mit Orphischem Spruch, gibts keinen Zauber gegen den Tod). «

Was diese Sammler von Schriften, Fälscher und Mehrer
etwa bereits im Volke Vorhandenes fanden und gebrauchten,
das muss man sich alles analog den ἐπαοιδαῖς denken[56], als
Spruch- und Gebetformeln von magischer Kraft, deren Urheber
nicht bekannt waren, und die man insgemein Orphisch zu
nennen gewohnt war, etwa so wie man den kurzen, im Munde
der Menschen zu Olympia lebenden, Päan oder Komos —

ὦ Καλλίνικε χαῖρ’ ἄναξ Ἡράκλεες,

αὐτός τε καὶ Ἰόλαος, αἰχμητὰ δύο.

τήνελλα καλλίνικε —

---

56) Vgl. Od. τ, 457 ἐπαοιδῇ δ’ αἷμα κελαινὸν ἔσχεθον. Eurip. Hipp.
478 εἰσὶν δ’ ἐπῳδαὶ καὶ λόγοι θελκτήριοι.

dem Archilochos beigelegt hat, vielleicht bloss darum, weil er in Iamben verfasst war. Denn die Orphischen Sprüche waren in Hexametern verfasst, und Orpheus galt für den Erfinder dieses Maasses.

5. Die Priesterherrschaft und die Reformatoren.

Diesen Orphikern hat also nichts gefehlt als die Geschlossenheit einer Priesterkaste, um Griechenland völlig mit allen den Segnungen Asiatischen Priester- und Kasten-Wesens zu beglücken: und vielleicht haben die Pythogoreischen Gesellschaften in Unteritalien so etwas bezweckt, als man sich bewogen sah, sie auszurotten, so wie weiland bei uns die Jesuiten. Solche Priester-Kasten, vor denen die Griechen ihr guter Genius bewahrt hat, pflegen den Segen der Religion recht in Unsegen zu verwandeln, wenn sie jede freie Regung des Geistes unterdrücken und auf Jahrhunderte, ja auf Jahrtausende hinaus, die Nationen in unzerreissbare Ketten schlagen[57]. Wozu wären sie auch vorhanden, wenn sie nicht durch ihr Zusammenhalten die Menschen, von oben bis unten hinab, knechten und beherrschen dürften? Denn für den Zwang, den man sich auferlegt, will man sich bezalt machen durch noch grösseren Zwang, den man seinen Mitmenschen auflegt. Und was nüzt die Heiligkeit, wenn sie nicht in Respekt erhält? Sowohl die Indische als auch die Aegyptische Kriegerkaste haben eine Zeit lang in einem schönen Heldenthum geblüht: die Veden und auch noch die späteren Dichtwerke der alten Indier und die Bildwerke auf den Aegyptischen Bauten geben Zeugniss von dieser Trefflichkeit. Allein sie sind frühzeitig der Uebermacht der Priesterkaste erlegen, und mit ihrem Zurücktreten sind auch die Völker gesunken tief und tiefer bis in rettungslose Verdumpfung hinein, in welcher Verdum-

---

57) Vgl. Juven. VI, 526 ff. XV, 35 ff. XIV, 100 ff.

pfung sie seit mehr als tausend Jahren das Joch ausländischer Eroberer tragen mussten, und wohl noch lange tragen werden. Ohne Kampf wird die Unterwerfung der Krieger unter die Heiligen nicht vor sich gegangen sein: es wird aber gerade so gegangen sein, wie in unserem Mittelalter, wo aus jedem Kampfe mit dem Kaiserthum das Papstthum als Sieger mit verstärkter Macht hervorgieng, und selbst ein so herrliches Helden-Geschlecht, wie die Hohenstaufen, einem tragischen Schicksal hat erliegen müssen. Derartige Riesen können nicht mit körperlichen Waffen geschlagen werden, und so wie in dem Gemüth eines Menschen eine übermächtige Leidenschaft meist nur durch eine andere aufkommende Leidenschaft überwunden wird, während alle Gründe der Vernunft umsonst gepredigt werden, also muss auch dem religiösen Aberglauben, wenn er von Priestern und Fürsten gestüzt wird, ein Feind in seinem eigenen Lager auferstehen, wenn er soll gebrochen werden. Aber dann pflegt es leider oft zu geschehen, dass ein Irrthum weicht nur um einem anderen Raum zu geben, Bonzen an die Stelle von Brahminen treten, und die Welt um nichts gebessert ist. Auch pflegen, wie bei allen plözlichen Umwälzungen, die Rückschläge nicht auszubleiben, welche so bedeutend sind, dass fast in allen Ländern, wo dergleichen Reformatoren aufgetreten sind, ihre Anhänger, wenn sie auch eine Zeit lang die Herrschaft errungen hatten, doch zulezt den Anhängern des Alten erlegen sind, und, aus den alten Religionsländern hinausgedrängt, in den Nachbarländern sich haben ansiedeln müssen. Wie manche mögen auch von der Erde spurlos verschwunden sein, wenn es ihnen nicht gelang, im Auslande festen Fuss zu fassen! Wir wissen nicht, in welcher Weise, ob gewaltsam oder allmählich, die Zoroastrische Lehre sich geltend gemacht hat; doch ist die erstere Art die wahrscheinliche. Der zweite, in Indien selbst aufgetretene, Kezer war Buddha. Dessen Anhänger haben eine Zeit lang in Vorderindien die Oberhand gehabt, aber später, ganz und gar hinausgedrängt, haben sie in Hinterindien, auf den Inseln, in China und in Tibet ihre Religion ausgebreitet. Auch in dem stockfinsteren Aegypten ist eine solche Reformation versucht worden, und die Anhänger der Neuerung haben ebenfalls weichen müssen, wie uns von mehreren Profan-Scribenten berichtet wird, welche diese Vertreibung mit dem Auszug der Kinder Israel in Verbindung bringen.

Diese, von oben herab gegebenen oder reformirten oder geoffenbarten Religionen der leztere Name ist aber unpassend, weil jede Religion sich auf Offenbarung stüzt unterscheiden sich von den gewordenen Natur-Religionen durch mehrere wesentliche Eigenschaften:

Erstlich dadurch, dass sie vom Haus her monotheistisch sind, was sie jedoch nicht lange bleiben, weil die Legionen guter und böser Dämonen, welche sie bestehen lassen, nur auf Benamungen harren, um Himmel und Hölle mit neuen Würdenträgern, gleich den Pairs und Marschällen der Napoleoniden, zu bevölkern, wozu mit der Zeit noch eine grosse Zal von Heiligen kommen kann, die keine geringere Macht als die Götter beanspruchen.

Zweitens verwerfen sie das Kastenwesen, indem die neue Religion natürlich nur unter den niedrigsten Kasten ihre Anhänger findet, welche den erlittenen Druck verabscheuen. Wenn aber die neue Religion in einem Staate zur Herrschaft gelangt, so ist über kurz oder lang ein neuer Priester- und auch ein neuer Kriegerstand aufgeblüht, was in unserem Mittelalter und auch bei den Bonzen der Fall gewesen ist.

Drittens sind diese also aus Kampf und Opposition hervorgegangenen Religionen intolerant nach innen und nach aussen. Die erstere Art von Unduldsamkeit richtet sich gegen das Natürliche, den sogenannten natürlichen Menschen, welcher unter die Zucht der religiösen Vorschriften gestellt wird. Die zweite beweist sich als Verdammungssucht gegen andere Religionen, an welche hernach auch die Bekehrungssucht sich anknüpfen kann. Die Perser haben das erste Beispiel von Misshandlung fremder Götter in der westlichen Welt gezeigt.

Viertens, so lange ein bildsames Leben in solchen Religionen ist, folgen dem ersten Propheten andere nach, die seine Bahn verfolgen. Dieser Eifer in Religionssachen ist meistens gepaart mit einem Kampf der geistlichen und der weltlichen Macht, und endet, wenn man der inneren Zwiste und der Verfolgungen um Glaubens-Sachen satt ist, mit Unterdrückung der Priestermacht durch ein weltliches Königthum. Dann tritt Stagnation und Erstarrung ein.

6. Das Volk und die Menschenopfer.

Nachdem wir also gesehen haben, welche Gestalt die Religion unter den Händen einer Priesterkaste im Verein mit dem Despotismus gewinnt, und wiederum was ein Reformator für bleibende Veränderungen hervorbringen und veranlassen kann, so geziemt es sich auch deren freie Entwickelung in weniger gebundenen Zuständen zu betrachten. Hier wird sie immer genau dem Charakter des Volkes sich anschmiegen, roh und grausam sein bei grausamen Wilden, mild und menschlich bei Gebildeten, wild und ausgelassen bei Ausschweifenden. Die Karthager haben einst bei andauerndem Kriegsunglück fünfhundert Kinder vornehmer Eltern auf einmal geschlachtet, weil sie glaubten, dass das Unglück eine Folge der Unterlassung solcher Opfer sei, und sie sind von keiner herrschenden Priesterschaft, sondern durch ihren eigenen Aberglauben zu solchen Greueln, welche fast den Scheusslichkeiten der heutigen Bewohner des inneren Afrikas gleich kommen, gezwungen worden. Wir müssen hier eine kleine Abschweifung machen, um der allgemein herrschenden Sitte der Menschenopfer eine kurze Betrachtung zu widmen. Es ist leicht einzusehen, dass ursprünglich die Thieropfer stellvertretende Menschenopfer waren zur Abbüssung todtbringender Sünden, so dass also, ehe noch die Menschlichkeit dieses

Rettungsmittel, nämlich die Unterschiebung von Symbolen, erfunden hatte, lauter Menschen müssen zum Opfer geschlachtet worden sein. Denn bei den Aegyptern wurde jedem Thiere, welches zum Opfer rein befunden worden war, ein Siegel eingedrückt welches einen knienden Mann zeigte, dem die Hände auf den Rücken gebunden und ein Schwert an die Kehle gelegt war. Dessen symbolischer Stellvertreter war also das Opferthier. Darum wurde des Thieres Kopf abgeschnitten, und auf diesen Kopf wurden mittelst Verfluchung die Sünden geladen, und endlich der also mit Fluch beladene Kopf in den Fluss geworfen. Also war jedes Opferthier ein Fegeopfer $\kappa\dot\alpha\vartheta\alpha\rho\mu\alpha$ oder Sündenbock gleich dem Bocke welchem vor dem Laubhüttenfeste der Juden an dem Versöhnungstage die Sünden des ganzen Volkes auf den Kopf gelegt wurden, um sie dann, wenn man ihn fortjagte, in die Wüste zu tragen [58]. Hier war doch bereits ein Thier an die Stelle getreten, während man bei den Griechen an solchen Buss- und Reinigungstagen noch wirkliche Menschen, $\varphi\alpha\rho\mu\alpha\kappa o i$ genannt, hinauszuführen pflegte unter Verfluchungen, und von einem Felsen hinabzustürzen [59]. Auch das Osterlamm, mit dessen Blute am Passah-Feste dem Eintritt in das neue Jahr die Pfosten und Schwellen der Thüren bestrichen wurden, während man reisefertig das Hinwegeilen aus dem alten Jahr mit seinem Sündenschmuz darstellte, war eine Ablösung der Erstgeburt vom Sündentode: denn in derselben Nacht gieng der Herr umher, und wo an einem Hause kein Blut vom Osterlamm angesprizt war, da tödtete er alle Erstgeburt von Menschen und von Thieren. Jenes Osterlamm aber musste gebraten und ganz verzehrt werden mit Haupt und Schenkeln und Eingeweiden: und solche Verspeisung der Opfer, bei welcher der Gott als gegenwärtig gedacht wird, ist immer das Zeichen der Erneue-

---

58) S. Paulus I. an die Kor. 4, 13.
59) Vgl. **Schömann**, Gr. Alt. II. p. 242 ff.

rung des Bundes mit dem versöhnten Gotte. Welch eine
wichtige Rolle aber die Opferung der Erstgeburt und der ein-
geborenen Söhne von Fürsten und Edlen, die für das ganze
Volk sich hingaben, bei den Semiten spielte, werden wir
später zu zeigen Gelegenheit haben.

Erst im Jahr 657 der Stadt Rom, so meldet Plinius, sind
durch einen Senatsbeschluss die Menschenopfer abgeschafft
worden[60], und derselbe betrachtet es sodann als einen der
grössten Segen der Römischen Herrschaft, dass sie überall auf
Abschaffung der Greuel der Menschenopfer hingewirkt hat:
*nec satis aestimari potest, quantum Romanis debeatur, qui sustu-
lere monstra, in quibus hominem occidere religiosissimum erat,
mandi vero etiam saluberrimum.*

Eine Ausnahme von dieser überall herrschenden Scheuss-
lichkeit machen die Arier, die wir aus den Veden kennen
lernen. Dieselben stehen auf der Stufe einer einfachen Natur-
Verehrung, so fern von den Greueln eines Moloch-Dienstes
wie von derjenigen Gottes-Erkenntniss, welche die Idealisten
als Urreligion sich vorstellen. Ob der milde Sinn dieses Volkes
die Menschenopfer von Anfang an verschmäht, oder ob er bei
Zeiten die Ablösung gefunden hatte (denn überall haben die
Götter, gern oder ungern, die Surrogate sich gefallen lassen[61]:
lassen wir dahingestellt.

Es ist ein wahres Wort des Euripides um jezt wieder zu
unserem Thema zurückzukehren,, dass die Menschen einerlei
Sitten mit den Göttern haben[62]), welches den Sinn hat,
dass die Götter Menschen-Sitten haben oder sich je nach der
Gesinnung und Cultur ihrer Verehrer richten. Das beweisen
auch die so eben genannten Arier, die wir, als Beispiel statt
aller, einen Augenblick lang, so wie sie uns vorgeführt werden, betrachten wollen. Den Ariern also sind die Götter, die

---

60) H. N. XXX, 1, 12.
61) S. Hermann, Gottesdienstl. Alt. § 25, 14.
62) ϑνητοὶ ϑεῶν νόμοισι χρώμεϑα, Hipp. 96.

sich als Natur-Mächte den Sinnen offenbaren, mächtige Wesen, aber ohne sittliche Veredelung, und wissen nichts von Gerechtigkeit, Güte und Gnade. Man bringt ihnen die Opfer, nach denen sie troz ihrer Amrita ($\dot{\alpha}\mu\beta\rho o\sigma i\alpha$, hungern, aus Eigennuz: denn diese Opfer üben auf die Götter eine z w i n g e n d e M a c h t, so wie auch die Priester die Gewalt von Zauberern, d. h. Macht über die Geister, haben u. s. w. Die Arier sind Natur-Menschen, und sie denken sich ihre Götter gerade so geartet wie sie selber sind: also erbitten sie von ihnen Wohlergehen für sich und Unglück für ihre Feinde. »Wäre ich«, so heisst es in einem Hymnus an Indra, »Herr so vieler Güter wie du, so wollte ich freigebig sein gegen den der mich preist und nichts im Elend belassen: Tag für Tag wollt' ich in Ueberfluss geben dem der mir Ehren böte, sei er wer er will. « Damit vergleiche man die dringlichen und sogar mit Drohungen vermischten Gebete an Heilige der christlichen Kirche, welche H. Rückert in seiner Cultur-Geschichte II. p. 196. f. anführt. Wenn Indra dem Lande Segen und Reichthum spenden, wenn er gegen den Vitra und Asi kämpfen, wenn er in den Reihen des Stammes streiten soll, muss man ihm unermüdlich den honigsüssen Soma bereiten: denn die Inder haben die Vorstellung, dass der Gott zum Kampf der Kraft bedürfe, dass man ihn zu diesem stärken müsse, und dass er nur mit dem Stamm kämpfe dessen Soma er getrunken: aber Indra soll nicht bloss trinken aus der Opferschale, er soll sich im Somasaft berauschen, im Rausche habe er Muth.

Auf die Formen der Götterverehrung und auf die Glaubens-Artikel kommt es nicht an da wo sichs um den Werth einer Religion für die Sittlichkeit handelt, sondern auf die Art und Weise ihrer Anwendung. Denn keine Form, so wie kein Dogma, schüzt vor Entartung, wenn der Charakter eines

---

63) D u n c k e r I. p. 27 f. und R o t h im *Journal of the Amer. orient. society* B. IV. p. 340 ff., welcher leztere freilich auch Beweise höherer Vorstellungen besonders von der Allwissenheit des Varuna anführt.

Volkes dem Verderbniss zueilt. Aber auch wohl keine Form widerstrebt der Veredelung durch die Kunst; und von dieser, als der der Religion allein eigenthümlichen, Weise höherer Entfaltung ohne Gefährdung des inneren Kernes, welche nur bei frei sich entwickelnden Völkern möglich ist, wollen wir jezt sprechen.

7. Veredlung der Religionsformen durch die Kunst.

Dem Aberglauben haben die Götterbilder, wo welche vorhanden sind, die Bedeutung von Fetischen Talismanen oder Amuletten, so wie die Ceremonien die Kraft der Magie. Also handelt es sich nicht darum, wie schön, sondern wie bedeutungskräftig sie seien, und das leztere werden sie je mehr sein je abenteuerlicher sie aussehen. Daher die Bilder mit den vielen Armen, vielen Beinen, Köpfen, Brüsten, drei oder vier Augen[64] u. s. w., die Mischgestalten von Greifen, Mannlöwen und Mannstieren und die Ueberladung mit Symbolen. Die Fetische der Wilden sind zwar noch geschmackloser aber nicht abergläubischer wie diese Bilder: denn natürlich der Stein und das Holz an sich wird so wenig verehrt als der Hund und die Kaze, die man in den Tempel stellt, sondern der Dämon welcher darin verkörpert ist. Es ist also gleichgiltig, ob man einen Fetisch oder einen vom Himmel gefallenen Stein oder ein Dädalos-Bild oder einen Kloz als Palladium oder ein Todtengerippe eines Heiligen oder einen Rock desselben im Tempel verehrt mit dem gläubigen Vertrauen dass das Symbol von Uebeln erlösen könne oder dass daran das Heil und der Bestand des Staates oder des Hauses geknüpft sei. Im Tempel des Mars zu Rom wurden zwei Lanzen sammt den Ancilien als Pfänder des Bestandes bewahrt, und erst unter den Tarquiniern sind Götter-Bildnisse aus Griechenland her einge-

---

64 Schömann, Gr. Alt. II. p. 175. Auch auf den Stoff des Bildes kam es an: das. 176.

führt worden[65], auch von den Griechen haben sich Nachrichten solcher Culte erhalten[66]. Hat man aber einmal Bilder von Göttern in Menschengestalt aufzustellen begonnen, so wird ein gebildeter Sinn bald die Missgestalten verschmähen und, wenn er kann und darf, nicht eher ruhen, als bis die göttlichen Personen in der schönsten und vollkommensten Menschengestalt ausgeprägt sind mit Abstreifung aller störenden Beigaben. Hier hat die Vernunft einen Weg gefunden, mit dem Glauben sich in Einklang zu sezen. Es ist kein Wunder, wenn der Aberglaube gegen die Neuerung sich sträubt, und das ist sogar in Griechenland geschehen, als die Künstler anfiengen die Dädalos-Bilder umzuformen, weshalb sie sich auch genöthigt sahen die Haltung und Stellung der alten Bilder so genau als möglich wiederzugeben[67], um von den Aegyptern nicht zu reden, deren Priester jede freie Regung unterdrückten. Dieser Kunstentwickelung gieng bei den Griechen die Blüthe der Poesie voraus, und beide strebten vereint zu éinem Ziele. Wenn Dichter die alten Gebetformen in schöne Hymnen und Chorlieder umwandeln, so thun sie das nämliche wie die Künstler, wenn sie den steifen alten Gözenbildern Schönheit und Leben mittheilen, und der Glaube kann sich auch an dieser Neuerung stossen, weil, wie in der Gebetsformel auf das Wort, dass es bedeutungskräftig sei, so hier auf die Beibehaltung der Gestalt alles ankommt. Haben doch die Römer die einzelnen Worte des Gebetes immer langsam sich vorsprechen lassen, um sie so genau nachzusprechen, wie man einen Eid nachspricht! Indess lässt man sich die Neuerung gefallen, von dem Reiz des Schönen überwunden,

————

65) Varro bei Augustin civ. dei IV, 31.

66) S. K. O. Müller, Arch. d. Kunst § 66. Paus. VII, 22, 3. Clemens protr. p. 29 ἀμέλει ἐν Ἰκάρῳ τῆς Ἀρτέμιδος τὸ ἄγαλμα ξύλον ἦν οὐκ εἰργασμένον, καὶ τῆς Κιθαιρωνίας Ἥρας ἐν Θεσπίᾳ πρέμνον ἐκκεκομμέ:ον, καὶ τὸ τῆς Σαμίας Ἥρας πρότερον μὲν ἦν σανὶς κ. τ. λ. Vgl. Schömann, Gr. Alt. II. p. 172 u. 190.

67) K. O. Müller, Archäol. § 53—56.

wo keine gar zu orthodoxe Priesterschaft den Künstler hemmt. Noch leichter wird die Umschaffung der Mythen ertragen, vorausgesezt, dass diese Erzälungen nicht schon durch Aufzeichnung fixirt, mithin noch flüssig und wandelbar sind, und nicht zum Cultus gehören.

Dem Hellenischen Volk war die Aufgabe zugefallen, nicht allein die Götter und die heiligen Geschichten zu vermenschlichen, sondern auch den Cultus in allen seinen Theilen durch die Kunst und Poesie zu verschönern, und diese edlen Künste haben hier, eben weil sie von der Religion, als ihrem natürlichen Boden, getragen waren, ihre schönsten Blüthen entfaltet und ihre besten Früchte gezeitigt, und überhaupt zu einer Höhe und Herrlichkeit sich emporgeschwungen, die sie wohl schwerlich bei irgend einem Volke der Welt wieder erreichen werden eben darum weil die Bedingungen nicht wiederkehren werden.

Eine Gefahr droht der Religion allerdings von der Kunst, nämlich eine Laxheit der Sitten, wenn alles was schön ist auch erlaubt scheint. Doch wirft sie keinen Zweifel in den erkennenden Geist und macht den Glauben nicht irre, welches die Wissenschaft zu thun pflegt. Zwar pflegen auch die Resultate der Wissenschaft der Poesie sich mitzutheilen und von dieser in fasslicher Form, in kurzen schlagenden Worten die sich mit dem Zauber des Rhythmus und des Wohllautes dem Ohr einschmeicheln und dem Gedächtniss einprägen, unter die Menge verbreitet zu werden. Indess wird diese Aufklärung, wo kein Glaubenszwang geübt wird, zu keinem gewaltsamen Umsturz führen: die Gegensäze werden sich ausgleichen und sich vertragen lernen, und dann werden Religion und Wissenschaft neben einander ohne Beeinträchtigung hinwandeln, und einander friedlich dulden, auch wo sie sich verneinen. Diesen Weg sind bei den Griechen die Wissenschaft und die Religion gewandelt: wann werden sie's bei uns einmal lernen?

8. Die Religion bei den Griechen durch die Vernunft veredelt.

An unseren mittelalterlichen Dichtungen ist es immer sehr deutlich zu erkennen, ob sie von einem Geistlichen oder von einem Laien verfasst sind. Bei dem ersteren ist immer Singen Beten Büssen Beichten und Sündenvergebung die Hauptsache, und das Gelingen der Heldenkämpfe hängt von der bewiesenen Frömmigkeit ab. Bei dem anderen werden die gottesdienstlichen Verrichtungen nur nebenbei unter den anderen Geschäften mit aufgeführt. Analog ist die Beschaffenheit der Indischen Heldengedichte. Leider scheint die Kriegerkaste in Indien nie so weit in der Bildung gekommen zu sein, dass Helden selbst hätten die Thaten von Helden besingen und beschreiben können: also blieb die Poesie in den Händen der Brahmanen, und wie sie da sich gestaltet habe, davon haben wir bereits oben einige Proben gegeben. Man kann solche Gedichte nicht lesen ohne ein Gefühl des Bedauerns, indem man den künftigen Untergang der Nation in ihnen schon vorbereitet findet. Wo so eine stupide Verehrung der heiligen Büsser herrscht und auf die Beobachtung von Ceremonien auf Magie und Wunderkräfte so viel ankommt, da ist der Contrast dessen was durch solcherlei Künste bewirkt und erreicht wird mit dem was reinmenschliche Kräfte, auch des mächtigsten Helden, ausrichten können, zu gross, als dass nicht bald eine Hintansezung dieser Plaz greifen sollte, welche natürlich auch das Streben nach dem Besiz dieser Kräfte erkalten macht. Die Griechen waren glücklich, dass sie ohne Vedas und ohne eine Priesterkaste sich frei entwickeln konnten, dass jeder sein Heil auf seinem Wege suchen und jeder Staat und jeder Einzelne sich dem Gott zuwenden durfte, der ihm am meisten zusagte, dass, wenn die jungen Enten im Wasser spielten, nicht immer eine Gluckhenne am Ufer stehend über die Entartung des Geschlechtes jammerte, dass der Cultus der Natur und des Geistes nicht, weil er die Achtung

einer herrschenden Kaste zu beeinträchtigen drohte, für Atheismus ausgeschrieen wurde, dass keine heilige Mordsucht ihre
Flammen schürte, wenn ein ureigner Geist eine Bahn betrat
die nicht in ihren Pergamenten verzeichnet stand, dass man
endlich nicht um das was nach dem Leben kommen soll, sich
gegenseitig das Leben raubte sich verfolgte und todtschlug.
Die Aegyptischen Gottheiten, sagt ein römischer Schriftsteller,
wollen durch Trauer und Wehklagen verehrt sein, die Asiatischen durch Pauken- und Cymbeln- und Pfeifen - Lärm, die
Griechischen durch Chorreigen[68] . Das heisst: die Aegyptischen wollten recht betrübte Sünder- und Büsser-Mienen
sehen und recht jammervolles Wehgeschrei hören, ehe sie
Gnade gaben: die Asiatischen im Gegentheil wollten die
Menschen in ausgelassener Schwärmerei toll und verzückt
sehen, die Griechischen hielten die Mitte, und das Vergnügen
an dem Schönen galt ihnen für wahrhaft göttlich. Die Aegypter
nahten ihren Göttern mit den Gefühlen von Sclaven unter
der Knute, die Phrygier mit den Gefühlen einmal losgelassner
Sclaven, die Griechen allein mit dem Anstand freier und der
Freiheit würdiger Menschen. In jener rückgängigen Zeit, wo
ein Onomakritos und ein Epimenides wirkten, ist auch das
Aegyptische und das Phrygische Unwesen in Griechenland
eingedrungen, jenes in den Mysterien, dieses im Bakchos-
Dienst, doch hat keines von beiden zu solchen Ausschweifungen geführt, wie in jenen Ländern; die Mysterien haben keine
Muckerei, die Bakchanalien keine Selbstentmannung und
keine Liederlichkeit im Gefolge gehabt: es bewährte sich der
Segen der Freiheit bei einem an Freiheit gewöhnten Volke,
es bewährte sich im Allgemeinen und im Besonderen das Wort
des Euripides, dass die Reine auch in der Verzückung rein
bleibe. Die Griechen hatten das Asiatische Wesen von Haus

---

67. Apulejus de genio Socr. II. p. 149 *Aegyptiaca numina fere
plangoribus gaudent, Graeca plerumque choreis, barbara autem strepitu
cymbalistarum et tympanistarum et choraularum.*

her überkommen, und sind den erneuerten Einflüssen von Asien und Aegypten her zu allen Zeiten ausgesezt gewesen: weil aber einmal Natur und Geist Vernunft und Takt bei ihnen zur Herrschaft gekommen waren; so konnten sie alles ohne Schaden ertragen, so musste sich unter ihren Händen jede Rohheit in Humanität, jede Monstrosität in Schönheit, jeder Wahnsinn in Vernunft verwandeln: und grösser, als die Erfindung der Künste und Wissenschaften, ist das Verdienst der Ueberwindung des Asiatischen Aberglaubens. »Es gibt«, sagt Goethe, »nur zwei wahre Religionen, die eine die das Heilige, das in und um uns wohnt, ganz formlos, die andere die es in der schönsten Form anerkennt und anbetet: Alles was dazwischen liegt ist Gözendienst.« Nur durch das Morgenthor des Schönen konnte der Mensch in das Land der Erkenntniss eindringen, und »was bei dem Saitenklang der Musen mit süssem Beben ihn durchdrang, erzog die Kraft in seinem Busen die sich dereinst zum Weltgeist schwang. Was er als Schönheit erst empfunden, sollte einst als Wahrheit ihm entgegen geh'n. Das Herz, das jene an sanften Banden lenkt, verschmäht der Pflichten knechtisches Geleit: ihr Lichtpfad, schöner nur geschlungen, senket sich in die Sonnenbahn der Sittlichkeit. Die ihrem keuschen Dienste leben versucht kein niedrer Trieb, bleicht kein Geschick: wie unter heilige Gewalt gegeben, empfangen sie das reine Geisterleben, der Freiheit süsses Recht, zurück.«

9. Homer und seine Götter.

Wollen wir jezt betrachten, wie dieser Sieg über das Asiatenthum bereits im Homer vollendet erscheint. Von der Beleidigung eines Priesters, der seine Sache zu der seines Gottes macht, und von der Offenbarung eines Sehers, der Könige zu Menschenopfern zwingt und zu Sündern macht ($\mu\acute{\alpha}\nu\tau\iota$ $\kappa\alpha\kappa\tilde{\omega}\nu$, $o\mathring{v}\pi\acute{\omega}\pi o\tau\acute{\epsilon}$ $\mu o\iota$ $\tau\grave{o}$ $\kappa\rho\acute{\eta}\gamma\upsilon o\nu$ $\epsilon\mathring{i}\pi\epsilon\varsigma$ $\kappa\tau\lambda.$, sagt Agamemnon, hebt das Gedicht an. Wäre dieser Menschenklasse nicht ein so

kräftiges Heldengeschlecht gegenübergestanden, und hätte sie
sich unentbehrlich gemacht in der Verrichtung der Opfer und
der Beobachtung der Zeichen, so hätte sie nach so einem Anfange wohl zu einem bedenklichen Einflusse fortschreiten
können. Doch nein! ihre Macht war schon gebrochen, geschlagen und auf dem Rückzuge. Und so mancher bei den
Asiaten beliebte Greuel hatte dem sittlichen Gefühle der Griechen gleich anfangs widerstanden, z. B. das Zwitterwesen der
Götter, statt dessen sie den höchsten Gott lieber in ein männ-
liches und ein weibliches Individuum, Zeus und Athena,
spalten wollten, und die Castration von Göttern, statt deren
sie lieber Dienstbarkeit oder zeitweilige Abwesenheit eintreten
liessen. So gewahren wir denn bereits überall in den Göttern
eine höhere, so zu sagen, potenzirte Menschlichkeit. Sie sind
nicht allwissend, aber sie wissen viel, nicht allmächtig, aber
vermögen viel, nicht allgegenwärtig, aber mit wenigen Schritten rasch zur Stelle, nicht undenkbar gross, aber doch riesen-
gross neben den Menschen, nicht dem Tod und Krankheiten
unterworfen, aber wegen des Antheils welchen sie an Menschen nehmen doch nicht frei von Leiden, haben einen ver-
klärten Leib mit anderem Fleisch und anderem Blut als die
Menschen, und geniessen andere Nahrung, können aber doch
der Speise des Trankes und des Schlafes nicht entbehren.
Sie sind keine reinen Geister, können aber doch alle beliebigen
Gestalten annehmen, und auf die Gemüther der Menschen wie
Geister einwirken. Diese Vorstellungen von Göttern sind von
manchen unserer Gelehrten für bedauernswerth angesehen
worden, die da gewohnt sind ein christliches Ellenmass an
alles Classische anzulegen und was nach dieser Elle zu kurz
erscheint zu bemäkeln, und die bei ihrer Lehre, dass Gott allwissend, allmächtig, allgegenwärtig u. s. w. sei, nicht be-
dachten, dass sie selbst in dem nämlichen Irrthum der Anthro-
pomorphie staken, mit dem einzigen Unterschiede, dass sie
den Superlativ an die Stelle des Comparatives gesezt hatten:

und wenn sie so eine Allgegenwart mit so einer Persönlichkeit vereinigen wollten, so mussten sie finden, dass ihre eigenen Vorstellungen auch von Widersprüchen nicht freier als die Homerischen waren. Also mag man sich auch darüber wundern, dass diese Götter moralisch so unvollkommen, allen menschlichen Leidenschaften und Fehltritten unterworfene Wesen seien; aber waren etwa die Parsen, deren Götter lauter reine heilige Engel waren, bessere Menschen als die Griechen? oder haben sie in irgend einem Fache Höheres geleistet? Das Erste, worauf es bei Homer ankommt, ist allerdings die Kraft: durch die Kraft hat sich Zeus zum Beherrscher der Götter gemacht, und dass er diese Kraft noch besize, das ist er täglich dem Poseidon, der Hera, der ganzen Götterschaar und wer es darauf ankommen lassen will, zu beweisen erbötig. Durch Kraft ist Achill der unvergleichliche Held, und um dieser Kraft willen wird ihm selbst die Unbändigkeit seines Schmerzes und seiner Rachsucht von den Göttern zu Gute gehalten, während Hektor gewiss liebenswürdiger erscheint, bei welchem der Patriotismus thut was bei jenem der Schmerz und die Rachsucht bewirkt[69]. Aber es wird von dem nämlichen Achill, dem selbst die Götter zürnen über das was er φρεσὶ μαινομένῃσιν an Hektor thut[70] doch auch gesagt, er sei sonstens weder unbesonnen noch rücksichtslos noch sündhaft[71], und somit sind es doch nicht *vires consilii expertes, omne nefas animo moventes*, welche den Göttern gefallen, und wird neben der Kraft auch die Güte als eine Macht anerkannt, die, wenn sie zu jener in die Wagschale gelegt würde, die rohe Kraft von Titanen und Giganten hoch emporschnelle. Diese Milde ist in dem Wesen des Zeus nicht minder gross als seine Kraft, er wird um ihretwillen von seiner weniger guten Gemahlin oft gescholten: und welchem der Himmlischen wohnt sie nicht im

---

69) Il. ω, 33—63.

70 Il. ω, 113.

71) οὔτε γάρ ἐστ᾽ ἄφρων οὔτ᾽ ἄσκοπος οὔτ᾽ ἀλιτήμων· Il. ω, 157.

Herzen? Freilich ist nicht zu verkennen, dass an dieser Güte
der Götter gegen die Menschen auch das Bewusstsein ihrer
eigenen menschlichen Schwächen einen Antheil habe: aber
eben dieses ist recht gut für die Menschen, dass der Götter
Antheil und ihr Mitleid auf dem nämlichen Grunde ruht, auf
welchem er auch bei den Menschen ruht, nämlich darauf, dass
man sich in die Lage des anderen hinein denkt. Sie sind eben
wahre Menschen, nicht ideale überein aussehende Puppen,
die nicht einmal für die Poesie zu gebrauchen wären, dabei
ausgeprägte Charaktere und keine Halbheiten, sondern jeder
ganz und rund in seiner Art, so dass sie ganz natürlich — weil
doch überall wo Licht ist auch Schatten sein muss — nicht
ohne Mängel und Beschränktheiten sein können; endlich
Bürger eines freien Staates, nicht blosse Diener und Bothen
eines fremden Willens, gegen welchen ein eigenes Denken
und Wollen gar nicht stattfinden könnte. Selbst der höchste
Gott Zeus ist der Uebereilung und Bethörung Ἄτη ausgesezt,
und als ihm einst seine Gattin mit ungewöhnlichen Reizen
geschmückt entgegen kommt, gibt er sich hin zur Unzeit:
hinterher schilt und droht er, wo er doch bloss sich selbst an-
zuklagen hätte; allein das scheint bei Homer so ausgemacht,
wenn eine Versuchung gar zu stark, der Anlass zur Aufregung
einer Leidenschaft gar zu übermächtig war, dass da der ihr
Unterliegende nicht zu verurtheilen sei[72]. Wie mild ist Homers Urtheil über die Helena, das schöne aber leichtsinnige
Weib, welches den Reizen ihres Verführers so wenig, wie
dieser den ihrigen, widerstehen kann, während sie ihn doch
weniger achtet als den Hektor, und immer dazwischen ihr an
Menelaos begangenes Unrecht bereut. Homer weiss es so gut
wie Euripides, dass die Kämpfer um Troja, wenn sie nicht so

---

71) Ἄπαντα τἀναγκαῖα συγχωρεῖ θεός, sagte selbst das Delphische
Orakel, als wegen Abbüssung einer im Rausch begangenen Sünde bei ihm
angefragt wurde.

blind eingenommen für die Schönheit dieses Weibes wären,
Ursache hätten, recht erbosst auf sie zu sein[73], aber er verur-
theilt sie darum nicht wie Euripides, denn er erwägt, dass
eine jede ausgezeichnete Gabe auch ihre eigenen Versuchungen
und Gefahren habe. Wer so unbändig in der Schlacht ist wie
Achill, der darf auch so unbändig in seinem Schmerz und
seiner Rache sein: wenigstens ist es bei ihm verzeihlich: und
einem Weib, das eine Welt von Helden in Flammen sezen
kann mit seinen Reizen, ist es zu verzeihen, wenn sie sich
nur dem Schönsten ergibt. Die Natur im Schlimmen und
Guten hat grosse Rechte bei Homer, und die Zucht ($\pi\alpha\iota\delta\epsilon\iota\alpha$)
so viel wie gar keine, so wie bei den Menschen also freilich
auch bei den Göttern. Sie handeln gut und schlimm, je nachdem es ihnen ihr Herz eingibt, und finden es ganz in der
Ordnung, dass auch die Menschen es also machen — so weit
sind sie davon entfernt, deren Zucht- und Hofmeister sein zu
wollen. Das aber hindert nicht, dass nicht Vergehungen bestraft werden, und dabei wird das Strafrecht nicht einseitig
etwa bloss an Menschen, sondern auch an Göttern, geübt, und
für erlittene Unbilden dürfen auch Menschen an Göttern,
wenn sie's können, Rache nehmen. Selbst Götter leisten mitunter Menschen gegen andere Götter Beistand, und über allen
Göttern sowohl als Menschen steht die $Mo\tilde{\iota}\rho\alpha$ oder das Schicksal. Es ist ein Widerspruch gegen das was Diomedes selbst in
der fünften Rhapsodie gethan hat, wenn er in der sechsten
äussert[74], dass er niemals gegen Götter kämpfen möchte; und
die Dione äussert zwar die nämliche Ansicht, dass solche
Handlungen den Menschen keinen Segen bringen[75], weiss
aber doch keinen Fall anzuführen, wo sich das bewährt hätte,
während sie mehrere sehr starke, Göttern von Menschen an-
gethane, Misshandlungen zu erzälen weiss. So stark und so
unabhängig durfte sich damals der Mensch gegenüber den

---

73) Il. γ, 415.   74) Il. ζ, 129.   75) Il. ϵ, 406.

göttlichen Mächten fühlen — und nicht bloss gegenüber den Göttern, sondern sogar auch gegenüber dem sonst unbezwinglichen Schicksale. Denn auch die $Mo\tilde{\iota}\rho\alpha$ kann gezwungen werden durch aussergewöhnliche Kraftanstrengung sowohl als auch durch aussergewöhnliche Fahrlässigkeit, dass etwas geschehe, was nicht in ihrem Plane gelegen hat[76]. Es versteht sich nämlich von selbst, dass Götter, welche höchstens die Macht unserer Elfen und Feen haben, nicht die oberste lezte Instanz im Weltregiment seien; denn es ist noch kein Volk jemals so dumm gewesen, dass es an keine einheitliche Macht als Weltenlenkerin gedacht hätte, und der Unterschied zwischen monotheistischen und polytheistischen Religionen besteht lediglich darin, dass in jenen der höchste Gott das Gesez in sich hat oder sein Wille Gesez ist, in diesen aber hat er es neben sich, wie der König eines constitutionellen Staates. Das nun ist die $Mo\tilde{\iota}\rho\alpha$, ein unpersönliches höchstes Wesen, welches das Ganze zusammen und in guter Ordnung erhält, der vorgeschriebene Plan, nach welchem die Dinge ohne gegenseitige Störung sich abgrenzen und neben einander ihren Gang vollenden, darum $Mo\tilde{\iota}\rho\alpha$, d. h. der beschiedene Theil, genannt, weil in dem grossen Organismus nur durch Unterordnung der Theile und Beschränkung eines jeden auf das was ihm gebührt und gemäss ist das Ganze erhalten wird.

Im Uebrigen versteht es sich von selbst, dass alles was man sonst Glück oder Zufall nennt, alles was dem Menschen unbewusst geschiht, alles was er sich nicht selbst gegeben hat noch geben kann, bei religiös empfindenden Menschen von den Göttern ausgeht. Wenn einem Lenker bei der Wettfahrt die Geissel aus der Hand fällt oder wenn ihm etwas an dem Wagen bricht, oder wenn ein Wettläufer ausgleitet und hinfällt, so hat es ein Gott gethan. Wenn ein Mensch, von Zorn oder Gier hingerissen, thut was ihn hinterher gereut, so haben

---

76 Vgl. Il. β, 155. v, 29. φ, 516. ϱ, 321. π, 780. Od. α, 33.

ihm in dem Augenblick die Götter den Verstand genommen
($\vartheta\varepsilon o\grave{\iota}$ $\varphi\varrho\acute{\varepsilon}\nu\alpha\varsigma$ $\H{\omega}\lambda\varepsilon\sigma\alpha\nu$) oder irgend ein Gott hat ihm eine Verblendung eingegeben ($\H{\alpha}\tau\eta\nu$ $\H{\varepsilon}\delta\omega\varkappa\varepsilon$). Hinwiederum wenn er
einen glücklichen Einfall gehabt, mit rascher Besonnenheit
im rechten Momente das Richtige getroffen hat, so war ihm
dieser Gedanke von einem Gott eingegeben ($\dot{\varepsilon}\pi\grave{\iota}$ $\varphi\varrho\varepsilon\sigma\grave{\iota}$ $\vartheta\tilde{\eta}\varkappa\varepsilon$);
und wenn er sich selbst übertroffen hat an Tapferkeit Muth
und Ausdauer, so war er von einem Gotte wunderbar gestärkt
worden. Dass man schön, reich, stark, klug, geehrt sei, diese
oder jene Kunst besize, Glück oder Unglück erlebe, kurz alle
Gaben und alle Schicksale, Sieg oder Unterliegen, Leben und
Tod, kommen von oben, auch das Gelingen oder Misslingen
dessen was wir mit unseren Kräften auszurichten gedenken,
weil doch überall auf Glück und Umstände dabei das Meiste
ankommt. Das nun haben die Homerischen und auch noch
die Pindarischen und die Sophokleischen Menschen mit allen
anderen religiös Gesinnten zu allen Zeiten und bei allen Völkern gemein: aber nicht überall ist bei diesem Eingreifen der
Götter ein so vernünftiges, der Natur und Wahrheit so ent-
sprechendes, der wahren Sittlichkeit so förderliches Maass
eingehalten: nicht überall geschehen so glaubwürdige, selbst
unserem aufgeklärten Zeitalter so wenig anstössige, Wunder,
wie bei Homer, nicht überall wird dem Aberglauben so sehr
die Thüre wie bei diesem Wunderglauben verriegelt. Diese
Götter spielen mitunter die Rolle von bösen Dämonen, indem
sie einen Menschen zu Missethaten verführen, wenn z. B.
Athene den Pandaros zum Bruch des Vertrages beredet: aber
man siht wohl, es ist sein eignes eitles und treuloses Herz
Schuld daran, dass er der Versuchung nicht widerstehen kann:
das wusste Athena, und darum hat sie gerade an diesen sich
gewendet. So geht es auch sehr natürlich zu, wenn dieselbe
Göttin den Achill, der im Begriff ist mit dem Schwert auf
den Agamemnon loszugehen, hinten beim Schopf ergreift, und
spricht: »Nur nicht zuschlagen: aber sagen kannst du ihm

Alles, so stark du willst!« Oder wenn ein Held von einem Gott in der Schlacht zu ausserordentlichen Thaten angeregt wird. Oder wenn Odysseus von der Athena in einen Bettler verwandelt wird, was er beinahe selber sich hätte thun können. Das sind lauter sehr natürliche und vernünftige Wunder, und geht Alles ohne Hexerei zu. Also troz dem Eingreifen der überall, wo es gilt, gegenwärtigen Götter geschiht nichts was völlig unerklärlich und unbegreiflich wäre, nichts was nicht heut zu Tage, wo diese Götter nicht mehr wirken, sich dennoch in der nämlichen Weise begeben könnte. Und das Alles kommt daher, weil diese Götter den Menschen so nahe stehen, dass sie wirkliche, bloss potenzirte, Menschen sind. Denn wären sie mehr, wären sie z. B. Engel und Teufel, so dass auch die Menschen einer entsprechenden Behandlung von ihnen ausgesezt wären, so würden diese weit weniger für ihre Handlungen verantwortlich sein — denn was vermag der Mensch zur Bewahrung seiner Freiheit gegenüber so starken Mächten? — so würde auf Mantik und Ascetik, auf Waschungen und Räucherungen, auf Opferungen und Büssungen mehr als auf Uebung und Gebrauchung der angeborenen Kräfte ankommen; so würden die Menschen, wie zu Miltons Zeit, ebenfalls theils Engel und theils Teufel sein, d. h. sich gegenseitig als solche ansehen und behandeln; und was nun noch weiter aus dem allen folgen würde, das wissen wir!

Bei den Pöniern, im Mutterlande und in der Kolonie Karthago, und wo immer der alte Bel oder Moloch verehrt wurde, mussten bei grossem Staats-Unglück, welches man dem Zürnen jenes überreinen Himmels- und Feuergottes zuschrieb, Fürsten und Vornehme ihre Kinder diesem Dämon verbrennen oder, wie man das nannte, durchs Feuer gehen lassen: und das musste ein eingeborenes geliebtes, dabei noch völlig unschuldiges und von fleischlicher Lust ganz unberührtes Kind sein, welches die Sünden des Volkes auf sich nehmend unter Jubel und Paukenschall hingerichtet wurde. Von solchen Göttern oder Dämonen weiss Homer nichts: aber die nachherige Zeit (denn so wie hinter dem Shaxpeare in England die Puritaner, so sind hinter dem Homer die Orphiker gekommen) hat sammt anderen Herrlichkeiten auch solcherlei Bräuche emporgebracht, wie die Iphigenia und so manches Menschenopfer, und die feierliche Hinausführung Misshandlung und Hinabstossung der Sündenböcke. φαρμαxοί, dies bezeugen. Diese Reaction werden wir nachher betrachten.

10. In der Hellenischen Religion keine Teufel und keine Entselbstung.

Dass die Griechische Religion keine Teufel kannte, daraus folgte freilich einestheils dass die Götter nicht so   nz himmlischrein und engelgut sein konnten wie eine dualistische Religion sie aufstellt — denn irgendwoher muss doch das Ueble, woran die Menschenwelt krankt, in dieselbe hineingebracht werden, und wenn es keine Teufel gibt, so müssen Götter selbst zeitweilig deren Rollen übernehmen — anderntheils aber auch dass Menschen nicht zu Teufeln werden konnten — denn je nach den unsichtbaren Mächten, die man glaubt, gestaltet sich immer auch das Menschenleben — dass keine sich dem Teufel verschreiben und im Bunde mit ihm hexen und zaubern konnten, dass man folglich keine Hexen und Hexenmeister zu verbrennen brauchte, und dass man endlich Andersgläubige nicht wie Kinder des Teufels schonungslos martern und morden durfte.

Um von den »schweren Leiden des Menschenlebens« oder den Uebeln der Erbsünde wenigstens nach dem Tode erlöst zu werden, dichtet sich der Mensch ein Elysium über oder hinter oder unter der wirklichen Welt. Ein Elysium aber sezt auch eine Hölle voraus, weil immer ein Extrem das andere fordert, und die Hölle braucht einen Teufel, und dieser, wenn er einmal da ist, wird wohl auch in das Leben der Menschen eingreifen müssen, um seiner Opfer im Voraus sich zu versichern. Um nun vor diesem bösen Geiste sowohl in diesem als in dem künftigen Leben sich zu bewahren hat man mancherlei versucht, was auf die Moral von grossem Einfluss gewesen ist. Die Perser z. B., in deren Religion der Teufel Ahriman fast mit gleicher Macht Gott gegenübergestellt war, haben daraus die Moral entwickelt, dass man theils vor Befleckungen sich in Acht nehmen soll, welche den Teufeln Zugang verschaffen, und theils immerfort beflissen sein gute Werke zu verrichten, die den Teufeln Eintrag thun. Weniger zu loben ist das Verhalten der Aegypter gegen ihren Seth, dem sie, als Krokodil, sogar Menschenopfer brachten, um ihn zu begütigen, trozdem dass (wie man jezt aus Inschriften will entnommen haben) sein Reich seit dem 13. Jahrhundert vorbei sein sollte[77]. Indess pflegte er doch noch alle Jahre den Osiris zu tödten, und die Aegypter waren einmal ein Sclaven-Volk, welches sich unter der Zuchtruthe ihrer thierartigen Götter, wie die Russen unter der Knute ihrer adeligen Herren, beugten, und noch oben darein die Hand, die sie züchtigte, zu küssen für Pflicht hielten. Oder was ist das anders, wenn eine Mutter, deren Kind vom heiligen Krokodil gefressen worden ist, sich deshalb segnet und glücklich preist? Auch durch Heulen und Wehklagen und andre ungeberdige Aeusserungen des Schmerzes suchten sie ihre Götter zu rühren: und solches Gebahren wird uns von einem Griechischen Schriftsteller als der hauptsächlichste Bestandtheil ihres Götterdienstes bezeichnet.

Auch die bis zur Thierheit getriebene Ascetik und Entselbstung war der Griechischen Religion unbekannt, deren eine Art ist die Versezung in einen bewusstlosen Zustand durch tolle Schwärmerei. Durch solcherlei Raserei suchten z. B. die Bewohner Phrygiens Gottähnlichkeit Heiligung und Sünden-Reinigung zu gewinnen. Denn die Kybelen- und

---

Attis-Schwärmerei der Gallen ist die älteste Erscheinung jenes noch heute bei den Turanischen Völkern so allgemein herrschenden Schamanenthums, welches zweierlei erzielt, erstlich über die alles umgebenden und erfüllenden Geister durch Zauberkraft Herr zu werden, und zweitens in dieser Erregung des Geistes zum begeisterten Schauen und Hellsehen zu gelangen [78]. Diese Art von Ekstase, so wie ihr Name aus dem Buddhismus herstammt, also führt sie uns zu der in jener Religion am fleissigsten gesuchten Entselbstung, der Nirvâna, hin, welche mit der Vergottung unserer mittelalterlichen Mystiker ziemlich genau übereinstimmt, ihrerseits aber auch bereits in der Indischen Sankhja-Philosophie vorgebildet war. »Diese Philosophie«, sagt Bunsen II. p. 133, »ist eben so wenig atheistisch als das System, in welchem Brahma, als Urwesen, an die Spize gestellt wird. Pantheistisch sind beide gleichermaassen, indem die sittliche Freiheit des Menschen, und mit ihr der Begriff der Sünde, zurücktritt hinter dem Allgottgefühl, oder hinter jener Gottwelt-Trunkenheit, in welcher das gesunde Bewusstsein allmählich untergeht.« »Der Zweck der Kreatur (sagt derselbe ferner, ist kein anderer, als die Vollendung des Geistes und die Befreiung der Natur durch den Geist. Der Geist siht dem Treiben der Natur als Zuschauer zu, er handelt nur scheinbar: sein natürlicher Trieb ist die Natur zu geniessen, dann aber sie zu erkennen, nämlich als nichtig. — Das Ziel des Geistes ist also die völlige Freiwerdung von der Natur, und dadurch die Freiheit der Natur selbst. — Der Weise leidet das Dasein: er lobt es nicht.«

11. Die Heiligen und die Reaction.

Oefter als einmal hat das Hellenenthum Rückfälle in der Asiatisch-Aegyptischen Barbarei erlebt, und der folgen-

---

78) S. Bunsen, II. p. 39.

reichste dieser Rückfälle war der sogleich nach der Homerischen Zeit eingetretene. Ein anderer Stand kam empor in den Revolutionen welche überall das Königthum stürzten, und mit ihm tauchten andere Götter auf, die vielleicht hier schon länger eingebürgert waren, andere Ansichten und andere Beschäftigungen gelangten zur Herrschaft, welche nicht ohne Einfluss auf den religiösen Glauben bleiben konnten. Zugleich mehrte sich der Verkehr mit dem Auslande. Aegypten, das man früher bloss vom Hörensagen kannte, und Phönikien, aus welchem sonst bloss die Kaufleute herüberzukommen pflegten, wurden zugängig: die Kleinasiatischen Küsten wurden von Griechischen Ansiedlern in Besiz genommen, und die westlichen und östlichen Fabelländer, wo die Skylla, die Kirke, der Kyklope hausten, und wo die zusammenschlagenden Felsen die Welt versperren sollten, rückten in den Kreis der bekannten, von Griechen bewohnten, ein. Wie weit sind nicht Alkäos und sein Bruder und der Bruder der Sappho in der Welt umhergeschweift, und mit wie vielerlei Menschen und Völkern sind sie nicht in Berührung gekommen! »Kommst von dem äussersten Weltende (so singt Alkäos Fr. 50 von seinem Bruder) : des Ehrenschwerts elfenbeinernen Griff trägst du mit Gold belegt. Hast in Babylon beistehend ein Abenteuer kühn bestanden, das Land aus der Gefahr befreit« u. s. w. Und Sappho musste klagen, dass ihr Bruder bei der schönen Doricha oder Rhodopis in Aegypten sein Vermögen verthan hatte, und dann in der Welt herumreisen musste als Kaufmann, um es wieder zu gewinnen. Was in der Odyssee ahnend vorausgebildet war, das war jezt zur Wirklichkeit geworden. Da erweiterten sich die Gesichtskreise, die Bestrebungen wurden vielseitiger, die Beschäftigungen mehr auf das Nüzliche gerichtet — Alles auf Kosten des Schönen und Edlen. Das Geschlecht war zwar praktischer, aber die Köpfe dabei nicht heller geworden. So gaben sie erstlich dem Ausländischen, Aegyptischen Phönikischen und Phrygischen, Aberglauben Eingang, und sodann sorgten sie auch durch ein aufgehäuftes Sündenmaass, dass man dessen bedurfte. Das war die Zeit wo die Kreter Epimenides und Onomakritos ihr mystisches Wesen trieben, denen es auf einen frommen Betrug nicht ankam zur Erreichung ihrer Zwecke, und die besonders von Machthabern und Gesezgebern gesucht waren, weil man hoffte, dass sie das Volk unterwürfiger und gottesfürchtiger machen würden. Der Epimenides um 600 v. Chr., war ein wunderbarer heiliger Mann. In seiner Jugend hat er 57 oder 40 Jahre[79], in der Idäischen Höhle geschlafen, und als er wieder nach Hause kam, wurde er bloss von seinem jüngeren Bruder wieder erkannt, welcher inzwischen ein Greis geworden war. Er selbst ist 157 oder gar 299 Jahre alt geworden. In so vielen Tagen, als er Jahre geschlafen hatte, alterte er auch. Seine Seele schweifte ausserhalb des Leibes herum so oft er wollte, und kehrte wieder zurück wenn er wollte (Suidas v.). Er war auch schon öfter hier in der Welt gewesen. Niemand sah ihn je speisen oder einem anderen Bedürfniss fröhnen: denn die Nymphen hatten ihm ein Nahrungsmittel gegeben, von dem er manchmal eine kleine Prise nahm, indem er's in einer beinernen Dose bei sich hatte. Einst erscholl eine Stimme vom Himmel: »Epimenides ist des Zeus Sohn, ist kein Nymphen-Kind«! Die Kreter nannten ihn einen Kureten, und er hatte auch eine Theogonie der Kureten und Korybanten, ingleichen ein Gedicht über Minos und Rhadamanthys, verfasst. Er hiess ferner καϑαρτής, Gottversöhner, war stark in der Kenntniss der Zauberkräuter (man meinte sogar, dass er die 57 Jahre, wo er vermeintlich geschlafen, auf botanische Reisen verwendet habe), konnte weissagen[80], verstand die Telestik und Enthusiastik aus dem Fundament, war auch mit Pythagoras (ein Anachronismus! in

---

79) Paus. 1, 14, 4.
80, Plato, Geseze I. p. 642. D.

die Idäische Grotte hinabgestiegen und dort in die Mysterien
eingeweiht worden. Nach seinem Tod wurde seine, mit Versen beschriebene, Haut oder auch sein Leib zu Lakedämon
aufbewahrt[81]. Von den Kretern wurde er vollends vergöttert.
Er ist, sagt Diogenes Laert. I, 112, der erste gewesen, der
Häuser und Fluren mithin ganze Städte und Länder entsühnte. So wurde er denn auch nach Athen gerufen zur Zeit
als der Kylonische Mord und eine sogleich darauf folgende
Noth die Gemüther beunruhigte, dass sogar zwei Jünglinge.
Kratinos und Ktesibios, sich opferten. Man liess ihn durch
einen besonderen Gesandten auf einem eigenen Schiffe her-
beiholen. Um die Stadt zu reinigen, liess er ein schwarzes
und ein weisses Schaf vom Areopag aus gehen wohin sie
wollten, und wo sie sich niederlegten dort dem betreffenden
Gotte opfern. Er stiftete auch den Tempel der σεμναὶ θεαί
Demeter und Kore in Athen. Dieser Magier und Prophet
(θεοφιλὴς καὶ σοφὸς περὶ τὰ θεῖα τὴν ἐνθουσιαστικὴν καὶ
τελεστικὴν σοφίαν, sagt Plutarch Solon c. 12 »hat der Gesezgebung Solons vorgearbeitet, indem er durch Versöhnungs-
und Reinigungsmittel und durch Stiftungen die Stadt zu der
heiligen Weihe stimmte und gehorsamer zum Gerechten und
fügsamer zur Eintracht machte«. Zur Belohnung nahm er
nichts als einen Oelzweig, und so zog er von dannen. Vor
dem Eleusinischen Tempel stand seine Bildsäule. Sein Lands-
Genosse war Θαλήτας welcher Lakedämon entsühnte[52]. Und
dieser war wiederum ein Bekannter des in diesem Zweige
nicht minder bedeutenden Onomakritos[53], der ebenfalls seine
Kunst in Kreta gelernt hatte. Dieser Onomakritos, welchen
Herodot VII, 6 Orakelsammler χρησμολόγον und Ordner der
Orakel des Musäos nennt, hatte erstlich dem Tyrannen

---

81) Suidas und Paus. II, 21, 3. Hesych. v.
52) Paus. I. 14, 4.
53) Aristot. Pol. II, 12.

Hipparch in Athen sehr gute Dienste geleistet in seiner Knechtung der Bürger, dann, durch den Dithyrambendichter Lasos von Hermione gestürzt, welcher ihm eine Orakelfälschung nachwies, zufolge deren die Inseln bei Lemnos vom Meer verschlungen werden sollten, hatte er bei den Thessalischen Tyrannen, den Aleuaden, Aufnahme gefunden, und mit diesen redete er mittelst günstiger Prophezeiungen dem Perser-Könige zu, Griechenland zu unterwerfen. Man siht also, mit welchen Leuten man hier es zu thun hat, und was diese Verdüsterung in Glaubenssachen dem Griechischen Volke für Früchte bringen sollte. Aus despotisch regierten Ländern stammte dieser Aberglaube her, und nur Knechtssinn konnte er zeugen. Aber jene Zeit war noch an anderen solchen Persönlichkeiten reich, welche an einen Cagliostro erinnern: und doch hat sie zugleich die sieben Weisen hervorgebracht, so dass also die stärksten Gegensäze bei einander lagen. Da war der Hyperboreer Abaris, welcher ebenfalls keiner Nahrung bedurfte und auf einem Pfeil durch die Luft fliegen konnte, dabei Krankheiten durch Zaubersprüche heilte und weissagte. Da war ferner der Aristeas aus Prokonnesos, dessen Seele in Gestalt eines Raben zum Munde herausflog, um ausser dem Leibe herumzuschweifen, wenn und wie er wollte, und der an demselben Tage, wo er in Prokonnesos gestorben war, einem Mann auf dem Wege nach Kyzikos wieder lebendig begegnete, verschwand und nach sieben Jahren wiederkam, um das Gedicht von den Einaugen, den Arimaspen, zu schreiben, aus welchen man auch von den goldhütenden Greifen und den Uebernordwindlern Vieles erfuhr, und dann abermals verschwand[84]. Den Erfindungen dieser Herren dankt man so manche Fabelei, von der Homer nichts weiss, zuvörderst die Kretischen Sagen von der Geburt des Zeus und von Minos und seinem ganzen

---

84 ἀνὴρ γόης, εἴ τις ἄλλος, sagt Strabo XIII. p. 589. Paus. I, 24, 6. Herod. IV, 13. 14. Plin. H. N. VII, 174.

Hause. Dann haben sie die Mythologie auch mit einigen Personen bereichert welche ihnen selbst gleichen, um ihren Sachen die Ehrwürdigkeit eines hohen Alterthums zu verleihen. Da sind der Orpheus, der Musäos, der Eumolpos, der Pamphos mit neuen Würden und Aemtern, als Hymnen- und Epoden-Sänger, als Krankheiten-Heiler, als Zauberer und Religionsstifter u. s. w. begabt worden[85]. Von Orpheus haben wir bereits früher gesehen, wie ihn die Pythagoreer welche hinwiederum mit den Kretischen Zauberern, einem Epimenides und Onomakritos, in Verbindung gesezt werden, zu ihrem mythischen Urheber gemacht hatten. Die ihm zugeschriebene Theogonie ist wahrscheinlich von Onomakritos verfasst: auch haben Pythagoreer, wie Kerkops, zur Vermehrung der angeblichen Werke des Orpheus fleissig beigesteuert. Musäos, Sohn des Eumolpos und auch des Orpheus genannt, oder auch des Boreas, der ihm die Gabe zu fliegen verliehen hatte, scheint der mythische Name zu sein, hinter welchem Onomakritos sich zu stecken pflegte, so dass die Erzälung, Lasos habe ihm eine Fälschung nachgewiesen, keinen anderen Sinn haben wird, als er veranlasste den Herrscher Hipparch, dem Seher die Maske abzureissen, weil ihm seine Orakel nicht mehr genehm waren. Dass er aber auch noch Anderes in dessen Namen gefälscht hat, zeigt Paus. I, 22, 7.

12. Die Mysterien.

Der Eumolpos, früher bloss ein Thrakischer König der mit dem Erechtheus Krieg führte, wurde jezt zu dem Stifter der Eleusischen Mysterien gemacht. Diese Mysterien selbst aber, so wie auch alle anderen, sind ein Erzeugniss dieser Zeit und eine Gründung derartiger Männer. Denn gerade die Gottheiten, welche in den Mysterien verehrt wurden, hat jener Onomakritos und sein Musäos besungen und zu Ehren ge-

---

85. Aristoph. Frösche 1030.

bracht[86], und von der Zerreissung des Zagreus durch die Titanen ein Aegyptischer Glaube, ins Griechische übersezt durch Sezung der Titanen an die Stelle des Typhon, hat er zuerst gesungen[87] In den Mysterien aber wurde die Unsterblichkeit der Seele, vielleicht sogar die Auferstehung des Fleisches, symbolisch gezeigt oder durch dramatische Darstellungen einleuchtend gemacht. Und dieser Glaube mag zwar allerdings in Indien und Persien bei den Brahmanen und Chaldäern zuerst aufgekommen sein, wie Pausanias IV, 32, 4 versichert: aber recht vollständig ausgebildet und befestigt, so dass er das ganze Leben beherrschte, ist er gewiss erst in demjenigen Lande geworden, in welchem das ganze Streben der Menschen nur dahin gieng, sich die Fortdauer des Leibes nach dem Tode zu garantiren: und auch nur da, wo man das Fleisch durch Einbalsamirung so gut zu conserviren wusste, konnte der Gedanke an Wiederbelebung und Wiederauferstehung des Fleisches zuerst entstehen. Dass aber der Unsterblichkeits- und Seelenwanderungsglaube von den Aegyptern zu den Griechen gekommen sei, ist sowohl an sich klar, als auch wird es von Herodot II, 123 versichert, welcher sagt: »die Aegypter glauben, dass Demeter und Dionysos die Fürsten der Todten sind: sie sind auch die ersten in der Welt gewesen welche behaupteten, dass die Seele unsterblich sei: und wenn der Leib vergehe, so wandere sie in ein anderes Geschöpf, welches eben geboren werde, und nach der Durchwanderung durch alle die Land- und See- und Luft-Thiere kehre sie wieder in einen Menschenleib (doch wohl in den nämlichen, für dessen Erhaltung so fleissige Sorge getragen wurde!) zurück. Diese Wanderung dauere gegen 3000 Jahre. Diesen Glauben (sezt Herodot hinzu) haben auch unter den Griechen welche angenommen, theils früher, theils später, als ob er von ihnen

---

86) Paus. I, 22, 7.
87) Paus. VIII, 37, 5.

selbst ausgegangen wäre — deren Namen ich kenne aber nicht nennen will.« Er meint offenbar die Orphiker und die Pythagoreer. Die Einheit aber des Pythagoreisch-Orphischen Glaubens mit dem Mysterien-Glauben deutet Euripides dadurch an, dass er seinen Hippolyt auch in den Eleusischen Mysterien eingeweiht sein lässt. Es war ein Orphischer Saz τὸ σῶμα σῆμα und dass der Leib bloss der Kerker der Seele sei. Bei den kerngesunden Griechen konnten solche Lehren niemals recht Eingang finden, wenn sie auch die Fabeln von der Ausstaffirung des Hades zu einem Orte der Bestrafung und Belohnung gläubig angenommen hatten. Denn dass alle diese Dinge, von denen Homer nichts weiss denn sein Todtenreich befindet sich am Ende der Welt und seine Bewohner sind ἀμενηνὰ κάρηνα, in Aegypten zuerst erfunden worden sind, beweist uns Diodor I, 96, gestüzt auf das Urtheil Aegyptischer Priester, aus den Oertlichkeiten bei Memphis, nach denen diese Vorstellungen geformt waren, wobei er freilich auch Homerisches und Nachhomerisches zusammenwirft. Zwar der Kerberos, so wie der Hund des Geryones, ist eine alte den Griechen eigene Vorstellung[88], aber die Höllenflüsse und die Todtenrichter und der Ort der Verdammten und der Wohnsiz der Seligen und die zur Seelenwanderung gehörende Lethe und Alles was das dortige Scheinleben zu einem wirklichen Leben zu machen geeignet ist, hat erst von Pindar an allmählich Geltung bekommen.

Warum diese Weihen so geheim gehalten wurden, das ist für niemand schwer einzusehen welcher das Wesen und die Bedeutung der Ceremonien in den alten Religionen überhaupt kennt. Muss denn nicht noch jezt alles was man Sympathie nennt ganz geheim unberufen und unbeschrieen geschehen, wenn es nicht seine Wirkung verlieren soll? Pflegen nicht die Elfen Feen und Zwerge, wenn sie da wo sie ihr Wesen treiben

— — —

88, Il. 9, 368.

sich belauscht oder irgendwie gestört sehen, dieselbe Gegend auf immer zu verlassen? Also mögen auch die Bakchantinnen keinen Lauscher dulden, und das ist der Grund, weshalb der Pentheus so grausam bestraft wird — seine Verwerfung dieses Cultus hätte ihm sonst wohl hingehen können. Dazu kommt noch ein moralisches Gefühl, dass die begeisterte Hingebung und die Andacht und die Schwärmerei überhaupt keinen unbetheiligten und nüchternen Zuschauer leiden mag, dem das was da geschiht als verrückt und abgeschmackt vorkommen muss, weil er des Gefühls entbehrt. Also thut man wohl, Kezer und Ungläubige immer von allem Zutritt in den Tempel, wenn Gottesdienst ist, auszuschliessen. Und von dergleichen Ausschliessungen hat man auch bei anderen als den eigentlichen mysteriösen gottesdienstlichen Verrichtungen viele Beispiele[89]. Auch der Name von Göttern wurde manchmal geheim gehalten[90] wohl nur aus dem Grunde, damit sie nicht auch von Fremden konnten angerufen werden[91]. Iphigenia sagt zum König Thoas: »Wir müssen allein sein, denn wir wollen auch gewisse Ceremonien verrichten« ἐρημίας δεῖ, καὶ γὰρ ἄλλα δράσομεν, und er antwortet: »Ich will Geheimes nicht schauen« οὐ φιλῶ τάῤῥηθ᾽ ὁρᾶν. Und lediglich um dieses δρᾶν, Ceremonien-Verrichten, handelt es sich auch bei den Mysterien.

Um dieselbe Zeit muss auch aus Phrygien und Thrakien der schwärmerische Dionysos-Cultus nach Griechenland gekommen sein mit der lärmenden Musik der Pauken Cymbeln und Pfeifen, die von dem Dienste der Cybele herübergenommen waren. Auch da haben ohne Zweifel die obengenannten Kreter mitgewirkt: denn von den Kureten und Korybanten

---

89 Paus. III, 20, 4. 22, 4. Herod. V, 72. 81. Plut. Quaest. Gr. n. 40. Schömann, Gr. Alt. II. p. 200 ff.

90 Schömann, II. p. 131.

91) Vgl. II. ι, 195.

schrieb diese Lärm-Musik sich her [92], und der heilige Mann, der Epimenides, hat sie zuerst emporgebracht, und der Bakchische Rythmus welcher dieser Musik eigen war, soll den obengenannten Thaletas zum Erfinder haben.

Wir könnten noch die ceremoniöse Reinigung der Mordbefleckten nennen, welche wohl von den Parsen herüber gekommen sein mag [93] mit noch manchen derartigen Bräuchen, und könnten die Weissagungen des Bakis und der Erythräischen Sibylla anführen, zum Beweise, wie durchgreifend dieser Aberglaube gewirkt hat: wir wollen aber diese Auseinandersezung hier schliessen mit der Bemerkung, dass sie den Geist und das Wesen der Griechischen Religion doch nicht zu verändern vermocht und noch oben darein der Poesie eine mächtige Förderung gebracht hat. Welche? das wollen wir jezo zeigen.

13. Die Tragödie.

Wenn Horaz die Verdienste der Poesie angeben will, so erscheint ihm als das wichtigste ihr Gebrauch bei dem Gottesdienste (Epist. II, 1, 132 ff.):

Castis cum pueris ignara puella mariti
Disceret unde preces, vatem ni Musa dedisset?
Poscit opem chorus et praesentia numina sentit,
Caelestes implorat aquas docta prece blandus,
Avertit morbos, metuenda pericula pellit.
Impetrat et pacem et locupletem frugibus annum.
Carmine di superi placantur, carmine manes.

Alles das geschiht in den Hymnen der Veden und des Zendavesta ebenfalls, aber in anderer Art, und die Vergleichung der Griechischen Hymnen mit jenen kann zeigen, was für ein Unterschied zwischen einem Dichter und einem Beter

---

92) Eur. Bakch. 124 ff.
93) Herod. I, 35.

‚ἀρητήρ‘ oder Spruchsprecher ist. Auch die Griechen müssen dergleichen priesterliche Lieder einst besessen haben: man könnte das vermuthen auch wenn es nicht überliefert wäre, aber sie sind verschollen vor der Herrlichkeit der Dichtergesänge, wie die Dädalos-Bilder vor den Werken eines Phidias. Und nicht bloss die Päane Hyporchemen und Hymnen, sondern alle Gattungen der Lyrischen Poesie, bis herab auf die Hirtengesänge, sind nach einander aus religiösen Feiern, aus Festspielen, aus ernsten und lustigen Gebräuchen hervorgegangen, und haben sich zu solcher Pracht entfaltet, dass sie ihren Anfängen kaum mehr ähnlich sahen. So haben die Loblieder auf Götter und Heroen zu erbaulichen, staunenerregenden und unterhaltlichen Erzälungen ihrer Thaten sich erweitert, woraus ganze Rhapsodien geworden sind, die sodann, gleich den Balladen vom Cid, unschwer in zusammenhängende Epopoen zu verweben waren. Daraus kann man abnehmen wie jung Homer sei, und dass sein Wirken nicht der Anfang sondern der Abschluss einer langen und reichen Dichtungs-Periode war. Nach ihm ist die epische Poesie zwar fortgeführt, aber mehr und mehr auf den Nuzen hinübergelenkt worden, so dass man Völker- und Staatengeschichten, am Ende sogar Theogonien oder Schöpfungsgeschichten, dann Lehrgedichte über Haushaltung und Landbau u. s. w. verfasste, wo überall das meiste Interesse in dem Stoffe lag.

Diese Bemerkungen haben wir vorausschicken wollen für die Behauptung, dass eine Poesie, welche nicht aus der Tiefe des Seelenlebens geschöpft ist, Tändelei bleiben muss. Den Beweis liefert die *gaia ciencia* der Troubadours, welche im Ganzen ein galantes Spiel geblieben ist und nicht einmal zur Hervorbringung eines Kriegs- oder eines Trinkliedes, was doch das Metier jener Ritter war, gelangen konnte: und unser Minnesang ist noch viel ärmer als jene. Darum ist diese Poesie auch, wie eine Blüthe welche abfällt ohne Frucht anzusezen, mit dem Ritterthume, welches ebenfalls nicht viel besser war in seiner »höfischen« Verflachung, untergegangen; und es ist schwer zu sagen, wo die Romanischen und Germanischen Völker eine neue Erweckung der Poesie hätten hernehmen sollen ohne Nachahmung der Alten. Dagegen hat die Hellenische Poesie nie aufgehört aus dem Boden der Religion Nahrung zu ziehen, und hat derselben nach der Hand alle ihre Darlehen veredelt und vervollkommnet zurückgegeben. Es zeugt von der unverwüstlichen Gesundheit des Griechischen Volkes, dass es auch das Unwesen des Bakchos-Dienstes ohne Schaden verdauen und in gesunde Säfte verwandeln konnte; es zeugt von den Segnungen freier Verfassungen, dass die Ausschweifungen des fremden Cultus auf ein sittliches Maass zurückgeführt wurden ohne polizeiliches Einschreiten; es zeugt ferner von der Macht des poetischen Geistes und seinem richtigen Instincte dass er aus der Umhüllung des Irrthums den Kern der Wahrheit so glücklich herauszuschälen vermochte, um mittelst dieses bedeutenden Gewinnstes zu einer neuen Stufe der Poesie, ja sogar zu ihrer eigentlichen Vollendung, sich emporzuschwingen. Denn so lange sie bloss für glückliche Menschen passt, hat sie noch nicht Alles geleistet was sie leisten kann: sie muss auch die grimmigsten Schmerzen und die schrecklichsten Leiden, ja selbst den Tod, überwinden lehren: und das leistet die Tragödie denen welche in der richtigen Weise sich ihrer Heilung anvertrauen. Die Tragödie aber nahm ihren Ursprung aus dem Dionysos-Cultus und den Mysterien, wo die Leiden des Zagreus, seine Zerfleischung und auch seine Wiederbelebung, dramatisch gezeigt wurden: an die Stelle der Leiden des Gottes wurden nachher die Leiden von Heroen gesezt, und diese Spiele wurden an den Festen desselben Gottes aufgeführt. Von dieser neuen Dichtart wurde die ganze mythische Geschichte, so weit sie geeigneten Stoff darbot, verarbeitet mit einem so regen Fleiss und Wetteifer der Dichter, als wäre die Zeit der alten Heldensänger wiedergekehrt, nur mit dem Unterschiede, dass jene Rhapsoden einen stolzen kriegslustigen Adel an seinen Höfen ergözt hatten, diese den freien Bürgern starkbevölkerter Städte ihre Dienste widmeten.

»Die Ehrfurcht vor dem was unter (nicht über) uns ist«, sagt Goethe, »ist ein Leztes wozu die Menschheit gelangen konnte und musste. Aber was gehörte dazu, die Erde nicht allein unter sich liegen zu lassen und sich auf einen höheren Geburtsort zu berufen, sondern auch Niedrigkeit und Armuth, Spott und Verachtung, Schmach und Elend, Leiden und Tod als göttlich anzuerkennen, ja Sünde selbst und Verbrechen nicht als Hindernisse sondern als Fördernisse des Heiligen zu verehren und liebzugewinnen!« Zu diesem erst im Christenthum erreichten Ziele bildete der Zagreus-Cultus den Uebergang, und nur das volksthümliche attische Drama vermochte ihm Einlass in die Poesie und Gleichstellung mit den Vollbluts-Geschichten Homerischer Heroen zu verschaffen. Dem Adelsdichter Pindar, welcher die Olympischen Sieger in die Reihe der alten Heroen und »die Stärke, das Herz, die Sitten früh verstorbener Jünglinge zu den goldenen Sternen versezte«, war der von den Pythagoreern überkommene Unsterblichkeits-Glaube sehr willkommen und brauchbar zur Tröstung betrübter Hinterbliebener: aber von Verbrechen und Leiden alter Heroen wollte er noch nichts wissen, und selbst wo er nicht umhin konnte die leidigen Geschichten als wahr anzuerkennen, hielt er es für zweckmässiger, daran vorbeizugehen, als dabei zu verweilen, weil es nicht fromme, »der lauteren Wahrheit Angesicht entschleiert zu sehen[94]«. »Die Gewaltigen, ja! die Gesegneten sind tiefstehenden Sterblichen Götter«, sagt der Chor in der Iphigenia des Euripides, als er die Ankunft der stolzen Klytämnestra begrüsst: und die Polyxena bei demselben Dichter sagt, dass sie als Fürstin den Göttern gleich gewesen sei, mit Ausnahme des Sterblichseins.

---

94) S. meine Einleitung zu Pindar p. 31.

Ja, hier liegt es! und das ist das Leidwesen dieser hochstehenden Menschen, dass sie sich dessen bewusst sein müssen! Allein den Unterthanen gegenüber mögen sie das gerne vergessen, wenn sie ihren Glanz und Ruhm entfalten. Aber es kommt die Zeit, wo der Bürger sich zu gleich stolzem Bewusstsein erhebt, ohne dass er nöthig hat durch falschen Glanz zu blenden: und dann, wenn das *stupere in titulis et imaginibus* aufgehört hat, mag er zum Theil mit Schadenfreude auf das Elend, welches hinter der Fürstenpracht gekauert liegt, zum Theil aber auch mit aufrichtiger Rührung auf den Sturz hoher Häupter hinblicken:

»Denn das Herz wird mir schwer in der Fürsten Palästen,
Wenn ich herab von dem Gipfel des Glücks
Stürzen sehe die Höchsten, die Besten
In der Schnelle des Augenblicks!«

Also war in dem aufgeblühten Bürgerthum der Boden zur Aufnahme der Tragödie zubereitet: der Samen aber musste aus der Religion kommen. Auch die Götter können Schmerzen leiden! auch die Götter können des Todes sterben! dies zu wissen ist ein Trost für die leidende Menschheit. Die Poesie vermag zwar weiter keine Salbe auf die Wunde zu legen dass sie heile; aber sie vermag gleich der Philosophie zur Resignation zu führen, durch die *praemeditatio malorum*, dass man dem allgemeinen Menschenschicksale sich gelassen füge und was das Schicksal auflegt mit Ergebung trage, weil es doch das Beste sein muss.

Wolltest Herrliches gewinnen,
Aber es gelang dir nicht!
Wem gelingt es? Trübe Frage,
Der das Schicksal sich vermummt,
Wenn am unglückseligsten Tage
Blutend alles Volk verstummt! —

Der tragische Fall bleibt unversöhnlich in neuer wie in alter Zeit, und zu verlangen, dass der Dichter die Versöhnung

dadurch bewerkstellige, dass er den strafenden Gott nach der
Züchtigung die Ruthe weglegen und dem Gezüchtigten die
Hand reichen lasse, das ist ein Schulmeister-Gedanke, der
freilich den poetisch-gesinnten Alten nicht einfallen konnte.
Also war es den Schulmeistern gestattet noch weiter zu gehen,
und in diesem Pädagogenthum ihres Gottes sogar den Vorzug
der christlichen Tragödie vor der heidnischen zu finden. Zwar
ein Unterschied, und noch dazu ein bedeutender, ist allerdings zwischen einer Shaxpearischen und einer Sophokleischen
Tragödie. Denn erstlich herrscht in der Griechischen Tragödie
die aus der Religion herübergenommene Idee der Erbsünde
und der Genugthuung. Wo einen Menschen ein Unglück oder
ein Leiden trifft, da muss auch eine Verschuldung sein, und
wenn der Leidende selbst nicht in dem Grade gesündigt hat,
dass sich die Grösse der Strafe daraus erklären liesse, da muss
die Sündenbefleckung von seinen Aeltern oder Vorfahren im
dritten oder vierten Glied herrühren, und e r ist also der Sündenbock, der für die Vergehungen seiner Verwandten genug-
thun muss. Also bleibt die Gerechtigkeit der Götter in Ehren,
und die Herzen der Zuschauer können sich beruhigt fühlen,
weil die Leiden doch nicht als unverdiente erscheinen. Nein,
nicht die Herzen sondern höchstens der Verstand, und der
Verstand ist ein schlechter Tröster wenn das Herz blutet, wie
jedermann weiss! Wir aber haben für diese magische Fort-
erbung der Sündenbefleckung und ihre unschuldigen Sündenböcke, was man Fatum nennt, gar keine rechte Sympathie
mehr, weshalb auch die mit der Braut von Messina begonne-
nen Schicksalstragödien nicht bei uns bekleiben konnten.
Und sie war abgethan von Shaxpear an, der mit echtpro-
testantischem und Germanischem Geist das Schicksal des Menschen in sein Herz verlegt hatte. Auch die Versöhnung muss
im Herzen vorgehen. Darauf hinzuarbeiten war der Poesie
zwar schwerer möglich bei Religionen welche die Reinigung
und Heiligung der Menschen noch nicht lediglich in seinem

Innern vollbringen liessen, und dabei die Annahme des Sünders nicht rein von der Gnade der Gottheit, sondern grossentheils noch von der Kraft der Ceremonien oder der guten Werke, abhängen liessen: aber trozdem hatte die Tragödie der Griechen bereits diese Höhe sittlicher Vollkommenheit erklommen und hatte dadurch der Philosophie vorgearbeitet, welche die Glückseligkeit des Menschen lediglich von seinem Bewusstsein abhängen liess. Also erkannte auch Aristoteles, dass die Versöhnung (von ihm Entladung $\varkappa \acute{\alpha} \vartheta \alpha \varrho \sigma \iota \varsigma$ der Leidenschaften Furcht und Mitleiden genannt' innerlich in dem Herzen der Zuschauer vorgehen müsse, und dass dazu nichts weiter gehöre als Wahrheit der Schilderungen.

14. Die Wissenschaft und die Griechische Religion.

Die Wissenschaft erscheint als die geborene Feindin der Religion, wenn sie Geseze und Zusammenhang von Ursachen und Wirkungen nachweist da wo jene nur geheimes Wirken von Dämonen gesehen hatte, und schliesslich eine Kraft $\grave{\alpha} \nu \acute{\alpha} \gamma \varkappa \eta \nu \ \varphi \acute{\upsilon} \sigma \varepsilon \omega \varsigma$ oder eine Weltseele $\nu o\tilde{\upsilon} \varsigma$ an die Stelle eines höchsten persönlichen Gottes zu sezen geneigt ist. Und feindlich hat sich die Philosophie auch sogleich vom Anfange dem Griechischen Glauben bewiesen: denn was konnte einer Religion, welche in allen Natur-Ereignissen die Thaten und Leiden von Göttern sah und ungewöhnliche Erscheinungen für Ankündigungen göttlicher Strafgerichte zu nehmen pflegte, Schlimmeres widerfahren, als wenn eine Naturforschung den Donner und Bliz, die Machtäusserungen des höchsten Gottes, für blosse Symptome der Luft, und die Sonnenfinsternisse ganz einfach als eine Verdeckung dieses Weltkörpers durch das Dazwischentreten des Mondes erklärte? und wenn sie die Sonne für eine feurige Masse, den Mond für eine andere Erde ausgab, und endlich die ominösen Anzeichen in das Reich des Aberglaubens verwies? Kann man es ängstlichen Gemüthern verdenken, dass sie dabei nicht gleichgiltig zusahen, dass die Athener den Freigeist Anaxagoras und den irreligiösen ($\overset{,}{\alpha}\vartheta\varepsilon o\nu$) Diagoras verwarfen, und den ersteren troz seinem mächtigen Freunde Perikles, der ein eben so starker Wunder-Leugner war, des Landes verwiesen? Allein die Wissenschaft gieng darum nicht rückwärts, und die Religion, obgleich des Schuzes einer herrschenden Priesterschaft entbehrend, fand eine desto mächtigere Verbündete in der Poesie. Ich will nicht reden von der Verspottung dieser Naturforschung durch Aristophanes in den Wolken, wo seltsamer Weise gerade demjenigen Philosophen, der sich von dieser Philosophie losgesagt hatte, die Sünden aller anderen Philosophen aufgepackt sind: sondern ich verweise auf die Tragödien des Euripides, welcher, ebenfalls ein Schüler des Anaxagoras, und ohne Zweifel mit diesem gleichgesinnt, die alten Mährchen noch mit dem nämlichen Ernste, wie weiland sein gläubiger Vorgänger Aeschylos, behandelt. Auch die Bakchische Schwärmerei ist ihm so wenig wie jenem zuwider, und die grausame Bestrafung des nüchternen Moral-Menschen Pentheus findet er völlig gerechtfertigt. Die Dichter konnten nicht anders, als mit einer Religion, die so echt poetisch von Haus aus war, sich vertragen, zumal es in ihrer Willkür lag, Anstössiges zu mildern oder auch umzudichten, und zumal die Götter, als wären sie lediglich Geschöpfe ihrer Phantasie, alle möglichen Rollen, ernste und komische, sich auflegen liessen. Darum that die Naturwissenschaft dem religiösen Glauben keinen Eintrag und die Poesie fuhr fort, alle Naturereignisse allen Reiz der Natur und alle ihre Schrecknisse als Thaten von Göttern zu feiern. Schlimmer aber als die Entdeckungen der Naturforscher war der Angriff des Stifters der Eleatischen Schule, Xenophanes, auf die menschenähnliche Immoralität der Homerischen Götter[95]. Und auch diese Stimme wäre vielleicht noch verhallt, wäre

---

95) S. Nägelsbach, Nachh. Theol. p. 428.

nicht die Sokratische Moral-Philosophie gekommen, welche,
gegen jedes ungeprüfte Vorurtheil feindlich gesinnt und Selbst-
beherrschung für das grösste und gottähnlichste Heldenthum
achtend, die Tugenden der Homerischen Götter und Helden
keineswegs für normale erkannte, und dabei den Saz aufstellte,
dass ein Gott der nicht von menschlichen Mängeln frei sei
gar kein Gott sei. Das hiess mit éinem Worte den ganzen
Schwarm dieser Götter in Bausch und Bogen leugnen und
unaufhaltsam zum Monotheismus hindrängen. Die Hinrich-
tung des Philosophen, abgerechnet dass sie von Parteileiden-
schaft bewirkt war, konnte dagegen um so weniger etwas
helfen, als die Lehre bereits in den höchst populären, auf allen
Theatern, so weit nach Alexander die Griechische Sprache
verbreitet war, gespielten Tragödien des Euripides ausgesprochen war. Eine Religion verträgt jeden Angriff auf ihre Traditionen, wenn bloss die Unwahrscheinlichkeit des Erzälten
getadelt wird, aber sie wird im Tiefsten verwundet, wenn ihr
Unmoralität in ihren Glaubenssachen nachgewiesen wird, und
muss nothwendig endlich einmal aus der Welt verschwinden
wenn die geläuterte Ansicht vom sittlichen Leben allgemein
herrschend geworden und bis zu den untersten Schichten des
Volkes durchgedrungen ist. Das war der Fall bei dem Grie-
chisch-Römischen Heidenthum. Es hat lange gedauert, sehr
lange, bis der Process vollendet war, bis die philosophische
Erkenntniss bei der Masse Eingang finden konnte: denn von
Xenophanes bis auf die Kirchenväter verflossen tausend Jahre.
Und diese haben in der That dem Heidenthum nichts Schlimmeres vorgeworfen als was Xenophanes und Euripides ebenfalls bereits gesagt hatten, nur dass sie zugleich einen positi-
ven Glauben zu vertheidigen hatten und sofort eine andere
Stüze darbieten konnten während sie die alte schadhafte weg-
nahmen. Wie es allmählich dahin gekommen war, dieses um-
ständlich zu erörtern ist nicht meine Sache: nur wie denkenden Menschen schon von Sokrates an diese Religion veraltet

und halb verbraucht erscheinen musste, und wie man sich zu
ihr stellte, um einen offenen Bruch zu vermeiden, will ich
kurz angeben.

15. Allmähliche Auflösung der alten Religionen und Uebergang in die sogenannte christliche.

Wir können die Beläge darüber vollständig aus dem
Euripides schöpfen, dem Dichter welcher von dem Aufkom-
men der Moralphilosophie an die Zeit beherrscht hat, so wie
Homer dem vorangehenden Zeitalter seine Träume ausgelegt
und seine sittlichen Grundsäze in Musterbildern ausgeprägt
hatte. Nachdem nämlich die doppelte Erkenntniss in den
Köpfen der Denker aufgegangen war, erstlich dass die Tradition mit Erdichtungen gemischt, zweitens dass die göttlichen
Personen durch unwürdige Sagen entstellt seien, war dieser
bloss auf Tradition ruhenden Religion und ihren rein von der
Poesie gestalteten Göttern der schlichte, nicht deutende und
allegorisirende, Glaube bei den höher Gebildeten entzogen.
Nun konnte ein denkender Geist zwar im Stillen sich von dem
vulgären Glauben ganz lossagen, und unbekümmert um das
was gäng und gebe war bloss von der Vernunft Belehrung
annehmen: und das haben die Philosophen ohne Scheu alle
gethan. Aber im öffentlichen politischen, wir würden sagen
kirchlichen, Leben durften sie das nicht thun: den anerkannten Göttern mussten sie opfern und die gottesdienstlichen
Gebräuche mussten sie mitmachen, wenn sie sich nicht von
dem Antheil an dem Gemeinde-Wesen ausschliessen wollten.
Und auch in der Poesie mussten sie den herrschenden Glauben
gelten lassen, und konnten es hier um so leichter thun. als
diese Götter und Heroen Phantasiegebilde von Homer her gewesen waren. Dieser dreifache Standpunkt ist deutlich ausgeprägt in den Tragödien des Euripides. Derselbe erkennt erstlich den kirchlichen Standpunkt an in seinen Rechten, wenn
er in den Bakchen Vs. 591. sagt:

Klein ist wahrlich das Opfer, wo
göttlich Walten sich offenbart,
und was ewige Zeiten und
Natur geweiht haben, die Obmacht dess zu erkennen.

Ferner (Vs. 201. :

Der Väter Glauben und was Geltung nach und nach
Fand bei der Mitwelt — kein Vernunftschluss stürzt es um,
Was auch der Scharfsinn noch so fein ausklügeln mag!

Derselbe Dichter lässt ferner als Dichter die Traditionen überall in ihrem poetischen Rechte bestehen, gibt die Mythen wieder ohne daran zu mäkeln, und prägt die Götter aus mit allen den menschlichen Schwächen und Leidenschaften, welche von Homer her ihnen angeheftet waren. Allein in den nämlichen Dichtungen, deren Inhalt ohne diese Schwächen der Götter gar nicht existiren würde, und durch den Mund der nämlichen Personen welche einem solchen Fehltritt eines Gottes ihre Existenz verdanken, lässt er diesen Glauben für unsittlich und widersinnig erklären, wie z. B. die der Artemis geopferte Iphigenie es in Abrede stellt, dass je ein Gott ein Menschenopfer begehren könne, und eingesehen hat, dass bloss die Menschen ihre eigene Rohheit und Grausamkeit der Gottheit angedichtet haben, oder wie dem unehlichen Sohne Apolls, dem Ion, die Aeusserung in den Mund gelegt ist, dass wenn Apoll und Poseidon und Zeus die Schwängerungen alle bezalen müssten, welche der Aberglaube ihnen andichtet, ihre Tempelschäze dazu nicht ausreichen würden.

Fortan hatte also die Religion bei den Denkern nur noch ein formelles, so zu sagen, kirchliches Leben: aber Vieles wirkte zusammen, diesem Leben trozdem eine zähe Dauerhaftigkeit zu verleihen. Fürs Erste das beharrliche Haften an dem Herkommen, welches den Bürgern freier Staaten weit mehr als monarchischer eigen ist. Selbst ein Sokrates bekannte sich zu dem Grundsaz, dass die vom Staat anerkannten Götter nach dem herkömmlichen Brauch zu verehren seien,

und seinem Beispiel folgten auch die nachherigen Philoso-
phen-Schulen ohne Ausnahme. Zur Festhaltung dieses kirchlichen Herkommens bedurfte es weder eines auf seine Privile-
gien eifersüchtigen Priesterstandes noch eines um seinen
Herrscher sich schaarenden Beamtenstandes, welcher mit dem
Untergang dieser Religion seinen eigenen Sturz gefürchtet
hätte: sondern es waren viel festere haltbarere Stüzen vorhanden. Wir reden nicht von dem eingepflanzten innigen Empfindungen die sich nicht austilgen lassen in den Herzen
selbst der Ungläubigen, der Scheu vor dem was für heilig geachtet wird, wodurch eine jede Religion so eng mit den staatlichen Einrichtungen und den Gewohnheiten des Familien-
Lebens verwachsen ist. Aber wir verweisen auf die Herrschaft
der Poesie und der anderen edlen Künste, mit denen der
Cultus dieser Religion weit inniger als der einer anderen
jemals verschmolzen war. Kunstgenuss und Gottesdienst
waren Eins, und der Inhalt der sämmtlichen Kunstschöpfungen war Religion. Wie hätte aber die Griechische Nation
von ihren Kunstschöpfungen und Kunstgenüssen je sich lossagen können, ohne ihr eigentliches geistiges Leben zu ver-
leugnen? Es ist aber bekannt, welchen Reiz der Zauber des
Schönen auch auf das Herz übt, und wie die Menschen so
gerne das was ihren Sinnen schmeichelt ohne Prüfung für
wahr hinnehmen, also dass man in Religionssachen, wie
Tacitus Germ. c. 34 sagt, lieber fromm glauben als zweifle-
risch grübeln mag. Also würde diese Religion, wenn sie
staatlich-kirchlich nicht mehr fortgelebt hätte, und wenn ihre
Wurzeln nicht in den Sitten und Bräuchen fest gestanden
hätten, wenigstens durch den Zauber der Poesie sich in den
Gemüthern erhalten und ein poetisches Leben gefristet haben.
Und das war immer noch ein sehr mächtiger Halt in dem
Geiste eines Volkes wie die Griechen waren und noch heute
sind, welches Dichtung und Wirklichkeit kaum jemals zu
unterscheiden vermocht hat. In der That diese Griechen

waren romanischer noch als unsere heutigen Romanischen
Völker, welche Jahrhunderte lang an Formen sich ergözen
können aus denen der Geist gewichen ist und so gerne den
Schein über das Wesen erheben. Aber ewigen Bestand kann
die Lüge doch bei keinem Volke der Welt haben. Kunst und
Poesie arteten, je mehr sie des religiösen und moralischen
Gehaltes baar wurden, immer mehr in Spielereien aus, und
mussten sich zulezt dazu hergeben auch Unsittlichkeiten und
Laster zu verschönern. Mit der Zeit und als im Römischen
Weltreich lange genug alle Religionen sich vermengt und in
der Vermengung eine an der anderen sich verdorben hatten,
waren endlich die Herzen genugsam ausgeleert zur Aufnahme
eines neuen Glaubens: und nachdem man den Hunger mit
verschiedenen neu-hergerichteten, meist mysteriösen, Culten
zu stillen gesucht hatte, fand man dass doch das Christenthum
allein die wahre Befriedigung zu geben vermochte. Aber der
Regierungswechsel gieng ohne irgend eine auffällige Veränderung vor sich: was vom Heidenthum noch übrig war, das
blieb, indem die neue Religion den Habit der alten anlegte und
ihre Besizungen usurpirte, nur dass sie dabei, so zu sagen,
andere Lehensträger einsezte: die Formen des Cultus nicht
allein sondern auch die festlichen Zeiten mit ihren Gebräuchen, und sogar die Götter und Göttinnen, wurden in Heilige
übersezt. Die Veränderung war fast so gering, als die Uebertragung des Weströmischen Kaiserthums auf einen Germanischen Herrscher. Des Heidenthums Grund und Wesen dauerte
fort unter einer neuen Firma, so dass, wenn man den mittelalterlichen Zustand der Religion unserer Vorfahren in der
Schilderung bei H. Rückert betrachtet, man in der That nichts
vermisst, um sich nicht mitten unter die Griechischen Nordischen und Persischen Heiden hinein versezt zu meinen.

II. Abschnitt.

Ueber die Entstehung und Weiterbildung der Mythen.

A. Von dem Ursprung der Mythen.

1. Bild und Mythus.

Die mythologischen Forscher sind noch bis auf die jüngste Zeit allgemein des Glaubens, dass die Mythen, als eine Sprache des ältesten Götterglaubens, Bilder seien, entstanden zu einer Zeit wo die Menschen noch nicht recht logisch, sondern nur phantastisch zu denken vermocht hätten. »Eine Inspiration des von der Phantasie erleuchteten Verstandes« wird dies von einem unserer neuesten Mythologen recht empfehlend genannt. Also sind ihm die aus der Thierwelt und den Gliedern des menschlichen Leibes entlehnten Symbole und die aus dem menschlichen Leben genommenen Mythen »gewisse Formen innerer Wahrnehmung, genialer Erkenntniss, Mittel und Werkzeuge zum sinnlich geistigen Verständni religiöser Dinge.« Uebereinstimmend spricht ein anderer von einer Zeitperiode, »wo das Volk den Schaz von Gottesbewusstsein, welcher ihm bei der ursprünglichen Ausstattung der Menschheit als sein eigenthümlicher Besiz zugefallen war also wohl einer Uroffenbarung des Geistes, die in ihm selber aufgieng? zu Namen Personificationen? Bildern und Gebräuchen Symbolen?, um welche sich eine Gemeinde sammeln und erbauen

konnte, ausgeprägt habe.« Also wird der Mythus auch von
der Allegorie nicht scharf unterschieden: »die allegorische
Verwendung des alten Mythenvorraths,« sagt Welcker, »ist
die Blüthezeit der im Mythischen vereinten Geistesthä-
tigkeit der Phantasie und des Verstandes !«, und
»Homer ist reich an allegorischer Dichtung von der Farbe
der eigensten neuesten Erfindung.« Und noch weniger ist die
hieratische Sage (wir werden sie Legende nennen von der
Allegorie verschieden. Derselbe Gelehrte nennt sie »eine
dunkle, oft widerwärtige oder barocke Allegorie, einen Ausdruck einer theologischen Idee oder physikali-
schen Weisheit und ein Vorspiel der freien Speculation.« Dagegen wird diese hieratische Sage von ihm
sehr scharf von der Legende getrennt, als welche von Erfindungen der Exegeten herrühre, während wir finden werden,
dass zwischen Legenden hieratischen Sagen und Urmythen
(d. h. solchen, die nicht von Dichtern nach ihren Zwecken
willkürlich verändert worden sind gar kein Unterschied
bestehe. Von einer klaren Unterscheidung der dichterischen
Mythen-Behandlung und der streng-gläubig religiösen findet
man bei diesem Gelehrten, wie auch bei anderen, keine Spur:
dagegen lässt er die Mythen sich in Mährchen verwandeln,
noch während die Götter mit ihrer wunderbaren
Macht in dem Volksglauben leben, und bringt diese
Mährchen bereits in den Homer und in die besten Dichter hinein. Andere, wie Preller, sezen mit eben so wenig Recht einen
Unterschied zwischen die Bedeutung des Deutschen Ausdruckes Sage und des Griechischen Mythus: jener liege
etwas Historisches zu Grunde was man also. wie einen Kern,
aus seiner fabelhaften Umhüllung, herausschälen kann , während »das Faktische, welches der Mythus beanspruche, wenn
man es genauer ansehe, oft blosse Fiction sei.« Wir werden
aber finden, wie auch diese Unterscheidung in Nichts zerrinnt.

Wir können also nicht umhin, sogleich von vornen herein

rundweg zu erklären, dass wir diese herrschenden Ansichten
von der Natur des Mythus und alles dessen was mit ihm zu-
sammenhängt, wie auch die Ansicht, dass die Religionen aus
Speculation hervorgegangen seien, für irrig halten, und wollen
dies zuerst an den Thatsachen sodann aus den Begriffen zu
beweisen suchen. Welcker rechnet zu den allegorischen Erfindungen Homers folgende Stücke: »die wunderschöne Dichtung von Here welche den Hypnos, um ihren Gemahl ein-
zuschläfern, von Lemnos auf den Ida lockt durch das Ver-
sprechen einer der jüngsten Chariten Pasithea, einer Gattin
nach seiner Natur: denn hold ist der Schlaf und gewaltig
über alle Natur, darum $\Pi\alpha\sigma\iota\vartheta\acute{\epsilon}\eta$ genannt, und eine der jüngsten Schwestern, weil Jugend reizt. Der Here lieber Sohn
versprach ihm zuvor zum Lohn einen Sessel worin es sich gut
schläft, so wie unter der hohen Tanne, worauf darum nachher
Hypnos als ein erzfarbiger Singvogel sizt, wie bei Virgil die
Träume auf einer Ulme wohnen. Die Odyssee enthält in den
Töchtern des Pandareos eine sehr feine Allegorie worin Göttinnen die handelnden sind. Sehr alterthümlichen Charakter hat
eine allegorische Erfindung in der Ilias, die Kette an welcher
Zeus alle anderen Götter aufschnellt in ihrem Versuch ihn
herabzuziehen, nach dem Vorbild eines Ziehspiels. Einen
weiten Spielraum erhält die Allegorie durch jene poetischen
Personen, wie die Horen, Eos, Iris, die Liten, deren Gang
und Blick das Aengstliche der Bittenden ausdrückt, Eos und
Kleitos, Eos und Tithonos, die Tödtung des Orion durch
Artemis, Ate, in der Odyssee Skylla, Kirke, Kalypso, die auch
Cicero nicht Weiber nennen mag, Sisyphos den Steinwälzer
und seine Genossen, besonders durch einige der Götter selbst,
Ares, Aphrodite, diese namentlich in ihrem Verhältniss zu
Helena, zu Ares, und durch die Fortbildung der Mythen und
ihre Behandlung in den epischen Stoff, die grösstentheils eben
so allegorisch als plastisch ist«.

Was nun hier erstlich die Geschichte mit dem Traumgott

betrifft, so möchten wir den hochachtbaren Verfasser einfach
fragen, ob er denn glaubt, dass der Zeus durch eine nicht
wesenhafte Allegorie sich habe einschläfern lassen? denn
H. Welcker hat doch gesagt, dass diese Allegorien von der
eigensten neuesten Erfindung Homers seien: sonst liesse
sich sowohl hier als auch bei der Kette der Ausweg treffen,
dass der Dichter die sinnige Dichtung eines Denkers zu buchstäblich verstanden und so verwendet habe. Haben also,
fragen wir weiter, die Götter sammt und sonders vor einer
Allegorie sich gefürchtet? Und ist am Ende der Zeus selbst
nichts weiter als eine Allegorie gewesen? War also der alte
Homer selbst bereits so ein Rationalist, wie etwa ein moderner
Geistlicher, wenn er von der Gottheit Christi, seiner Auferstehung und seiner Himmelfahrt, predigt, und das Alles bloss
allegorisch meint? Nun es lässt sich in diesem Geschäfte viel
machen, wie wir gesehen haben, und manchem bangt nicht
vor der Aufgabe, den Zeus mit allen seinen Geschichten zu
einer Allegorie des oberen Lufthimmels, die Hera zur unteren
Luft, und den Hermes zum Regen zu machen. Und so eine
Deutung list sich gar erbaulich, z. B. bei Preller, in der älteren Ausgabe, die Beschreibung des Hermes, die wir zur Probe
hier mittheilen wollen. Der Hermes also ist der Regen, sein
Phallus die geile Zeugungskraft desselben also geil ist der
Regen!) seine Mutter Maja ist auf die Wolken zu deuten: sie
empfängt von dem Wolkensammler Zeus den listigen Rinder-
dieb (wo nur die Rinder auf einmal herkommen?), der in der
Nacht kommt und in Alles eindringt, bis in die Tiefen der
Erde (da haben wir den unterirdischen!) : auf allen Wegen
ist er zu Hause (da haben wir den Götterbothen!, kurz (so
überraschend schliesst der Verf. diese Beweisführung der
wahre Regengott! Und selbst die einzelnen Züge der
Sage, meint er, lassen sich so erklären, »wenn man dabei nur
immer an der einfach naiven und allegorischen Naturauffas-
sung der ältesten Zeit festhalte«. Wenn z. B. Hermes mit der

Dämmerung, in sein Betttuch gehüllt, aus seiner Grotte schleicht um Rinder zu stehlen, so findet der Verf. darin ein treffendes Bild für den sein Gewölk mit leiser und heimlicher Geschäftigkeit von Bergen über die Thäler ausbreitenden Regengott. Dass er auf diesem Wege die Schildkröte findet, das kommt daher weil diese Thiere nach jedem Regen aus ihrem Schlupfwinkel hervorkriechen. Wenn er die Rinder des Sonnengottes stihlt, so sind diese Rinder Wolken am Himmel, welche durch den Regen vom Himmel verschwinden, bis Apoll seine Heerde in einer feuchten Grotte am Meeresstrande wieder findet: denn die Wolken entstehen nach Griechischer Anschauung aus dem Meere. Und wenn diese Rinder von Pierien bis nach Elis entführt werden, so glaubt der Verf. »ordentlich den dunklen Regenschauer von der nördlichen Grenze des Griechischen Landes bis an die südliche hindurchziehen und dort im Meere verschwinden zu sehen«. Bei diesem Diebstahl zerstört und verwischt Hermes seine eigenen Spuren im Sande, »wie auch der niederplazende Regen zu thun pflegt«. Hernach bringt der Gott seinen Raub am Meeresstrand unter, schlüpft wie ein feiner Morgen-Nebel in seine Grotte, zieht das Betttuch über sich und stellt sich schlafend — »die anmuthigste Ausführung der einfachen Beobachtung, wie der Himmel sich nach einem starken Regengusse wieder aufklärt, indem nur noch kleine Nebelstreifen hin und wieder an den Bergen hängen, und auch diese zulezt gleichsam in die Gebirge hineinschlüpfen. « In seiner neueren Ausgabe hat Preller diese Deutung des Wesens des Hermes von der blossen Wolken- und Nebel-Bildung weg auf die Morgen- und Abend-Dämmerung hinübergerückt, wozu ihm als Bahngeleise der Begriff der Verdüsterung gedient hat, und so ist denn auch aus dem Rinderdiebstahl, nach Welckers und Wehrmanns Vorgang, jezt eine Entziehung des Lichtes geworden. Aber seine Ansicht von dem Wesen des Mythus und sein Verfahren in der Deutung der Mythen hat P. dabei, wie man siht, nicht geändert, und das Kunststück, von der Verdüsterung aus die drei hervorstechenden Eigenschaften des Gottes, Befruchtung Betriebsamkeit und List zu erklären, ist das nämliche geblieben.

Andere sind noch viel erstaunlicher in solcherlei Deutungen, wie Forchhammer in seinen Helleniken, dessen Entdeckungen von Gerhard gläubig wiederholt werden, z. B. so [96]) : »Hier geht die Sage auf jenen Gegensaz von Bewässerung und Trockniss zurück, der uns das Schicksal der Nephele-Kinder und ihres Vliesses Bedeutung verständlich machte: in Lämmerhüften welche, von fliehenden Wölfen zurückgelassen, nach langen Jahren zur Nahrung ihm dienen, lässt sich der Doppelsinn bewässerter Aushöhlungen des Erdreichs erkennen! die als Athamanisches Land benannte Niederung, welche Athamas, angeblich ausserhalb Böotiens, dort anbaut, soll er mit einer dritten Gemahlin bewohnt haben, deren Name Themisto als wiedergewonnene Naturordnung den Ausdrücken von Regenwolke (Nephele) und Ausdörrung (Ino) vermittelnd sich anschliesst. Eine Tochter gesicherten Höhenbodens, des Hypseus, gebäret sie dem Athamas vier, von weissem oder rothem, binsig feuchtem oder starrerem, Boden benannte Söhne, Leukon, Erythrios, Schöneus und Ptoos«. »In Bezug auf den Leukon lässt Themisto auch als Verdampfung sich fassen«. — Sollte man nicht meinen, dass das eine Philosophie von bodenwühlenden Maulwürfen oder von Regenwürmern sei, oder von Unken und Fröschen, für deren Sinne die Unterscheidung des Feuchten und Trockenen das Höchste ist?

2. Allegorien sind von Dämonen zu unterscheiden.

Kehren wir nun zur Durchmusterung der von Welcker aufgezälten Beispiele von Allegorien zurück. Also fragen wir

---

96) Gerhard, Gr. Myth. § 701. Forchhammer, Hell. I. p. 196.

ferner, was denn der erzfarbige Singvogel mit dem Schlaf zu
schaffen habe? Bei den Pandareos-Töchtern nicht allein sondern auch bei den Niobiden dem Hyakinthos und noch mehreren anderen mythologischen Figuren werden auch wir nicht
umhin können zu sagen, dass der Frühling und die Frühlings-
Monate damit gemeint seien, so wie wir von den theils grausamen theils unglücklichen Kutschern Hippolytos, Oenomaos,
Diomedes behaupten werden, dass die Sonne in den heissen
Hundstagen damit gemeint sei. Und wenn der todte Adonis
in's Wasser getragen wird von weinenden und wehklagenden
Frauen mit der ausgesprochenen Hoffnung der Wiederkehr,
und wenn der $\gamma \acute{\alpha} \mu o \varsigma$ des Zeus und der Hera alljährlich im
Cultus gefeiert wird, und in noch vielen anderen Gebräuchen
und Sagen werden wir uns nicht scheuen zu sagen, dass damit
gewisse Vorgänge in der Natur bezeichnet werden. Wenn wir
aber uns so eines Ausdruckes bedienen, so geschiht es mit der
ein für alle Male hier ausgesprochenen Bitte, uns nicht miss-
zuverstehen: denn alle diese Wesen bedeuten das nicht
sondern entweder sie sind es oder sie schaffen es, und zwar
sind sie es als lebendige persönliche Wesen, als Dämonen,
und nicht als Bilder oder Allegorien. Was aber zwischen
beiden für ein Unterschied sei, das wollen wir hier an einigen
der von Welcker selbst gesammelten Beispielen zeigen. Dazu
werden nämlich die »poetischen Personen«, wie Welcker sie
mit Unrecht nennt, die Horen, Eos, Iris, die Liten am geeig-
netsten sein. Nehmen wir z. B. die Iris, den Regenbogen,
so frage ich: Wo findet man denn irgend bei den Alten darüber
so eine Anschauung wie Schiller in dem bekannten allegorischen Räthsel sie ausgesprochen hat? wo findet man eine Hin-
deutung auf den brückenähnlichen Bogen mit seinen schönen
aus Dunst gebildeten Farben, oder auf die Wolken welche
gleichsam das Material dieser Brücke bilden? wo trifft man
etwas derartiges in dem Wesen und den Handlungen der Iris
an? und wer würde in den Verrichtungen dieser Göttin den

Regenbogen erkennen, wenn ihr Name ihn nicht bezeichnete?
Hier zeigt es sich recht klar, dass das Bedürfniss die Reli-
gions-Symbole geschaffen hat, und nicht ein poetisches Spiel.
Wenn der Herr des Himmels in Donner und Bliz und Wettern
einherfährt und die Erde zugleich zu verbrennen und zu über-
schwemmen droht, so erscheint plözlich dieses freundliche
Zeichen am Himmel: und so schnell als es gekommen ist,
verschwindet es wieder. Kann es etwas anderes sein, als eine
Bothschaft des Himmelskönigs an die bangen Menschen, dass
er ihnen gnädig sein wolle? ein Friedenszeichen hinter dem
Schrecken? Ἶϱις wird von Εἰϱήνη nicht zu trennen sein. Also
was kümmern den Menschen die schönen Farben? was die
runde Wölbung des Bogens? Er achtet bloss auf die Offenbarung, welche aus diesem Himmelszeichen zu sprechen scheint,
welches *Κϱονίων ἐν νέφεϊ στήϱιξε, τέϱας μεϱόπων ἀνϑϱώπων*[97].
So wird die Iris zu einer Bothin der Götter sowohl unter sich
als an die Menschen, gleich allen anderen Wunderzeichen
(*ominibus* oder *ostentis*), welche ausdrücklich *Διὸς ἄγγελοι* genannt werden, und nachdem sie das einmal geworden ist,
scheint alles vergessen was zur Natur des Regenbogens gehört, so dass, wer in der Weise der oben genannten Gelehrten
Aehnlichkeiten aufsuchen wollte, sehr in die Irre geführt werden könnte. Die Iris patscht in das Wasser hinein wie Blei an
der Angel[98]; sie fliegt vom Ida nach Ilion hinab so wie Schnee
oder Hagel vom Nordwind gejagt[99]. So heisst sie auch
sturmfüssig *ποδήνεμος* oder *ἀελλόπος*. Sie hat ganz den Charakter eines Dienstmädchens, wenn sie z. B. in die Wohnung
des Zephyros kommt der eben mit seinen Kameraden beim
Schmausse sizt, und von den Winden nach der Reihe einge-
laden wird, sich zu ihnen zu sezen, aber dreist ablehnt, und
zur Herrschaft zurückeilt, welche eben bei den Aethiopen ein
Festessen geniesst, um da noch etwas abzubekommen[100]. Und

---

97 Il. λ, 28. Vgl. Genesis 9, 13 ff.
98 Il. ω, 79.   99 Il. o, 170.   100 Il. ϛ, 205.

bei Kallimachos[101], sezt sie sich gar neben den Stuhl ihrer Herrin hin einem Hunde gleich, der immer die Ohren gespizt hat, des Befehles gewärtig.

Gehen wir zur Liebe über, so finden wir weder in dem Wesen des Eros noch in dem der Aphrodite etwas dem Aehnliches ausgeprägt, was bei Neueren von der Liebe bildlich und allegorisch gesagt ist, nichts von zweien Seelen und einem Gedanken, zweien Herzen und einem Schlag, nichts von dem Wirbel welcher Körper an Körper reisst und Geist an Geist zwingt, nichts von der Unsterblichkeit des süssen Verlangens, nichts von der Ausgleichung des Himmels mit der Erde durch die Liebe u. s. w. Der Ἔρως, das blosse Verlangen, eine von seiner Mutter, der Befriedigung, getrennte Person, trägt einen Bogen und verwundet die Herzen mit seinen Pfeilen, d. h. das Herz empfindet plözlich das Weh einer unüberwindlichen Sehnsucht, und weiss nicht woher das kommt: es ist ihm also angethan von einem Dämon welcher solche Waffen führt.

Bei Wesen wie der Eros, die kaum irgendwo im Cultus berücksichtigt waren — der Eros hatte bloss in Thespiä einen Dienst, und da war sein Bild von den Künstlern Praxiteles und Lysippos zum Muster für alle übrigen geschaffen worden [102], und ihre Gestaltung fast einzig den Dichtern zu verdanken hatten, wäre die allegorische Behandlung noch am ersten möglich gewesen, und manche Schilderung des Eros, wie z. B. die bei Sophokles Antigone V. 769—786, könnte man für Allegorie zu halten versucht werden: sie ist aber, bei Lichte besehen, ebenfalls weder Allegorie noch dichterische Personification, sondern Dämonen-Glaube. Wendet man sich aber von solchen, der Poesie ursprünglich angehörenden, Wesen zu denen, welche die Poesie erst aus dem Volksglauben empfangen und dann nach ihrer Weise umgewandelt hat, so

<hr>

101 Hymn. Del. 228.
102) Paus. IX, 27, 1 ff. Anthol. Plan. IV, 204 ff.

wird man mit jener bildernden Erklärungsweise noch weniger
auskommen. Und der Grund davon ist ausser der natürlichen
Verschiedenheit von Bild und Dämon der, dass jene uns gei-
stig scheinenden Wesen, die Themis, die Horen, die Chariten,
die Mören, die Keren, die Erinyen u. s. w., alle ursprünglich
Elementen-Götter, also sinnlich und körperlich gefasst waren,
und dann erst hinterher, vermöge des Wechsel-Bezuges alles
Geistigen mit dem Sinnlichen, auf die analogen geistigen Verhältnisse bezogen worden sind. Denn prüft man die Cultus-
Gebräuche und die Mythen bei den genannten Wesen, so
kann man nicht umhin einzusehen, dass sie gewisse physische
Zustände sowohl der äusseren Natur als auch des leiblichen
Befindens der Menschen vorstellen. So sind z. B. die Erinyen
nicht von der Demeter und Kore zu scheiden, die Mören wiederum nicht von den Erinyen, und die Eumeniden-Chariten,
so gut wie die Horen, bezeichnen Witterungs-Zustände. Die
Themis ist im Besize des Orakels und zeugt, als eine Erdgöttin, mit dem Zeus die Horen, die Chariten sind von der
Eurynome geboren, welche eine der Derketo gleiche Seegöttin
ist, die Hebe ist ein Prädikat der Hera und ohne Zweifel mit
ihr Eins[103] , die Musen endlich sind Nymphen der Gewässer
und Grotten, wie jedermann weiss. Wir müssten einen grossen
Theil des für die folgenden Bände bestimmten Stoffes aushe-
ben, wenn wir dies hier Alles ausführlich darlegen wollten.
Also frage ich nur noch einmal zum Schlusse, ob denn jemand
glaubt, dass die Römer einer Fides, Victoria, Concordia oder
einem Honos, die Griechen einer $N\acute{\iota}\varkappa\eta$, $A\grave{\iota}\delta\acute{\omega}\varsigma$, $"E\lambda\varepsilon o\varsigma$, $\Phi\acute{o}\beta o\varsigma$,
$\Phi\acute{\eta}\mu\eta$, $^{\cdot}O\varrho\mu\acute{\eta}$, $\varDelta\acute{\iota}\varkappa\eta$, $E\grave{\iota}\varrho\acute{\eta}\nu\eta$, $T\acute{\upsilon}\chi\eta$, $\Pi\varepsilon\iota\vartheta\acute{\omega}$ u. s. w. Capellen
und Altäre geweiht, Gebete und Opfer gebracht haben würden,
wenn sie dieselben für blosse Allegorien gehalten hätten[104] ?
Und so verhält es sich auch mit der $"E\varrho\iota\varsigma$, mit der Erinys $^{\cdot}A\varrho\acute{\alpha}$,

---

103 S. Strabo VIII. p. 382. Paus. II. 17, 5. 12, 4. 13, 3.
104 Vgl. Hermann, Gottesd. Alt. 14, 7.

mit der Ἄτη, mit den Λιταῖς u. s. w. Dass diese Wesen in ihrem Thun und ihrer Erscheinung mit dem Element, in welchem sie walten, harmoniren müssen, und dass, so wie Poseidon für die Gewässer, der Hades für die Unterwelt, der Hephästos für das Feuer passt, also auch der Hypnos mit dem Schlaf, die Liten mit der Schüchternheit bedrängter Hilfe suchender Menschen eine gewisse Uebereinstimmung in ihrem Thun und Wesen haben, das versteht sich wohl von selbst. Davon werden wir im folgenden Paragraphe noch einmal zu sprechen haben. Trozdem ist ein Unterschied zwischen einer allegorischen Personificirung des Meeres, der Hölle, des Feuers, des Schlafes, der Bitte, und zwischen der Gestalt auch dieser Wesen. Die Hexen sind nicht das Unwetter, Sturm und Regen, aber sie machen es, und sind darum auch so hässlich wie jenes: die »Schöne der Welt« in den Mährchen ist nicht die schöne Jahreszeit, aber sie gleicht ihr, wie die Kore und der Adonis, und stellt sie vor, und beide, die Hexen sowohl als die guten Feen, sind niemals Allegorien gewesen sondern Dämonen vom Haus her. Wäre übrigens die allegorische Deutung die richtige, so würden die mythologischen Figuren und Geschichten bei dem eifrigen Wandeln der Forscher auf diesem beliebten bildlichen oder allegorischen Wege wohl bereits alle glücklich enträthselt sein, während bis jezt noch sehr wenig damit gewonnen worden ist — der deutlichste Beweis, dass dieser Weg ein Irrweg war.

So ist es auch keine sinnbildliche Bezeichnung, wenn die Bewegung der Sonne ein Fahren genannt wird, und ihr darum Wagen und Rosse, und zwar anständiger Weise ein Viergespann, beigelegt werden. Das Sinnbild will etwas Geistiges den Sinnen näher bringen: hier aber hat man ja bereits etwas Sichtbares Körperliches vor sich, und dass die Sonne weder Wagen noch Rosse hat, kann, sollte man denken, jedermann sehen. Wenn der religiöse Mensch es nun trozdem nicht sieht, so ist es klar, dass er an der Sonne einen lebendigen Gott und keine hinrollende Kugel haben will. Wenn sodann dieser Gott, wie ein Rasender, alles verbrennt, so muss entweder er selbst ein grausamer Tyrann geworden sein, wie der Thrakische Diomedes, oder seine Rosse müssen toll geworden und mit ihm durchgegangen sein, wie beim Phaethon. Und wenn endlich die Gluthhize plözlich in Gewitter-Regen umschlägt, so ist der Phaethon vom Bliz erschlagen worden und in das Gewässer hinabgestürzt, aus welchem die Regenwolken aufsteigen. Das Alles also ist nicht bildliche Sprechweise, sondern Glaube: und so entstehen zusammenhängende Geschichten, als Erzälungen von Handlungen und Leiden eines Gottes oder eines Heros, welche in der Weitererzälung immer mehr nach menschlichen Verhältnissen abgeändert und weiter von ihrem Stamm entfernt werden.

3. Bild und Symbol.

Wenn dem König Pharaon die sieben fruchtbaren Jahre und die sieben Hungerjahre durch sieben fette und sieben magere Kühe im Traum voraus verkündigt werden, so siht wohl jedermann ein, dass hier die Jahre durch die Kühe und die Fruchtbarkeit und Unfruchtbarkeit durch die Fette und die Magerkeit bezeichnet werden. Und wenn den Achäern, als sie gegen Troja zu Felde ziehen, die zehnjährige Dauer des Krieges und die endliche Zerstörung der Stadt durch die neun jungen Sperlinge im Neste mit der alten und durch die Schlange, von der sie alle mit einander gefressen werden, angedeutet wird, oder wenn der aus dem schon eroberten Lager zurückgeworfene Hektor in dem bekannten Omen einem Adler gleich geachtet wird, welcher eine gefangene, ihm in den Hals beissende, Schlange, wieder loslassen muss: ist es da nicht, als ob der Himmel mit einer Zeichensprache oder Mimik zu den Menschen rede, um ihnen seinen Willen zu offenbaren? Und der Mensch ahmt diese Sprache nach in bildlichen Handlungen, wenn z. B. der Römische *pater patratus* eine Lanze in das Land der Feinde hinüberschleuderte als Kriegserklärung, oder wenn man bei der Beschwörung eines Bündnisses oder Waffenstillstandes das Opferthier mitten von einander theilte, und zwischen den Theilen stehend sprach, dem Eidbrüchigen solle geschehen was diesem Thiere geschehen sei[105] , oder wenn der Astrolog Meton zu Athen mit einer Fackel sein Haus anzündet, um den Athenern zu verstehen zu geben was er von ihrem Eroberungszug nach Sicilien halte, oder wenn Jeremias vor den Augen des Volkes ein irdenes Gefäss zerschmeisst, um ihm sein Schicksal anzukündigen, oder wenn die Phokäer eine glühende Silbermasse im Meer versenkend schwören, nicht eher wieder heimzukehren als bis die Masse wieder glühend heraufgekommen wäre. Man könnte daher glauben, dass auch die gottesdienstlichen Ceremonien derartige bildliche oder allegorische Handlungen seien, und könnte dafür sehr sprechende Beweise anführen, wenn z. B. der todte Adonis unter Trauerklagen von den Frauen in's Wasser getragen wird, anzudeuten, dass der von der Sommergluth getödtete Frühling durch die Feuchtigkeit der aus dem Meer aufsteigenden Regenwolken wieder belebt werden soll, oder wenn man nach der Regenzeit Wasser in Erdlöcher schüttet, in denen sich die Sinfluth verlaufen haben soll. Indessen wenn das bildliche Nachahmungen des Geschehenen sein sollten, so würde sich doch vor Allem fragen, zu welchem Zweck sie geschehen? Kinder, wenn sie von einem Erlebnisse besonders stark aufgeregt werden, beginnen über kurz oder lang das Erlebte spielend nachzuahmen. Wollte man der nachahmenden Ceremonie einen ähnlichen Charakter zuschreiben, so würde man sie für eine Kunstübung erklären, was sie doch nimmermehr gewesen ist. Oder soll die nachahmende Handlung eine sinnbildliche Belehrung sein über die Vorgänge in der Natur? Bedarf es auch wohl einer solchen Belehrung über solche

---

Ereignisse? Nur über das Ideale, das Ausserweltliche und das Zukünftige, könnten die Menschen eine Belehrung erwarten, und diese scheint allerdings in einigen Ceremonien und Mythen enthalten zu sein, wenigstens in denen der Mysterien, in welchen offenbar das Wandern durch die Schrecken der Hölle und nachherige Eingehen in das Elysium ausgeprägt wurde, jedoch nicht zum Zweck der Belehrung sondern als Garantie der einstmaligen Erreichung jener Seligkeit nach dem Tode um den Preis dieser Büssungen und mysteriösen Uebungen! Und das ist überhaupt das Wesen und der Zweck aller Ceremonien und jedes Gottesdienstes, dass er eine Bürgschaft oder Anwartschaft geben will auf gewisse Güter für die gläubigen Gottesdiener.

4. Ceremonie und Magie.

Wir haben das bereits bei der Erörterung des Begriffes σύμβολον gesehen, und wollen es hier nun weiter ausführen. Das Symbol hat eine magische, oder da diesem Worte ein übler Begriff anhängt wunderwirkende Kraft: denn es ist nicht allein eine Sprache, mittelst welcher der Mensch mit den überirdischen Mächten verkehrt 'gleichwie auch das Omen eine Bothschaft oder Sprache ist mittelst deren der Gott den Menschen sich kundgibt , sondern auch ein Mittel die Geister oder Götter zu sich herzuziehen, so wie Numa den Jupiter citirte: denn auch die Geister haben ihre Geseze, und die Bedeutung des Symbols gründet sich auf einen geschlossenen Bund oder Vertrag. So wie nun das Omen eine gewisse Analogie oder Verwandtschaft mit dem von ihm Verkündigten haben muss (denn wie wäre sonst eine Auslegung oder Deutung desselben möglich? , also wird auch die Ceremonie eine solche Analogie mit der beabsichtigten Wirkung haben müssen. Betrachten wir dies z. B. bei demjenigen was Sympathie genannt wird: denn zwischen den Bräuchen der Magier und den Ceremonien der Priester ist kein äusserlicher Unterschied, so wie sie auch

beide mit demselben Worte *sacra,* von den Römern bezeichnet
werden. Ring und Kette haben in den Mythen überall die
Kraft der Fesselung: im Mährchen wird der Spiegel zum See,
der Kamm zum Walde und das Salz zum Meere; das Anbrennen eines Haares von einem Menschen, einer Feder von einem
Vogel, einer Schuppe von einem Fische, macht, dass dieser
erscheinen muss. In dem Allen ist nicht Sinnbildnerei sondern Zauberei zu erkennen. Die Canidia bei Horaz gebraucht
die Leber eines vor Hunger und Durst im Anblicke lockender
Speisen und Getränke verschmachteten Knaben zur Bereitung
eines Liebestrankes, der mit unwiderstehlichem Liebesschmachten behaften soll: die Zauberin bei Theokrit hofft, dass dem
Ungetreuen sein Fleisch in heimlichen Flammen hinschwinde
so wie sie den Lorbeer im Feuer verbrennen lasse, dass er vor
Sehnsucht nach ihr schmelze so wie das Wachsbild im Feuer
zerschmelze, dass er zu ihrer Behausung hergetrieben werde
so wie der Drehhals sich im Winde herumdrehe. Damit der
Zauber desto sicherer wirke, nimmt man etwas von dem Leibe
des zu Bezaubernden, eine Locke von seinem Haar oder eine
Franse von seinem Kleid [106] : und alles was man diesen Reliquien anthut, das thut man ihm selber an. Von der nämlichen
Art ist es, wenn z. B. die Alkmene so lange nicht gebären
kann als die Parcen sich gegenseitig bei den Händen gefasst
halten, oder wenn im Merseburger Zauberspruch die Idisen
Haft heften, um Kämpfer in Gefangenschaft zu bringen, oder
wenn man ein Fenster öffnet oder einen Riegel von der Thüre
schiebt, um einem Sterbenden das Verscheiden zu erleichtern.
Eine grosse Kraft liegt endlich auch in der Namens-Aehnlichkeit, weshalb z. B. dem *Πενθεύς,* dem *Πολυνείκης,* dem *Αἴας*
sein Schicksal in seinem Namen vorausbestimmt war. Das ist
also nicht Spielerei des Wizes, wenn Helden der Tragödie im
höchsten Schmerze über solches Zusammentreffen ihrer Schick-

---

106 Eurip. Hipp. 518.

sale mit ihren Namen klagen, sondern es ist das Verstehen
eines Orakels nach seiner Erfüllung. Sonst müsste es auch
Spielerei des Wizes sein wenn Homer die nichtigen Träume
aus dem elfenbeinernen Thore und die wahrhaften aus dem hör-
nernen kommen lässt: nein! sondern weil das Horn-Thor von
Horn κέρας benannt ist, hat es die Kraft in Erfüllung gehende
(κραίνειν Träume zu entsenden, und das elfenbeinerne hat
die entgegengesezte Wirkung eben darum weil ἐλέφας mit
ἐλεφαίρειν zu nichte machen zusammenstimmt.

Auf einer so geringen Aehnlichkeit also, welche oft bloss
in einem Namensklang besteht meistens aber dem Forscher-
auge sich ganz entzieht, beruht dasjenige was die sinnbildernde
Mythologie berechtigen soll die Mythen und die Ceremonien
für Bilder zu nehmen: und auf so einen Grund hin hat man
die Zeichendeuter und Seher zu Lehrern über göttliche Dinge,
die Priester und Schamanen zu Verbreitern göttlicher Ideen,
den Aberglauben zu einer himmlischen, aus dem Paradiese
stammenden, Mitgift gemacht, und das Unterste zu oberst
gekehrt. Wenn Sommer und Winter, Regen und Sonnenschein bloss vermöge bestimmter Naturgeseze sich ereigneten
und regelmässig wiederkehrten, so brauchte man freilich keinen Gottesdienst. Das ist aber nicht die Betrachtungsweise
religiöser an das Walten persönlicher Mächte glaubender Menschen, denn da oft auch in dem regelmässig Wiederkehrenden
Unregelmässigkeiten vorkommen, dass der Sommer und der
Winter gegenseitig ihre gewohnte Tracht getauscht zu haben
scheinen, »grauhaariger Reif in den Schooss der Purpur-Rose
fällt und des Winters eisiges Haupt in Sommerknospen
pranget«, so wollen die Götter darum angegangen sein, damit
sie das Gewohnte auch in der besten Weise wiederbringen,
und muss der Mensch dazu mitwirken sowohl durch das was
die Götter als ihre Steuer betrachten als auch durch sympathe-
tische Handlungen: und von der Art ist das Wassergiessen in
Erdlöcher und das Hinaustragen des todten Adonis in das

Wasser. Denn der religiöse Mensch ist weit entfernt von der unfrommen Gesinnung des Kyklopen bei Euripides welcher sagt (V. 332.

»Die Erde muss nothwendig, wollend oder nicht,
Gras wachsen lassen, meinem Vieh zur Mastung stets.
Das opfr' ich nicht, will sagen mir nur, Göttern nicht!« u. s. w.

Die Erde muss gar nichts, und eben so wenig der Himmel: denn es geschiht nichts durch Nothwendigkeit ewiger Naturgeseze sondern alles nach freier Macht persönlicher Wesen. Alle die wiederkehrenden Opfer und Ceremonien an den Jahresfesten hätten keinen Sinn, wenn der Frühling, der Sommer, der Winter, der Sonnenschein und der Regen blosse wiederkehrende Zustände der Witterung wären, der Himmel bloss die umgebende Luft, die Sonne ein blosser Feuerball. Also müssen sie bewusste frei waltende Wesen, Dämonen, sein, und also bedeutet der Adonis nicht den Frühling und der Phaethon nicht die Gluthsonne, sondern er ist es oder vielmehr er regiert es, so wie Gott die Welt nicht bedeutet, sondern entweder Eins mit ihr ist oder sie regiert.

5. Die Orakel schaffen die Zukunft.

Dass die Götter derartige ceremoniöse Verrichtungen gern sehen, das beweisen sie ja dadurch, dass sie dem Menschen mittelst der *omina, prodigia, ostenta* (σημεῖα, τέρατα, πέλωρα , welche, wie wir gesehen haben, von der nämlichen Art wie die Ceremonien sind, entgegen kommen. Denn diese Zeichen haben ebenfalls magische Kraft: sie sind keine Vorausverkündigungen, sondern Vorausbestimmungen der Zukunft, also wiederum nicht doctrinell sondern dynamisch. Zwischen dem Prodigium und der Zukunft besteht ein geheimer Bezug, so dass die leztere durch das erstere mit, so zu sagen, magischer Gewalt bestimmt wird. Diese Gestaltung der Zukunft ist nun freilich durch die Analogie des Prodigiums bedingt, etwa so wie die Hinabsenkung des Metall-

klumpens in die See mit der Nimmer-Wiederkehr der Phokäer
in Beziehung steht. Indessen ist doch zwischen so einem
Orakel und einer Allegorie oder einem Gleichniss[107] ein
grosser Unterschied. Und eine Hauptsache ist es, dass auch
hier die Gegenseitigkeit eines Verkehres zwischen dem Gott
und dem Menschen vorausgesezt wird. Denn das Zeichen ist
nichts wenn es nicht beobachtet wird: ja, es muss sogar, um
giltig zu sein, unter bestimmten Ceremonien hervorgerufen
sein. Das sind die Linien welche der Augur am Himmel gezogen denkt, der abgegrenzte Raum innerhalb welches die
Zeichen erscheinen müssen. Und darum werden Opfer geschlachtet und Eingeweide erforscht, und ist jeder Laut und
jedes Ereigniss bei solchen Opfern von so grosser Bedeutung.
Zwar geschehen solche Zeichen auch oft ohne dass sie gefordert waren und ohne dass ein gesezliches Organ zu ihrer Beobachtung bestellt ist: denn es besteht eine gewisse Sympathie
zwischen der moralischen und der physischen Welt, so dass,
wenn auffällige unnatürliche Thaten in der Menschenwelt
geschehen, auch ähnliche unnatürliche Dinge in der Natur
sich ereignen, und hinwiederum seltsame Vorgänge in der
äusseren Welt entsprechende Vorgänge in der moralischen
nicht allein ankündigen sondern auch mit sich bringen. »Jene
lezten Verfinsterungen an Sonne und Mond weissagen nichts
Gutes,« sagt bei Shaxpear Gloster: »die Natur empfindet ihre
Geissel an den Wirkungen die ihnen folgen: Liebe erkaltet,
Freundschaft fällt ab, Brüder entzweien sich« u. s. w. Und
die Nacht in der Macbeth ermordet wird ist fürchterlich: der
heulende Sturm wirft den Schlot herab, ein Wimmern erschallt
in der Luft, ein Todesstöhnen, ein Prophezeien in fürchter-
lichem Laut u. s. w. Von vielen derartigen Zeichen ist bei
Sueton auch die Ermordung des grossen Cäsars begleitet
gewesen. So sind also Kälber mit zwei Köpfen, Blutregen,

---

107. S. z. B. Herod. I, 53.

Doppelmonde, Regenbögen, fallende Sterne u. s. w. Bothen
des Zeus an die Menschen oder Zeichen die der Himmel,
auch ungefordert, sendet, um die Menschen vorzubereiten, zu
warnen, zu schrecken. Zeichen aber sind immer auch Wunder,
sintemal alles Wunder ist was nicht nach Naturgesezen sich
ereignet sondern Zeugniss von dem Wirken göttlicher Mächte
gibt. Und was sie verkünden das muss sich nothwendig
erfüllen, wie aus dem Keime die Knospe sich entwickelt,
wenn nicht durch Verrichtung von Ceremonien und Opfern
entgegengewirkt wird was der Lateiner *procurare signa* oder
prodigia nennt, so dass ein Zauber den anderen niederringt.

6. Die Mythen-Deutung und Mythen-Dichtung.

Wenn also die Begriffe von Göttern und Thaten der
Götter aus müssiger Naturbetrachtung hervorgiengen, so
müssten die Mythen, als Sprache des ältesten Götterglaubens,
poetische Erzeugnisse von Haus aus und bildliche Bezeich-
nungen des Wesens der Götter und ihrer Manifestationen sein.
Da aber die Götter keine Phantasiegebilde sondern wirkliche
fühlbare Wesen sind, und die Symbole keine Sinnbilder, und
die gottesdienstlichen Gebräuche keine bildlichen Darstellungen; so können die Mythen keine müssigen Geistes-Er-
zeugnisse zur Veranschaulichung irgendwelcher Begriffe sein,
sondern müssen ebenfalls dem Bedürfniss dienen so gut wie
die Ceremonien, und, so wie alles was zur Religion gehört,
auf dem Glauben beruhen. Geister oder Dämonen oder Götter
offenbaren sich durch ihr Eingreifen in das Leben der Menschen handelnd, nicht lehrend: wer ein solches Einschreiten
eines Gottes erfahren hat, der hat eine göttliche Geschichte
erlebt, und wenn er es erzält, so erzält er eine heilige Geschichte ἱερὸς λόγος, eine Art von Mythen. Wer ferner ein
heiliges Geräthe, ein Symbol an welches sich die Gegenwart
eines Gottes knüpft, so zu sagen eine Reliquie, gläubig betrachtet, der wird in demselben Augenblicke, wo er sich dessen

Kraft im Geiste vergegenwärtigt, auch schon eine Legende, einen Mythus, geschaffen haben. Denn ein Zeichen oder Wunder, sagten wir, ist eine Handlung eines Gottes: mithin hat, wer diese Geschichte erzält, einen Mythus erzält. Und ein Symbol ist ein Unterpfand der Gegenwart des Gottes oder seiner Kraft, eine Gewährleistung der Gemeinschaft des Gottes mit der ihn verehrenden Gemeinde, ein Mittel sich seines Beistandes zu versichern oder ihn herbei zu rufen. Von derselben Art sind, wie wir gesehen haben, auch die Ceremonien, welche man wohl symbolische Handlungen nennen kann, sofern man darunter bedeutungskräftige, die Gottheit rührende und bewegende, versteht, aber nicht sinnbildliche, zur Belehrung dienende. Die Mythen nun verhalten sich zu den Symbolen, Reliquien und Ceremonien, wie Auslegungen: sie fassen in Worte das was jeder beim Anblick der Symbole und beim Verrichten der Ceremonien glaubt und fühlt, und zwar geben sie es als Geschichte, weil alles was mit den Symbolen geschiht Handlung ist, und die Ceremonien selbst Handlungen sind. Das sind die Legenden oder Tempel-Sagen, welche meistens die Geschichte der Gründung des Cultus und der Einhändigung der Symbole enthalten.

Aus dieser Definition des Mythus nun, als einer Wunder-Erzälung, folgt zunächst zweierlei: Erstlich dass die Mythen-Schöpfung auf keine Zeit eingeschränkt sei und zu keiner Zeit aufhören werde bis einmal der Wunder-Glaube völlig aus der Welt verschwunden sein wird, aber zu gewissen Zeiten ganz besonders blüht und wuchert, so oft nämlich der Wunder-Glaube wieder allgemein überhand nimmt, wie z. B. in den ersten Jahrhunderten der christlichen Zeitrechnung in den Tagen eines Apollonius von Tyana u. s. w. Es ist auch eine irrige Angabe, dass bei den Griechen die Zeit der Mythen-bildung mit dem Messenischen Krieg geendet habe, da erstlich von diesem Krieg selbst keine andere als eine mythische Erzä-lung auf uns gekommen ist, und zweitens noch Mythen genug in der historischen Zeit aufgekommen sind. Anstatt also zu sagen, dass gegen die Zeit des Tyrtäos die Mythenschöpfung aufgehört habe, müsste man sagen dass um diese Zeit die Poesie bereits so praktisch und verständig geworden war, dass sie einen Lichtstrahl in die Finsterniss des Aberglaubens hineinfallen lässt, vor welchem manche Nebelgebilde verschwinden.

Das zweite Ergebniss jener Definition ist, dass man, um einen Mythus zu deuten, nicht nach einem poetischen Gedanken oder einer Idee suchen muss, welche in demselben verhüllt stecke, sondern vielmehr fragen, welchen menschlichen Nothzuständen, die da göttliche Hilfe forderten, oder welcher herrschenden Vorstellung von Dämonen und ihrem Walten derselbe entspreche.

Wir suchen nun diese beiden Behauptungen zuvörderst an ein paar Beispielen einleuchtend zu machen.

7. Beispiele späterer Mythen-Schöpfung.

Wir haben an der erst nach den Zeiten der Reformation entstandenen Faustsage ein nahe liegendes Beispiel, an welchem sich deutlich erkennen lässt, wie eine ganze Sagenreihe entstehen, und ein mythischer Held, an dem auch gar nichts Historisches ist, aus dem Nichts auftauchen kann. Alles nämlich was diesem Helden beigelegt wird lebte bereits lange vorher in dem Teufels- Hexen- Schwarzkünstler- Elben- und Nixen-Glauben des Volkes, und man findet eine ziemlich vollständige Darlegung dieses Glaubens in Luthers Tischreden, dem 24. Capitel. Was nur immer von den Geschichten, welche dort von verschiedenen Hexen und Hexenmeistern erzält werden, passen mochte, das wurde später auf den Doctor Faust übertragen, einen in der Wirklichkeit ziemlich unbedeutenden Menschen; und so entstand eine ganze Lebensgeschichte so zusammenhängend wie nur immer die Biographie eines Herakles, Theseus oder Numa bei Plutarch sich ausnimmt. Da sich dieses Stoffes in der neuesten Zeit auch die Dichtkunst bemächtigt und ihn nach ihren Zwecken veredelt hat, so fehlt dieser neuesten Sagenschöpfung keines der Momente und Entwickelungsstufen der aus dem grauen Alterthum herstammenden, nur dass der Charakter der Erdichtung so verschieden von jenen wie die Zeitrichtung, ist. Hier bestätigt sich also dass, je trüber die Zeiten sind, desto mehr immer der Aberglaube um sich zu greifen pflegt, und je stärker der Glaube an Wunder und Zauberei, Magie, Sympathie emporkommt, desto reicher auch die Sagen- und Mythen-Erzeugung wuchert. Nur die Mittel, Mythen und Geschichte zu scheiden, vermehren sich, wenn bei dem geläufigeren Gebrauch der Schreibmittel die Dokumente sich mehren. Nicht alle Mythen und mythologischen Personen, welche bei Homer noch nicht vorkommen, sind zu jener Zeit noch nicht vorhanden gewesen: aber gewiss auch viele, die er nicht erwähnt, waren wirklich noch nicht geboren. So lange noch neue Götter und neue Culte aufkamen, wanderten mit ihnen auch neue Legenden ein, oder wurden im Lande selbst erfunden, und die Dichter aller Zeiten fanden immer wieder neuen Stoff im Volke vorräthig, den sie für ihre Poesie verwenden konnten. Das Alterthum ist den Wunderglauben niemals völlig los geworden: so ein aufgeklärter Mann Euripides, der Schüler des Anaxagoras, war, so glaubte er dennoch an Mantik und an die Bedeutsamkeit der *omina*, und Sokrates, obgleich er den Glauben an die unmoralischen Götter Homers ablehnte, glaubte dennoch an die Offenbarungen seines δαιμόνιον. Auch den Aufgeklärtesten unter den Alten blieb die Luft und der Himmel von Legionen unsichtbarer Dämonen erfüllt, denen ein weites Feld des Wirkens überlassen blieb, so lange die Naturwissenschaften noch in den Windeln lagen. Und wenn ja einmal in Europa das Geschäft der Wunder-Verrichtung und Wunder-Erzälungen nicht recht fort wollte, so war Asien, die Wiege jedes Glaubens und Aberglaubens, niemals in diesem Fache müssig, und von dorther konnte Europa sich immer mit neuem Vorrath versehen.

Dort sehen wir sogar in der aufgeklärten Zeit der Griechischen Herrschaft nach Alexander, zur Zeit des Seleukos Nikator, den Mythus vom Kombabos entstehen, einem zweiten Attis, der in keiner Weise jenem älteren Attis und seinen Geschichten nachsteht. Aber was sagen wir vollends von den Erdichtungen welche der Kreter Epimenides und seine Handwerksgenossen im Zeitalter der sieben Weisen von sich in Umlauf sezten, und von der Gläubigkeit, mit welcher dieser, abermals aus dem Orient und Aegypten stammende, Aberglaube aufgenommen wurde? Es ist noch keine Zeit je so erleuchtet gewesen, dass sie vor der Wiederkehr des Aberglaubens geborgen gewesen wäre, und die Wissenschaft traut sich zu viel zu, wenn sie hofft über den Aberglauben, welcher den Menschen Bedürfniss ist, jemals völlig Herrin werden zu können.

8. Das Mährchen.

Als ein Beweis der niemals endenden Mythen-Schöpfung kann auch das Mährchen dienen, eine auf den im Volke fortlebenden heidnischen Glauben gegründete Dichtung für die Kinderstuben, die sich nur darum so unverwüstlich erhält, weil der Glaube an Elben, Nixen, Hexen, Zauberer, Nacht- und Lichtwesen u. s. w. nicht auszurotten ist, und aus diesem fruchtbaren Boden immer neue, dem alten ähnliche, Gewächse zieht. In diesen Mährchen (man nehme z. B. die von Grimm redigirten deutschen und die, ihnen ganz ähnlichen, von dem Consul v. Hahn gesammelten griechischen und albanesischen begegnen uns Feen, welche, wie die Schwanenjungfrauen in unseren mittelalterlichen Dichtungen oder wie die Thetis, von Männern gefangen oder gewältigt (wie die Walkyre Brunhilde, diesen als Hausfrauen dienen, bis sie etwa wieder in den Besiz ihrer Flügel gelangen und damit wieder der Wildniss und den unvergessenen Feen- oder Nereiden-Tänzen zueilen, aber doch dabei die Anhänglichkeit an ihren Mann und

ihr Kind so wenig wie die Thetis jemals verlieren. Andere
sind, wie die Kore oder die Eurydike, von bösen Draken oder
Riesen hinabgeraubt unter die Erde, in Thürmen verschlossen
wie die Danae, in Kästen genagelt und ins Wasser geworfen,
Seedrachen ausgesezt, wie die Hesione, und werden befreit
von Königssöhnen, welchen Abenteuer aufgegeben werden,
wie dem Herakles und dem Perseus. Andere sind in die Wildniss verstossen, verdrängt durch untergeschobene Frauen,
verfolgt von bösen Schwiegermüttern, und müssen viele Leiden bestehen, bis sie in ihrer Verkleidung und Entstellung
von dem Gatten wieder gefunden und in ihre Rechte eingesezt
werden, gleich der Ino (Genoveva), der Ariadne, der Antiope,
der Hypsipyle u. s. w. Und auf der anderen Seite wiederum
haben wir die starken Helden und die Königssöhne, meistens
ebenfalls die jüngsten von drei Brüdern und kinderlosen
Eltern untergeschobene Elfenkinder, gleich den so eben beschriebenen Jungfrauen, die da ausziehen, um dergleichen
nur einmal erblickte Schönheiten (denn immer zeigen sie sich
verwandelt oder verkleidet oder unscheinbar wie das Aschen-
brödel, zu finden und zu erlösen aus einem Zauberschloss mit
40 Kammern oder aus den Tiefen der Erde wie der Dionysos
die Ariadne, in welche man nach der Hebung einer Marmor-
platte hinabsteigt, und dann sie wieder verlieren, von schlech-
ten Geschwistern verrathen, die so schlimm sind wie die
Schwestern der Psyche oder des Aschenbrödels, oder von bösen
Müttern betrogen, und dann ebenfalls in Verkleidung in Armuth Noth und Krankheit (wie die in Dienstbarkeit lebenden
Griechischen Götter Apollon, Poseidon, Herakles lange Zeit
Leiden und Abenteuer bestehen müssen, bis sie das Verlorene
wieder gewinnen. Auch die Oenomaos und die Hippodamien
fehlen nicht, welche allen Freiern das Leben kosten, und
nicht die Blaubärte, welche unter 40 Kammern e i n e zu
öffnen untersagt haben, in der aber eben immer die gefangene
Schöne Kore zu finden ist. Wer nun dergleichen Mährchen

in so romanhaften Erzälungen, wie die schöne Magelone, die
schöne Melusine, Amor und Psyche u. s. w. list, der mag
wohl glauben dass sie zur Versinnlichung sittlicher Ideen erfunden seien; und schon in der feineren Gestalt der deutschen
Mährchen bei Grimm vermag man in der Aschenputtel, dem
Schneewittchen, dem Dornröschen schwerlich mehr die Fee
zu entdecken; hat man aber Gelegenheit dieselben Erzälungen
mit älteren, aus denen sie abgeleitet sind, zu vergleichen, oder
list man die nämlichen oder entsprechende Mährchen auch
nur in der Sammlung bei Hahn, so kann man sich weniger
der Einsicht verschliessen, dass dieselben nichts als Thaten
von Dämonen und deren Eingreifen in das Menschenleben
schildern. Denn es fehlen alle sittlichen Motive, die handelnden Personen fressen und morden sich, heurathen und verlassen
sich, ohne sich was dabei zu denken; sie fliehen und suchen
nach blossem Fürchten und Begehren, und die umgebende
Welt enthält bloss entweder feenhaft-paradiesische oder hexen-
artig-verwünschte Zustände. Dazu nehme man die magische
Kraft von Steinen und Pflanzen, die Wunderthiere und die
bleibenden Symbole: denn z. B. Drachen sind überall im Besize der Quellen und halten sie zurück, wenn ihnen keine
Menschenopfer gebracht werden, ganz wie bei den alten Griechen, und diese Ungeheuer haben viele Köpfe, die ihnen alle
müssen abgeschlagen werden. So gibt es auch Rosse, die der
Bliz heissen und der Bliz sind und ihren Reiter wie der Pegasus
tragen [108]. So wissen die Vögel alle Geheimnisse, wenigstens
immer einer von ihnen kann Auskunft geben, und wer ihre
Sprache versteht, ist gut daran. Es kommt vor, dass eine aus
der Kammer der Draken erlöste Jungfrau sich gleich der Demeter, in eine Stute verwandelt, auf welcher der Königssohn
davonreitet [109]. Prinzen verwandeln sich in Schafe, um verzauberte Jungfrauen zu erlösen, in Schlangen und in Tauben,

---

108 n. 58 bei **Hahn**.   109 n. 68.

um mit solchen zu kosen. Aepfel, Citronen, Cypressen spielen eine grosse Rolle, wie in den Gärten der Hesperiden, und in Citronen und Lorbeerbäumen stecken zuweilen Feen. Aus Nüssen und Feigen, wenn man sie zerschneidet, kommen schöne Kleider, goldene Hennen und andere kostbare Wunderdinge heraus. Im goldenen Haar der Draken sizt meistens ihre Stärke, und wenn dieses abgeschnitten ist, sind sie verloren: das goldene Haar erscheint auch sonst als Symbol des Sonnenlichtes. Kammern, Thürme, Höhlen vertreten vielfach die Stelle der Unterwelt, eine Haube macht unsichtbar, Mohren sind Insassen des Schattenreichs, Hexen fressen Pferde Kinder und andere Menschen, Dämonen machen Donner und Bliz und Unwetter.

Man kann in solche Mährchen ganz schöne sittliche und religiöse Ideen hineinwirken durch eine sinnige Bearbeitung, wie Apulejus und andere es gethan haben; man kann solche Ideen auch wohl hineindeuten ohne grosse Mühe — man braucht nichts weiter zu thun als die Dämonen in Allegorien umzusezen — dann aber hat man eben die Ideen hineingelegt, nicht herausgenommen. Die Dämonen handeln nach Instinct, und die Allegorien agiren eben so willkürlich nach ihrer Bedeutung: beide richten sich nicht nach sittlichen Gründen, durch beide also entsteht eine seltsame Welt ohne natürliche Ursachen und nothwendige Wirkungen, welche in mancherlei Hinsicht dem Dichter willkommen sein kann. Wollte man aber darum glauben, dass die Mährchen aus sinnigen Dichtungen entstanden und in ihrer jezigen Gestalt zertrümmerte und verwitterte Reste einer ehemaligen blühenden Existenz gewesen seien, so würde das abermals eine Verwechselung der Cultur und ihrer bewussten Kunsterzeugnisse mit dem unbewussten Instinct und seinen Produkten sein.

Ehe wir nun von hier aus zu der Mythendeutung übergehen, wollen wir an einigen Beispielen verfehlter Mythendeutung zeigen, wie man es nicht machen muss.

9. Beispiele verfehlter Mythen-Deutung.

»Es ist bemerkenswerth«, sagt Welcker, »dass Homer auf
seinen so bestimmt gezeichneten Kunst-Hephästos den Zug
der Schwachbeinigkeit, des wackelnden Ganges, überträgt, der
ohne Zweifel von dem Element entlehnt ist, und daher nächst
dem Zeus, als Vater, die ohnehin vorauszusezende dichterische
Metamorphose auch deutlich zeigt. Das Unstete, Schwan-
kende, aller Strammheit und Festigkeit Entgegengesezte, verbunden mit so grosser Gewalt, der Flamme, muss der naiven
o die naive! Vorwelt einen tiefen Eindruck gemacht haben,
da wir dasselbe Merkmal des Feuergottes bei mehreren Völkern
antreffen«. Man kann es nur als einen Beweis ansehen, in
welchem Grade das Urtheil eines ausgezeichneten Mannes
durch systematische Vorurtheile beeinträchtigt werden kann,
wenn Welcker einem sinnigen Dichter wie Homer zutraut,
das Züngeln und Flackern einer Flamme in wackelnde Beine
ihres sie repräsentirenden Gottes verwandelt zu haben, zutraut, sag' ich, mit dem Bewusstsein, dass diese Eigenschaft
des Dämons auch noch bei anderen Völkern anzutreffen sei,
mithin wohl schwerlich von Homer erst erfunden ist. Da wäre
es Pflicht des Forschers gewesen, nach den Gründen dieser
Missgestalt auch bei den betreffenden Völkern zu forschen,
statt einem willkürlichen Einfalle Raum zu geben. Der Hephästos gehört in die zalreiche Klasse der Riesen und miss-
oder thiergestaltigen Dämonen Zwerge genannt), die zugleich
Hexenmeister und Zauberer $T\varepsilon\lambda\chi\tilde{\iota}\nu\varepsilon\varsigma$, sind, $\pi\acute{\varepsilon}\lambda\omega\varrho$ $\alpha\emph{"}\eta\tau o\nu$
nennt ihn Homer. Sein, gleichfalls von der Hera geborener
Bruder, der Typhoeus, und sein mit der Athene gezeugter
Sohn, der Erichthonios oder Erechtheus, haben Schlangen zu
Beinen, mit denen sie bloss rutschen können. Diese Schlangen
haben sich bei ihm selbst in einknickende zerschlagene ($\gamma\nu\iota\omega$-
$\vartheta\acute{\varepsilon}\nu\tau\alpha\varsigma$, daher $\dot{\alpha}\mu\varphi\iota\gamma\nu\acute{\eta}\varepsilon\iota\varsigma$ fast knochenlose Beine verwandelt.
Sein Indisches Ebenbild, der Agni *ignis*), hat noch die Schlan-

gen-Natur, wie Welcker selbst bemerkt, indem es von ihm im Rig-Veda heisst: *aegre prehenderis quasi suboles serpentum.* Indessen bezieht sich diese Schlangen-Natur keineswegs auf die Natur des Feuers, so wie sie auch nicht den Feuer-Dämonen allein eigen ist, sondern mehr noch den Wasser- und den Höhlen-Bewohnern. Und Hephästos lebt auch keineswegs bloss in der Luft. So wie die Telchinen im Meer ersäuft werden, also wird auch er in die See hinabgeworfen und im Schoosse der Thetis und des Fischweibes Eurynome aufgenommen. Aber ein ander Mal fällt er auf Lemnos hinab, und dann steckt er, gleich dem Typhoeus, in feuerspeienden Bergen und hat mit anderen derartigen Kobolden, den einäugigen Kyklopen, (wie Wieland mit den Zwergen) seine unterirdische Esse im Aetna. Die Wackelbeine gehören aber keineswegs nothwendig zu seinem Wesen: denn sein Doppelgänger Dädalos, welcher wandelnde Bilder gleich dem Hephästos fertigt, und im unterirdischen Labyrinthe gefangen sizt, aber daraus entflicht, mit Flügeln durch die Luft fliegend gleich dem Völunder, ist frei von dieser Lahmheit. Dieser Völunder aber oder Wieland, welcher mit dem Hephästos und dem Dädalos so viele merkwürdige Züge gemein hat, wird ausdrücklich auch eine Schlange genannt, und ist dabei ein Elbe oder sogar der König der Elben.

Wir wollen den Gegensaz der beiden Erklärungsweisen noch an einem anderen Beispiele deutlich machen. Dass hinter der Iphigenia die Göttin Artemis-Hekate stecke, kann einem Forscher nicht entgehen, weil es von den Alten selbst deutlich genug gesagt wird[110]). Aber wie benimmt sich nun jene Kritik dabei[111])? »Iphigenia verschwindet und wird entrückt, wie der Mond verschwindet, zu den Tauriern, wahrscheinlich in Folge einer historischen Deutung des

---

110) Stesichoros bei Philodemos περὶ εὐσεβείας im Philologus XXI, 1. p. 139. Paus. I, 43, 1.
111 S. Preller, I. p. 195.

Beinamens *Ταυρική*« u. s. w. »Auch der Gebrauch, das Bild in einem Röhricht aufzustellen oder wie das Beil in den Fasces mit Zweigen zu umgeben und dadurch zu verstecken (daher *λυγοδέσμα* in Sparta, *φακελῖτις* in Rhegion) scheint das Verschwinden des sich gleichsam versteckenden Mondes anzudeuten«. »Und so wird auch der geistesverwirrende Einfluss, den man dieser Taurischen Artemis zuschrieb, darauf beruhen, dass man die Wandlungen und irrenden Bahnen des Mondes als Folge einer Geistesverwirrung ansah« u. s. w. »Aus diesem Glauben an einen dämonischen Einfluss auf die Meeresfluth und auf den menschlichen Geist aber giengen weiter die blutigen Menschenopfer hervor, welche in Sparta später in blutige Geisselhiebe der Jugend am Altare dieser Göttin verwandelt wurden«. — Ist es wohl nöthig, über die blutigen Menschenopfer in Folge dämonischen Einflusses auf die Meeresfluth und auf den menschlichen Geist, dessen Verwirrung von der Abnahme des Mondes kommen soll, oder über das Versteckspielen des Mondes, welches mit dem Verschwinden der Iphigenia symbolisch angedeutet sein soll, u. s. w. ein Wort zu verlieren? Hundert Mal kommt es vor, dass eine Gottheit oder eine Heroine verschwindet, ja, sogar alle die der Isis, der Hera, der Kore, der Helena gleichen Wesen thun das, und die leztere mehr als einmal. Ist da wohl immer die Abnahme des Mondes gemeint? Oder will man bei jeder verschwindenden mythologischen Figur wieder einen anderen Grund willkürlich erfinden? Unbegreiflich ist aber vollends, woher einem Menschen bei der Betrachtung der keineswegs wirren sondern ganz regelmässigen Umläufe und Wandelungen des Mondes die Geistes-Verwirrung kommen soll? Auch wüssten wir nicht zu sagen, woher die Kunde stamme, dass zur Heilung verrückter Menschen jemals andere Menschen seien geschlachtet worden. Betrachtet man die Gelungenheit dieser Deutungen, so kann man dem Verfasser nur dankbar dafür sein, dass er nach dem Vorgang anderer die Heroengeschichten meistens bloss erzält hat: nur siht man freilich nicht ein, was eine blosse Erzälung in einem wissenschaftlichen Werke nüzen könne. Die Sache aber ist die, dass die Ἰφιγένεια der grausamen und verrückt machenden Kappadokischen Naturgöttin Anahit entsprach, und dabei eine Geburtsgöttin war welche die armen Wöchnerinnen oft umbrachte (das besagt auch ihr Name), und dass man so einer Göttin auch grausame Opfer bringen musste.

10. Prädikate der Götter und Symbole. Die Rinder des Sonnengottes.

Man muss also nicht rathen und nicht willkürlich erfinden, wenn man Mythen und Symbole deuten will, um so weniger da die Prädikate der Götter und ihre Symbole etwas so Feststehendes und so Durchreichendes sind, dass man z. B. in allen Religionen, wenigstens der stammverwandten Völker, die nämlichen Thiere den nämlichen Göttern geweiht siht. Nicht bloss in der Griechischen sondern auch in der Römischen und ferner in der Parsischen und in der Indischen Mythologie besizt der Sonnengott seine Rinderheerden, und werden ihm dieselben entwendet. Nun werden von den Sanskrit-Gelehrten die Kühe des Indra, welche ihm von dem Dämon Ahi geraubt werden, auf die Wolken gedeutet, und wenn sodann der Indra die schwarzen Wolken mit seinem Speere trifft, dass sie den Regen von sich geben, so soll das ein Melken der Kühe sein. Wo hat man je von so einer Art zu melken gehört? Indessen ist das nicht einmal richtig, und erschlägt der Indra, den Veden zufolge, keineswegs die Kühe mit seinem Speere, dem Bliz, sondern vielmehr die Dämonen, den Ahi und den Vitra, welche dem Lande die Feuchtigkeit entzogen haben. Denn es heisst [112] : »Er goss die Wasser aus und liess

---

112) S. Duncker, II. p. 21.

die Flüsse aus den Bergen; wie Kälber zu den Mutterkühen, so eilen die Wasser zum Meere. Gleich dem Stiere stürzte Indra auf das Opfer und trank dreimal den bereiten Trank den Soma, womit er sich Muth trinkt): dann schlug er die Erstgeburt der Wolken den Vitra«. »Als du Indra sie trafest, brachest du die Kunst der Zauberer und zeigtest die Sonne und die Morgenröthe am Himmel welchen Vitra, der Verhüller, zu schaden pflegt. Mit gewaltigem Wurf traf Indra den finstern Vitra, dass ihm die Schultern brachen: wie ein mit der Axt gefällter Baum sank Ahi zur Erde: nun laufen über des Ahi Leichnam die Wasser, und der Feind des Indra schläft dort lange Finsternisse: die Höhle des Wassers hat Indra wieder erschlossen«. — »Die Wolken hast du ergossen, der Quellen und der Ströme Fesseln hast du gesprengt: als du Indra den grossen Berg gespalten, entsprang der Strom«. Also Zauberer sind diese Dämonen: bald zaubern sie die Wolken und bald die Sonne vom Himmel (das leztere geschiht bei den Verfinsterungen dieses Weltkörpers: und die Wolken versteckt der Ahi in Bergen natürlich hinter Bergen, wie noch jezt!, welche Berge der Indra mit seinem Blize treffen muss, und dazu den Ahi selbst, damit sie den Raub wieder hergeben: dann strömen die Wasser über den Leichnam des Dämons und Zauberers, und wie Kälber zu den Mutterkühen, so eilen dann die Wasser nach den grossen Wasserbehältern hin. Auch in der Griechischen Mythologie, wie gesagt, ist vielfach von solchem Rinder-Raube die Rede, indem der Hades und der Sonnengott, gleich zweien Nachbarvölkern, deren hauptsächlichster Besiz in Viehheerden besteht, sich immer gegenseitig plündern und berauben. Für den Hades aber tritt mitunter der Hermes (oder auch der Neleus oder der Admetos) ein, für den Helios entweder der Herakles oder der Apollon. Hier haben die Leser auch sogleich die Deutung des bekannten Mythus, und können daraus erkennen, wie schief

und verkehrt die oben mitgetheilte Deutung war. Also nicht
der Hermes würde den Regen schenken, indem er die Rinder
stihlt, sondern im Gegentheil, wenn er dem Ahi gleicht, so
entzöge er ihn dem Lande gleich einem Zauberer, und auch
der Sonnengott schenkte ihn nicht, sondern der Zeus mit
seinem Bliz, wenn er einen Phaethon erschlägt, der die Welt
verbrennen wollte, oder zu einer Semele unter Donner und
Bliz herabfährt. Dabei das schon halbverbrannte Kind Dionysos rettend und zu neuer Belebung in seiner Hüfte verbergend,
bringt er unter Gewitterstürmen nach der verzehrenden Son-
nengluth mit den Passatwinden die Regenzeit wieder. Wenn
aber die Rinder des Hermes Wolken wären, so müssen die des
Augeias, des Neleus, des Geryoneus, des Nestor u. s. w. ebenfalls Wolken sein, und hätte der Herakles, indem er diese
eroberte, überall Wolken erobert. Kann aber das nicht sein,
so wird man auch bei dem Hermes die Wolken aufgeben müssen. Indessen handelt sich's in jener Bestehlung des Apoll
durch den Hermes auch gar nicht um Feuchtigkeit und Regen
sondern um Licht und Finsterniss oder um den Kampf des
Tages und der Nacht, von welchen beiden im Laufe des Jahres
bald der eine bald die andere die Oberhand gewinnt, und
können also die Heerden eines Gottes die auch nicht in Rin-
dern allein bestehen), d. h. sein Eigenthum, auch dieses bedeuten. Auch die Spendung nährender Feuchtigkeit kann
unter Umständen durch die Kuh repräsentirt werden, indem
dieses erquickliche Nass, welches die Wiesen und Gärten grü-
nen macht, mit der Milch pflegt verglichen zu werden, und
deshalb die Nymphen die Ammen des Zeus sowohl als auch des
Dionysos genannt werden: und vielleicht ist das der Grund
weshalb die Erde so gern als Kuh gedacht wird, weil sie nämlich mit dieser nährenden Feuchtigkeit begabt ist.

Wir wollen noch an einem erst in diesem Jahr im Druck
erschienenen Beispiele zeigen, bis zu welchen Absurditäten dergleichen Mythendeutungen getrieben zu werden pflegen. Bei

Schwartz, poetische Naturanschauungen, heisst es in der Vor-
rede: Die meisten Gebräuche und Riten waren zunächst nur
eine Nachahmung der analog gefassten himmlischen Vorgänge,
indem man die irdischen Verhältnisse zu ihrem eigenen Besten
denselben anzupassen für fordersam hielt umgekehrt, die
Menschen legen ihre eignen Sitten und Gewohnheiten den
Göttern bei! . Wie im Frühjahr in den ersten Gewittern man
die Wolkenrinder ausgetrieben wähnte und meinte d a s s i m
B l i z z i c k z a c k d a n n d a s T h i e r e i n e n B u s c h n a c h-
s c h l e p p e , lagerte sich eine derartige Vorstellung im Rinder-
raub des Hermes ab u. s. w. Feuer und Butterbereitung ward
so vorgenommen, wie man es am Himmel im Gewitter vorgenommen wähnte (o, dass Aristophanes diese Bliz- und Donner-
Deutung nicht auch noch in seinen Wolken benuzen konnte! .
An die Behandlung der i m G e w i t t e r mit anderer Anschauung angeblich neu gebornen H i m m e l s k i n d e r (!' schlossen sich die verschiedenen Formen der Wasser- und Feuer-
Taufe, an die im Gewitter angeblich stattfindende Vermählung
die Ehegebräuche u. s. w. Genug hiervon! Wer suchen will
im wilden Tan Manch Waffenstück noch finden kann: Ist
mir zu viel gewesen!

11. Deutung einiger Symbole.

Es ist schwer überall die Gründe aufzufinden, weshalb
einem Gott ein Thier oder anderer Gegenstand zum Attribute
gegeben worden sei, z. B. das Ross dem Meeresgotte, die Esel
den Silenen, der Stier den Flussgöttern: doch so viel ist deutlich dass die Aehnlichkeit und die Brauchbarkeit in den meisten Fällen nicht der Grund gewesen ist. Denn was hätte das
Ross für eine Aehnlichkeit mit dem Wasser oder was für eine
Brauchbarkeit hat es zur See? Alle derartigen Deutungsversuche verunglücken. So wie aber häufig einer Pflanze eine
gewisse Heilkraft zuertheilt ist aus keinem anderen Grunde,
als weil ihr Name mit dem zu heilenden Uebel überein lautet,

— Freisamkraut vertreibt das Gefreisch der Kinder, Springwurz macht verschlossene Thüren aufspringen, — also scheint das auch hier der Fall zu sein. Denn *aqua* das Wasser und *equus* skr. *açvas* das Ross, sind Eins, und ἵκκος (*equus*) verhält sich zu ἰκμάς wie ἵππος zu ὀπός *sucus*. und diese Formen lassen auf Urformen schliessen die sich noch mehr glichen. Darum heisst einestheils der Regengott Ἰκμαῖος und Ἴκαρος, und anderentheils wird auch dem Bellerophon (einem unkenntlich gewordenen Regengotte sowohl als Seegotte das geflügelte Ross beigelegt welches Quellen aus dem Boden stampft und dem Zeus die Blize schleudert bei Gewittern, darum sind die Quellen-Dämonen, die Kentauren, pferdegestaltig u. s. w.

Die Namensähnlichkeit hat überhaupt viel grösseren Einfluss gehabt als man denkt. Wie z. B. beim Pentheus, beim Aias, beim Polyneikos das *nomen* auch das *omen* in sich enthielt, so bedeutet mit dem nämlichen Rechte eine fette Kuh (βοῦς *gâus chuo*=γῆ) ein fettes oder fruchtbares, eine magere ein unfruchtbares Land, und kann die Kuh mithin auch Hungersnoth oder Ueberfluss herbeiführen. Der Wolf ist dem Apollon heilig, weil sein Name λύκος Licht zu bedeuten scheint, und das Schaf ist ein Symbol der Reinigung, weil κάρνος, ingleichen κριός, mit κείρειν scheeren nicht allein sondern auch mit κορεῖν kehren zusammenhängen mag, woraus sogar zwei göttliche Personen, Κριός und Καρνεῖος entstanden sind. Die Geis αἰγίς ist das Symbol des Orkanes geworden, weil ihr Name, als von ἀΐσσω stammend, dies zu bedeuten scheint, und das Horn (κέρας) bedeutet die Erfüllung (κραίνω, Elfenbein (ἐλέφας) die Nichtigkeit (ἐλεφαίρω) u. s. w. Manchmal, wo wirklich zwei ganz unähnliche Dinge einerlei Namen haben (wie z. B. im Sanskrit die Kuh und die Erde), mag auch nicht blosser Gleichklang der Laute die Ursache gewesen sein den einen Gegenstand zum Symbole des anderen zu machen, sondern die Vorwelt mag auch eine wirkliche Aehnlichkeit zwischen beiden gefunden haben, welche wir jezt nicht mehr zu entdecken vermögen. Dahin rechne ich die merkwürdige Erscheinung, dass im Griechischen im Lateinischen und im Deutschen die Pupille im Aug und das Kindchen oder Mädchen einerlei Namen haben, nämlich *κόρη pupula* Kindchen.

Es ist schwer zu sagen, warum das Schwein bei den Aegyptern und den Semiten so ein verrufenes unreines Thier gewesen ist (denn was man von Gesundheitsrücksichten spricht, ist gerade so viel werth wie die Erklärung der Beschneidung mittelst der nämlichen Gründe , und warum gerade ein Eber den Adonis todtbeissen und dem Meleager Verderben bringen musste, ingleichen warum gerade Löwe und Eber dem Herakles und dem Adrastos in der Person des Polynikes und des Tydeus und dem Admetos der sie beide in's Joch spannen muss) so viel zu schaffen machen. Zwar dass der Löwe *αἴθων* heisst, die Sonnenhize bezeichne, und der Eber die schlimme Jahreszeit, ist leicht einzusehen, aber der Grund davon ist minder leicht mit Sicherheit nachzuweisen. Aber nichts ist kläglicher, als wenn hier ein Erklärer, mit extemporirten, auf keinem historischen Nachweis gestüzten, Einfällen angestiegen kommt, und in dem Gefühle, dass er da etwas Einfältiges sage, an die »naiven Vorstellungen« der ältesten Menschheit appellirt, wo es doch keineswegs um müssige Phantasie-Spiele sich handelte, sondern um Heilmittel zur Tröstung noth- und angstgepresster Herzen. Ein anderer Erklärer macht den Erymanthischen Eber zum Bilde einer Flussüberschwemmung, den Nemeischen Löwen zum Bilde einer abgelenkten Ueberschwemmung. Betrachten wir einmal den Zug jener Sieben gegen Theben, veranlasst durch die besagten zwei Thiere, Löwe und Eber (Tydeus und Polynikes), und geführt von dem Verehrer der *Ἀδράστεια* = Astarte. Am Altare des Regen-Zeus *Ὑέτιος*) schwören sie, entweder zu siegen oder zu sterben [113]. Auf dem Hinzuge,

---

113) Paus. II, 19, 8.

als sie in die Gegend von Nemea kommen, finden sie alle Brunnen versiegt und alle Quellen vertrocknet. Da wird ihnen von der Wärterin des Ὀφέλτης (des Schlangen-Mannes, von ὄφις, eine Quelle gezeigt, bei der ein Drache liegt, der so eben den Opheltes getödtet hat, ohne Zweifel aber von diesem Opheltes selbst nicht verschieden gewesen ist. Schlangen sind nämlich immer und überall die Hüter unterirdischer Schäze sowohl als auch aus dem Boden kommender Quellen. Dieser Drache fordert hier das erste Opfer, den kleinen Archemoros (Erstlingstod), der mit dem Opheltes mit Unrecht vermengt wird; denn Archemoros ist das Opfer welches diesem Ungeheuer, so wie die Hesione, preis gegeben wird, damit es die Quellen wieder rinnen lasse, und nach seinem Tode wird er zum Palämon-Melikertes Melkarth, dem die Isthmischen Spiele gefeiert werden, deren Bedeutung wiederum den nach der Erlegung des Löwen gestifteten Nemeischen Spielen entspricht. Als die Sieben nach Theben kamen, forderte der dortige Drache das zweite Opfer, und weil, so heisst es, die Theber den Sieben zuvorkamen in der Begütigung jenes Drachen, so fielen die Belagerer Thebens alle bis auf den Adrast. Weil einmal von Symbolen des Regens und der Quellen die Rede ist, so wollen wir auch die Bemerkung nicht unterdrücken, dass man Regen- und Wolkengötter nicht willkürlich zu schaffen braucht, wo man einen Ζεὶς Ὑέτιος, Ἀκταῖος, Ἀρισταῖος, Ἰκμαῖος, Ἰκάριος vorfindet, an deren Mythen und Culten sich erkennen lässt, wie so ein Regengott ohngefähr aussehen kann, und was sich für Begriffe mit seinem Wesen vereinigen lassen. Und will man ferner wissen, welche Rolle die Wolkenbildung in der Griechischen Mythologie spiele, so wende man sich an die Nephele und suche die Sage von dieser und dem Phrixos (dem Gerösteten) zu deuten: ingleichen erinnere man sich an die Ceremonie, mit welcher der Priester des Zeus Lykaeos in Arkadien durch magische Berührung der Quelle Ἀγνώ mit einem Eichenzweig bewirkte dass Nebel aufstiegen, Wolken sich bildeten und Regen das Land erquickte [114]. Und diese magische Handlung des Priesters in Arkadien ist wiederum ein Beweis, wie übereinstimmend und gleichbleibend ein solcher Glaube durch alle Länder und alle Jahrhunderte hindurchgehen kann: denn in Hartmanns Iwein oder in der »Dame von der Quelle«, wie die Dichtung ursprünglich heisst, finden wir noch den nämlichen Glauben in der nämlichen symbolischen Handlung ausgeprägt. Auch werden noch jezt in den Volks-Mährchen Quellen von Drachen zurückgehalten, denen man dafür Mädchen, an Felsen angekettete, preisgeben muss, noch jezt Prinzessinnen, mit oder ohne Kind, wie die Danae, in Särge genagelt und in's Wasser geworfen, noch jezt Rosse zu Brunnen geführt, aus denen sie sich zu trinken scheuen, wenn oberhalb eine Jungfrau ('Ἄρτεμις ἀπαγχομένη) oder Ἀφροδίτη δενδρῖτις, in einem silbernen Sarge schwebt [115].

12. Die Quellen philosophischer Mythen.

Die Noth und das Bedürfniss, sagten wir, hätten die Religionen und auch die Mythen geschaffen, und jegliche Noth muss in hohem Grade jene ersten Menschen umringt haben, welche, nackt und bloss aus dem Paradiese gestossen mit vielen auferlegten Uebeln, noch keine Mittel den Uebeln zu begegnen, erfunden hatten. Aber sei die Noth auch noch so gross, der Mensch findet doch noch Zeit zum Spielen und zum Ruhen, so wie er auch fast noch früher an Puz als an Bedeckung seiner Blössen denkt. Und so wie der Spieltrieb die Quelle der Künste, so ist die Ruhe des Leibes, wenn der Geist der Sorgen sich entschlägt, der Anfang der Philosophie. Denn dann beginnt die gegenständliche Betrachtung der Dinge, wenn die Mühen und Schmerzen nachlassen, und sie selbst ist das erste Mittel, über den Schmerz Herr zu werden.

---

114) Paus. VIII, 38, 4.
115) S. v. Hahn, Griech. u. Alban. Mährchen N. 1. 58. 95. 103. 50. S.

Denn wenn die erste Betäubung nach dem heftigen Schlage des Unglücks vorbei ist, dann kommt die Reflexion, man fängt an über die Gründe des Uebels nachzudenken, sein eigenes Verschulden gegen das unverdiente Schicksal in Abrechnung zu bringen, den Rest seiner Habe zu überschauen und sich wieder einzurichten: und das nennt man Tröstung. Darum ist jeder Hiob ein Philosoph, so wie jeder Thersites ein Raisonneur ist, in Folge des Unglücks und der Unzufriedenheit: darum bestehen die Schmerzens-Aeusserungen der Leidenden in den alten Tragödien naturgemäss immer aus zwei Theilen, in dem Schrei des Schmerzes, der sich in Arien auslässt, und in angeknüpften Betrachtungen, in denen der Schmerz allmählich verwimmert: darum endlich ist auch die Elegie, welche eben diesem zur Ruhe-Kommen der Empfindungen gewidmet ist, eine so sententiöse Dichtart geworden und bisweilen in lauter Gnomen übergegangen.

Unter allen Uebeln aber sind keine ergiebiger für die Phantasie als die unabwendbaren, gegen die, wie Euripides sagt, kein Orphischer Spruch, kein Zauber und kein von Aerzten gefundenes Mittel hilft, und nicht einmal die Religion in Opfern und Gebeten eine Abwehr bietet — das ist der Tod und das was nachher kommt, das Jenseits! Einen Grund muss Alles haben, und zwar einen mit dem gedachten Wesen der Götter übereinstimmenden: also sind als Deutung alle die Sagen entstanden von der Schöpfung und dem Sündenfall, vom Paradies, Elysium, Himmel und Hölle oder Tartaros, von einer glücklichen, mit den Göttern in brüderlicher Eintracht lebenden, Menschheit (Aethiopen Phäaken und Hyperboreer) und von frevelhaften Empörern, Satanen, Giganten und anderen Riesen, von rohen Religion- und Sittenverschmähenden Polyphemen und von zwar gleichfalls halbthierischen aber doch dabei frommen Chironen u. s. w. Dazu kommen dann noch die vielen Fabeln von dem Fortleben und Fortwirken von Geistern der Abgeschiedenen, welche nicht in ihrem Grabe bleiben und auch nicht müssig bleiben wollen, und nicht umhin können, um die Menschen und die Dinge, welche sie hier verlassen haben, sich ferner zu bekümmern. Und endlich knüpft sich daran die Sehnsucht nach einem besseren Zustande bereits in diesem Leben, die Hoffnung auf Entfernung der Uebel welche mit dem Sündenfall hereingebrochen sind, auf einen dereinstigen Erlöser (*Sosiosch* oder *Messias*) und auf eine Wiederkehr des goldenen Zeitalters, von welchem die Menschen nicht aufhören werden zu reden und zu träumen so lange sie noch von Leiden sich gedrückt fühlen werden. Diese Furchten, diese Hoffnungen und diese Träume geben reichen Stoff auch zu Mythen-Schöpfungen, und so wird das unsichtbare Reich mit Bewohnern bevölkert und eine Welt jenseits der wirklichen geschaffen, über deren Aussehen und Einrichtung die Menschen meistens weit besser als über die wirkliche Welt Bescheid wissen, von ihrer unaufhörlich dichtenden Phantasie belehrt. Sodann wird die Natur und werden die Götter selbst in die Mitleidenschaft hineingezogen: denn alles Geistige findet seine Analogie, ja sogar seinen Stützpunkt, in dem Physischen Leiblichen; und da die Vorgänge in der Natur Thaten und Leiden von Göttern sind, so ist es klar, dass auch Götter sterben und wieder auferstehen, so wie die Natur alljährlich verdorrt oder erfriert und dann zu neuem Leben wieder aufwacht. Eine grosse Zal von Göttern und Heroen ist, nach der Erleidung eines gewaltsamen Todes, aus dem Hades befreit, manchmal auch in den Olymp emporgeführt worden, andere leben und walten unsterblich unter dem Boden fort: und sie sind der Trost und die Hilfe leidender Menschen nicht allein zur Ueberwindung der Schrecken des Todes sondern auch oft zur Befreiung von unheilbar-scheinenden Krankheiten, dass man, beinahe schon dem Hades verfallen, noch einmal, so wie jene Vorbilder selbst, daraus entlassen werde.

13. Ueber das eigenthümliche Wesen solcher Mythen.

Das also sind die Quellen philosophischer Mythen, wenn man sie so nennen will: doch verdienen sie schwerlich diesen Namen, schon darum weil sie unbewusst, und nicht mit dichterischer Freiheit, geschaffen werden, und zweitens weil sie sich eng an das Bedürfniss anknüpfen, an das Abklingen der Freude, an das Verwimmern des Schmerzes, an das Rasten von der Arbeit, weshalb sie auch von den anderen praktischen, auf das Diesseits und das alltägliche Leben bezüglichen, im Wesen kaum zu unterscheiden sind. Dazu kommt noch ein wichtiger Umstand, der uns warnen muss, keine gar zu tiefe speculative Weisheit und noch weniger etwa eine Erinnerung aus dem Gottesbewusstsein im Paradiese dahinter zu suchen. Sie verrathen nämlich, wenn man sie genauer betrachtet, gar kein von dem Schein der Dinge abgezogenes und methodisches Denken: sondern, so wie jene ganze jenseitige Welt mit allen ihren Bewohnern und Zuständen bloss ein zurückgestraltes Spiegelbild der diesseitigen ist, also sind z. B. auch die Schöpfungssagen lediglich nur aus den alljährlichen Belebungen der Natur und Entwickelungen der Gewächse im Laufe der guten Jahreszeit vom Frühjahr bis zum Herbste abgezogen, dergestalt dass z. B. die sechs Schöpfungstage den sechs Jahresfesten der Parsen entsprechen: in gleicher Weise ist die Sinfluth nichts weiter als ein vergrössertes Bild der nach der grausamen Gluthhize alljährlich mit dem Eintritt der Regenzeit und dem Schmelzen des Schnees kommenden Ueberschwemmungen. Eben so verhält es sich ferner mit dem lezten Weltbrande, der sein Vorbild hat in den grossen Verbrennungsfesten, welche in Syrien und auch hin und wieder in Griechenland gefeiert wurden, und dieser Weltbrand wiederholt sich im Brande Trojas und in der Verbrennung Sardanapals.

Um diese Behauptungen zu beweisen, wollen wir in den nächsten Paragraphen einige der wichtigsten Mythen von der

Schöpfung dem Sündenfall und der Sinfluth beleuchten, die das Steckenpferd der allegorischen Mythendeuter und Vergötterer des Aberglaubens sind. Nur wollen wir zuvor noch bemerken, dass diesen Mythen wohl manchmal auch Erzeugnisse müssiger speculativer Menschen beigemischt sein können: denn so wie es in jedem Volke Dichter gibt, so hat es in jedem wohl auch sinnige, mehr zur Betrachtung geneigte, Menschen gegeben, die das Nachdenken über die Gründe der Dinge zu ihrem Geschäfte machten, und die, wenn sie auch manchmal von anderen darum getadelt wurden, wie der Amphion bei Euripides und wie Cicero unter den Römern, doch von ihrem angeborenen Trieb nicht lassen konnten. Und wie alt die Einkleidung speculativer Gedanken in das Gewand der Fabeln sei, das erkennen wir aus vielen Beispielen. Nur muss man diese Einkleidung nie für eine bewusste und willkürliche halten nicht bloss bei jenen Denkern aus dem Volke nicht, sondern auch bei denen nicht, die als Schriftsteller sich über die Menge zu erheben anfiengen. So lange nämlich das Denken und Dichten in den Banden des Glaubens gefangen liegt, ist kein freies abgezogenes Schaffen möglich: und wer in jeder Naturerscheinung das Wirken und Walten von Dämonen siht, der kann, wenn er über die Gründe der Dinge nachzudenken anfängt, natürlich nicht anders, als wiederum diese Götter und Geister in Handlung sezen, so dass also zwischen seinen Denken und dem früher betrachteten Volks-Denken kein specifischer Unterschied sein kann. Asien, in welchem die Sonne der Wissenschaft niemals aufgegangen ist um die Uebel des Wahnes zu zerstreuen, ist von den ältesten Zeiten an reich an derartigen Denkern gewesen, und das ist ohne Zweifel dasjenige was unsere mythologischen Forscher meinen, wenn sie von einem durch die Phantasie vermittelten Denken der naiven Vorzeit reden. Auf den Namen käme es eben nicht an, wenn man sich nur dabei bewusst geblieben wäre, dass jene Halb-Denker wozu sie auf diese Weise gemacht wurden) an die

Existenz ihrer mythologischen Gestalten und Geschichten auch selber wirklich geglaubt haben, und dass mithin diese Götter und ihre Sagen ihnen auch niemals blosse Bilder gewesen seien. Die Erfindungen solcher religiöser Denker aber unterscheiden sich von den volksthümlichen nur dadurch dass sie meistens keine Wurzel unter dem Volk und im Cultus gefasst haben. Mit den Allegorien berühren sie sich oft näher als die gewöhnlichen Mythen, weil ihre Urheber, obgleich unbewusst, doch in der nämlichen Weise wie die Dichter verfahren sind, also dass sie gewissen Bewegungen in der moralischen und physischen Welt Leben, Empfindung und Bewusstsein gaben, freilich mit dem Unterschied dass ihre Figuren wirklich lebten, die der Dichter aber bloss so gedacht wurden.

14. Die Mythen von der Schöpfung.

Am ersten wird man immer geneigt sein, eine entweder im Geiste aufgegangene oder von aussen gekommene Uroffenbarung anzunehmen, wenn man etwas von den zum Christenthum gehörenden Ideen in den heidnischen Sagen vorfindet, z. B. von der Einschwärzung des Bösen in die Welt durch böse Dämonen, von der Vertilgung einer sündigen Menschheit durch die Sinfluth, von der Rettung eines Samens derselben durch einen zweiten Adam u. s. w. Alles das aber findet sich vor in den Glaubens-Sachen der Parsen, und zwar in solcher Gestalt, dass sich keineswegs eine Entlehnung aus dem Israelitischen Glauben annehmen lässt, eher umgekehrt, weil die Parsische Gestalt weit mehr inneren Zusammenhang in sich selbst als die biblische hat, und auch den Natur-Ereignissen weit besser entspricht. Denn das ist es, was wir hier zeigen wollen, dass auch die derartigen Sagen lediglich auf gewisse alljährlich wiederkehrende Zustände der Natur, als regelmässige Manifestationen von Göttermächten, sich gründen, und gewissen damit zusammenhängenden Festen und

Cultus-Gebräuchen zur Auslegung dienen, ganz wie die übrigen Mythen.

In sechs Fristen hat dem Parsen-Glauben zufolge der Ormuzd durch sein Schöpfungs-Wort die Welt geschaffen. Aber diese sechs Fristen vertheilen sich auf den Jahresumlauf so dass die Weltschöpfung gerade in dem Zeitraum eines Jahres zu Stande kommt. Und diese Fristen geben die sechs grossen Jahresfeste der Parsen, die Gahanbars, deren jedes fünf Tage dauerte. Das erste Fest feierte die Schöpfung des Himmels, das zweite die der Gewässer, das dritte die der Erde, das vierte galt den Bäumen und Gewächsen, die beiden lezten den Menschen und den Thieren[116] Die Genien der Monate, in welche die Feste fielen, entsprechen den genannten Schöpfungen, nämlich 1. Ardibehescht, der Amschaspand des reinen himmlischen Feuers, 2. Taschter, der Geber des Wassers, 3. Schahriver, Amschaspand der unterirdischen Metalle $\Pi\lambda o\acute{v}\tau\omega\nu$, 4. Mithra, der Mittler beider Welten, der also die erstorbene Schöpfung wieder belebt und bekleidet mit Gewächsen, 5. der Dai, der Monat »des Schöpfers«, enthält die Schöpfung der Thiere, endlich 6. der Sapandomad, der Amschaspand der unterwürfigen Erde, die des Menschen. Dass nun ein Mythus, der so mit dem Cultus verwachsen ist, weder von draussen entlehnt noch erst später erfunden sein kann, versteht sich von selbst. Noch dazu entsprechen diese Feiern auch in den Gebräuchen den bei anderen Völkern gefeierten Jahresfesten. Bei den Aegyptern z. B. hatte man fünf heilige Schalttage, welche dort vom Hermes (Toth dem Jahre beigefügt waren, und an einem jeden dieser Tage war ein bedeutender Gott von der Rhea (Nutpe) geboren worden, welchem demnach dieser Tag heilig sein musste, nämlich am ersten der Osiris, der

---

116) Spiegels Avesta II. p. 4 und p. C. Note 2. Vullers Frag. über die Rel. Zoroast. p. 23 f. p. 47 f.

sogleich bei seiner Geburt mit lauter Stimme sich als den Herren
der Welt ankündigte, am zweiten der Arueris oder der alte
Horus, am dritten (der ein Busstag war) der Typhon, der zur
Unzeit seiner Mutter aus der Seite hervorbrach, am vierten die
Isis ganz im Feuchten, am fünften die Nephtys, welche den
Typhon heurathete[117]. Bei den Persern wurden ausser den
genannten Jahresperioden noch fünf, den Gahanbars entspre-
chende, Schlusstage zum Dank für die Erschaffung aller Dinge
gefeiert[118]. Auch die Griechen begiengen unter verschiedenen
Namen und in verschiedener Weise in den verschiedenen
Staaten mehrere solche Jahresfeste, welche besonders die
Eigenthümlichkeit hatten, dass man, wie in der goldenen
Zeit, eine allgemeine Gastbewirthung Fremder und Einheimischer und eine zeitweilige Freigebung der Sclaven übte,
einer Sitte, worin die Parsischen Gahanbars mit den Κρονίοις
sowohl als auch mit den Saturnalien zusammen stimmen. Alle
solche Jahresfeste nämlich waren erstlich Reinigungsfeste für
das ganze Volk und sogar auch für die von Dämonen befleck-
ten Elemente, und sodann Versöhnungsfeste, indem nach
Beseitigung des Sündenschmuzes die goldene Zeit wiedergekehrt schien, wo alle Menschen Brüder waren und selbst auch
mit den Göttern in vertrautem Verhältniss lebten. Darum
bestanden diese Feiern immer aus zwei Theilen, einer Trauer-
Ceremonie welche dem Vergangenen mit seinen Sünden gehörte, und einer Freuden-Feier, mit welcher man in die neue
Zeit hineingieng. Wo man nur drei Jahreszeiten unterschied,
da wird man auch nur drei solche Feste gefeiert haben, wie
z. B. bei den Juden das Passah, das Pfingstfest oder das Fest
der Wochen und das Lauber-Hütten-Fest gewesen sind,
denen immer eine fünftägige Sühne vorhergieng. So
feierten die Lakedämonier ihre Hyakinthien und ihre Karneien

117, Plut. Isid. c. 12.
118 Duncker II, 377 ält. Ausg.

gleich Pfingst- und Lauberhüttenfesten: und bei den Athenern sind besonders die Buss- und Reinigungsfeste der Anthesterien und der Thargelien von grosser Bedeutung gewesen.

15. Die Sagen von der Sinfluth bei den Parsen und den Assyriern.

Sowohl der Dämon des Winters als auch der Dämon der Alles verbrennenden Sonnengluthen verunreinigten die Erde samt den Sünden der Menschen. Darum bedurfte sie einer Abwaschung durch Regengüsse und Ueberschwemmungsfluthen. Dieser Glaube hat den Sagen vom Paradies und von der Sinfluth ihre Entstehung gegeben, die sich zwar überall vorfinden, aber ihre vollständigste Ausbildung in dem Zweistromlande Mesopotamien erhalten haben mögen. Wir betrachten zuerst die Persische Sage, nach dem Vendidad in Spiegels Avesta I. p. 69 ff., die sich unmittelbar an die Schöpfungs-Geschichte anschliesst und in allen ihren Momenten so unzertrümmert und so deutlich ist, dass man zu ihrer Erklärung keiner Beziehung stammverwandter Sagen bedarf, vielmehr sie selbst diesen zur Enträthselung dient.

Yima (Dshem oder Dshemshid bei Firdusi), der erste Mensch dem Ormuzd die Offenbarung gegeben hat und der Träger des Gesezes, hat zuerst die Welt bevölkert, und unter seiner Herrschaft war kein Winter, kein Tod u. s. w. Er führte goldene Siegeswaffen, und herrschte erst über dreihundert Länder voll Vieh, Menschen, Hunden, Vögeln und Feuerstätten, dann sind allmählich neunhundert daraus geworden, und die Erde wurde zu enge für die Bevölkerung. Da gieng Yima wieder gen Mittag der Sonne (und dem Siz der guten Götter) entgegen, und spaltete die Erde mit einer goldenen Lanze, und machte sie aus einander gehen durch sein Gebet, dass sie um drei Drittheile grösser wurde.

Nun hatte Ormuzd in den Ized Göttern ein Volk, und ihm gegenüber Yima in den Menschen im Paradiese *Airyana-vaëja*) ebenfalls sein Volk. Aber nun verdarb Ahriman diese Welt, indem er den Winter, die Wasserfluthen, die Schlange u. s. w. hineinbrachte. Darum befahl Ormuzd dem Yima, einen Garten zu machen von der Länge einer Reitbahn in's Gevierte, und dorthin zu bringen den Samen alles Viehes, der Menschen, Hunde, Vögel und der rothbrennenden Feuer. Die Milchkühe, die Fische in ihren Wasserbehältern, die Vögel, alles soll in besonderen viereckigen Räumen untergebracht werden, und sollen daher Stockwerke, Säulen, Höfe, Verschläge eingerichtet werden, dass der Samen alles Lebendigen, auch aller Gewächse und Speisen, der besten und wohlduftendsten, erhalten werde. Dort ist nun abermals kein Zank, kein Verdruss, kein Betrug, kein Mangel, kein Unmaass, keine Krankheit u. s. w. Oben an dem Garten sind neun Brücken, in der Mitte sechs, unten drei: an der obersten wohnen 1000 Menschen, an der mittleren 600, an der untersten 300. Herum geht ein Umkreis mit einem Thor und einem Fenster. Diesen Umkreis schafft Yima auf den Rath des Ormuzd mit seiner goldenen Lanze und dadurch dass er auf die Erde tritt mit den Fersen und sie mit den Händen schlägt, ganz so wie Menschen wenn sie die Erde aus einander treiben wollen. Innerhalb leuchten die Gestirne, Sonne und Mond, und das Jahr ist wie éin Tag ohne Nacht). Alle 40 Jahre wird von einem Menschenpaare ein anderes Menschenpaar geboren, eben so geht es auch bei den Thieren. Das Leben ist paradiesisch.

So wie dieser Glaube, und zwar aus den nämlichen Gründen wie die Schöpfungs-Sage, nicht aus dem biblischen entlehnt sein kann, so weist auch der Yima auf einen ganz anderen Ursprung zurück. Dieser *Yima* ist nämlich dieselbe Person mit dem Indischen *Yama,* welcher in den Vedas als König der Todten (Wodan eine besondere Welt bewohnt, wo er die Unsterblichen um sich versammelt. Diese Welt ist keineswegs eine Welt des Schreckens, sondern die Räume sind lustvoll, es herrscht dort Fröhlichkeit Freude Lust und Entzücken — also wie unter Kronos und wie beim Wuotan in Walhalla [119]. In Iran also ist aus diesem König der Seligen der Beherrscher eines doppelten Paradieses geworden, eines ursprünglichen und eines nach der Verunreinigung durch Absonderung wieder hergestellten, so dass der Yima Adam und Noah in einer Person ist. Die Verwandlung des Gartens in eine Arche mag wohl zuerst in der Babylonischen Tradition stattgefunden haben, und sie war eine nothwendige Folge der eingemischten Sinfluth. Diese Sinfluth nun, welche mitsammt dem Drachen oder der Schlange in Gestalt einer Schlange ist nämlich der Ahriman in die Schöpfung des Ormuzd eingebrochen und hat sie verunreinigt und verdorben mit Hilfe der von ihm selbst geschaffenen Mächte, auch bei den Griechen wiederkehrt, wird überall als eine Abwaschung der Erde nach deren Befleckung durch den von Ahriman geschaffenen) Winter, für eine Reinigung und Entsündigung angesehen. Man würde darum sehr irren, wenn man in dieser allgemein verbreiteten Sage eine Erinnerung an geschehene Erdrevolutionen, an das Zurücktreten des Meeres von Ländern welche es früher bedeckt hatte, oder an Ueberfluthungen früher bebauter Länder u. s. w. sehen wollte. Denn abgerechnet, dass dergleichen Revolutionen nicht von Menschen erlebt worden sind, pflegen auch keine einmaligen historischen Ereignisse, und wenn sie noch so erschütternd waren, den Stoff zu Mythen herzugeben, sondern nur die regelmässig wiederkehrenden, dergleichen auch die überschwemmenden Gewässer im Lenze sind. Darum ist es auch umsonst, die Anfänge irgend einer Volkes- oder Landesgeschichte oder die Ansiedelung eines Stammes an derartige Sagen anzuknüpfen, so wie man überhaupt hinter den

---

119) Spiegels Avesta I. p. 7.

Mythen eben so wenig Geschichte als irgend eine andere Wissenschaft zu suchen hat.

Wo nun grosse Ströme im Lenze mit verheerenden Ueberschwemmungen auftreten, wie in Mesopotamien, da musste die Sage von der Sinfluth eine grössere Bedeutung gewinnen. Dort sind die Fisch-Götter und die Vögel-Götter zu Hause: jene wohnen in der Ueberschwemmung, diese machen ihr ein Ende. Und nach der dortigen Sage ist der Assyrische Adam-Prometheus selbst ein Fisch-Gott, Oannes Anu, gewesen, der die Menschen aus dem thierischen Zustande herausriss, Wissenschaft und Künste lehrte. Nach ihm kommen noch sechs solche Fisch-Menschen deren jeder eines der heiligen Bücher den Babyloniern brachte), und der lezte von ihnen heisst Xisuthros, unter welchem die Sinfluth sich ereignet [120]. Dieser baut auf Befehl des Kronos (Bel), wie Berosos erzält, ein Schiff ganz wie Noah, in welches er auch den Samen von allen Pflanzen und Geschöpfen bringt. Ausgesandte Vögel bezeugen ihm, dass die Fluth vorüber sei: das Schiff landet an einem Berg in Armenien: die Ausgestiegenen errichten einen Altar und opfern; hernach wird dieser Noah zu den Göttern entrückt. Bei dem Taubenweibe Semiramis aber, welches als Kind von Tauben ernährt wird und als Taube aus ihrem Palaste fortfliegt bei ihrem Tode, kommt der Oannes abermals zum Vorschein als dessen Gatte, Namens Onnes [121]. In der Semiramis selbst endlich, der Tochter der Fisch-Göttin Derketo, erscheinen beide Eigenschaften, die des Fisches und des Vogels, geeinigt, und der Syrischen Göttin zu Heliopolis waren die einen so gut wie die anderen heilig.

---

120 Duncker, Gesch. des Alt. I. p. 113.
121 S. Duncker, Gesch. des Alt. I. p. 267. n.

16. Die Hellenischen Sagen von Menschenschöpfung und Sündenfall.

Zu Kolonos bei Athen wurde neben dem $\dot{\iota}\pi\pi\acute{o}\tau\eta\varsigma$ Πo-$\sigma\epsilon\iota\delta\tilde{\omega}\nu$ auch $\acute{o}$ $\pi v\varrho\varphi\acute{o}\varrho o\varsigma$ $\vartheta\epsilon\grave{o}\varsigma$ $T\iota\tau\grave{a}\nu$ $\Pi\varrho o\mu\eta\vartheta\epsilon\acute{v}\varsigma$ verehrt, wie Sophokles Oed. C. 56 bezeugt, und sein Scholiast theilt dar- über folgendes Zeugniss des Apollodoros mit: »der Prome- theus wird mit der Athena zugleich in der Akademie verehrt, gleichwie auch der Hephästos, und es ist dort ein altes Stand- bild von ihm und ein Altar in dem $\tau\acute{\epsilon}\mu\epsilon\nu o\varsigma$ der Göttin. Man zeigt auch ein altes Grundgestell am Eingang worauf das Bild des Prometheus und des Hephästos ist: der Prometheus (wie auch Lysimachos sagt ist zuerst abgebildet, älter und mit einem Stab in der Hand, der Hephästos neu und nachherig, und ihr gemeinsamer Altar ist auf dem Grundgestell ebenfalls ausgeprägt«. Dazu muss man das Zeugniss des Pausanias I, 30, 2 fügen: »In der Akademie ist ein Altar des Prometheus, und beginnt von ihm aus der Wettlauf mit brennenden Fackeln nach der Stadt zu. Es kommt darauf an, seine Fackel unter dem Laufen brennend zu erhalten: denn verlöscht sie, so hat der erste keinen Anspruch mehr auf den Sieg, eben so der zweite und der dritte nicht, wenn ihnen die Fackel verloschen ist. Es ist dort auch ein Altar der Musen und des Hermes und innerhalb einer der Athena«. Es ist merkwürdig, dass man ausser Athen sonst nirgends eine Spur göttlicher Ver- ehrung des Prometheus findet, man müsste denn etwa den Lehm bei Panope oder das zweifelhafte Denkmal bei Argos[122] dafür gelten lassen. Auffällig ist es auch, dass bei Athen selbst ursprünglich nur éin Bild und éin Altar gestanden hat; und dieses Bild mit dem Stab in der Hand und sonst keinem Abzeichen kann schwerlich den Prometheus bedeutet haben. Man könnte also daraus die Vermuthung ziehen, dass

---

122 Paus. X, 44. II, 19. z. E.

der Prometheus erst später von den Athenern beigefügt worden sei, gleichsam als eine Verdoppelung des Hephästos, um
den durch Hesiod berühmt gewordenen Titanen bei sich zu
haben, der auch in der Entbindung des Zeus von der Athene
dem Hephästos substituirt worden ist [123], und sogar auch, wie
der Hephästos, von der Hera geboren werden musste [124].
Trozdem braucht man die Vereinigung der beiden Götter
nicht für eine blosse Erfindung der Attiker zu halten, denn
sie ruht auf einem guten Grunde. Sie gehören nämlich von
Haus aus beide zu den Riesen und Urmenschen welche unter
Kronos die Welt besessen haben, obwohl der koboldartige
Hephästos, der sich zu dem Titanen verhält so wie ein Schwarz-
Elfe zu einem Licht-Elfen, erst von der Hera abstammen soll
gleich dem Typhaon, wobei die Hera als Erdengöttin gefasst
ist. Darum ist diese Gemeinschaft auch in den Dichter-Mähr-
chen noch nicht verwischt: denn auf Lemnos, wo Hephästos
eine Werkstätte hat in dem dortigen Vulkane, hat Prometheus
auch seinen Feuer-Diebstahl vollbracht [125], und vielleicht ist
ihm der Hephästos sogar dazu behilflich gewesen [126], indem er
bei Aeschylus von seinem vieljährigen Umgang mit dem Prometheus spricht und so viel Mitgefühl mit dem Gestraften äussert.
Diese Entwendung war indess ursprünglich kein Verbrechen,
und ist erst von den Dichtern dazu gemacht worden. Es handelte sich nämlich um nichts Anderes, als um die Anzündung
eines reinen Feuers, welches aus dem Himmels- und Sternen-
Feuer genommen werden musste, gleichwie dies Zoroaster und
Perseus bei den Persern, und noch manche andere anderwärts,
gethan haben, und dieses Feuers bedurfte man zu dem ewigen
Herd-Feuer in den Prytaneen, an welchem auch der Hephästos mit der Hestia (Vesta) Antheil hatte, so dass also dessen

---

123) Apollod. I, 3, 6. Schol. Apollon. II, 1249.
124) Schol. Il. ξ, 295.
125) S. Cic. Tusc. II, 10, 23 *Promethei furtum Lemnium.*
126) Vgl. Aesch. Prom. 14 und 39.

Entwendung, wenn es eine Entwendung war, auch im Interesse des Hephästos gelegen haben muss. Mit dem gewonne-
nen Feuer nun soll der Prometheus auch alles dasjenige
gemacht haben, was sonst den unterirdischen Schmieden
(Hephästos, Wieland u. s. w.) beigelegt wird, was ihm weniger
ziemt als die Erfindung aller Künste, durch welche das ge-
sellige Leben der Menschen besteht, weil derartige Erfindungen zu den Verdiensten aller Stammväter von Völkerstämmen
und bürgerlichen Gemeinden gerechnet werden. Man muss
nämlich ferner wissen, dass Menschen-Schöpfung Staaten-
Gründung und Anzündung des Heerdfeuers in éiner Person
vereinigt zu sein pflegen, und dass auch in diesen Verdiensten
der Prometheus weder als der erste noch als der einzige in der
Mythologie dasteht. Menschen-Schöpfungen z. B. gibt es in
den Griechischen Sagen wohl ein halbes Duzend, wir nennen
bloss die Stein-Menschen Deukalions, die Ameisen-Menschen
des Aeakos und Peleus, die σπαρτοί des Iason-Kadmos. Beim
Prometheus nun wird diese Schöpfung auf zweierlei Art angegeben: Aeschylus lässt ihn Thier-Menschen in Menschen
verwandeln mittelst der eingeführten Cultur-Mittel, andere
lassen ihn Menschen aus Lehm formen, was vielleicht auch
der Lehm-Mensch Πηλεύς einmal gethan hat. Als Titane hat
Prometheus nothwendig auch in den Tartaros hinabgestürzt
werden müssen ist doch auch sein Freund Hephästos ein paar
Male aus dem Himmel hinabgeworfen worden, trozdem dass
er eigentlich schon den unteren Regionen angehörte), und zu
solcher Bestrafung musste ein Grund vorhanden sein: darum
hat seine Feuer-Entwendung, seine Begünstigung der Menschen und fast alles was er gethan hat, den Grund dazu hergeben müssen. Indessen ist er nicht im Tartaros geblieben,
so wenig als Kronos und die anderen Titanen. Aber seine
Erlösung ist abermals von Dichtern ausgeschmückt worden, so
dass das Ursprüngliche von den Zuthaten schwer zu scheiden
ist. Dass für ihn der kranke Chiron sich dem Tode hingibt,

weil nur um diesen Preis der Ueberwinder der Hölle Herakles ihn erlösen kann, ist sicherlich ein alter Zug der Sage: denn der Halbmensch Chiron reiht sich ebenfalls an die Klasse jener missgestalten Wesen zu denen der Hephästos gehört und konnte mit dem Menschen-Schöpfer Prometheus so eng verbunden sein wie er mit dem anderen Menschen-Schöpfer Peleus verbunden ist: und er gehört, wie Hephästos, den unteren Räumen ursprünglich an: warum hätte er also nicht gerne für einen anderen, der als Titane dem Reich des Lichtes angehört, hinabgehen sollen? Und wie sehr der Prometheus den derartigen Wesen befreundet ist, geht auch daraus hervor, dass er zu den Kabiren gerechnet wird [127] und dem Schol. Hes. ἔργ. 48 zufolge von der Nymphe Asopis geboren war.

Also sehen wir dass auch bei dem Prometheus, diesem Steckenpferde der allegorisirenden und philosophirenden Mythendeuter, Alles auf die nämlichen volksthümlichen Begriffe, wie bei anderen Mythen und mythologischen Personen, zurückgeht. Und doch sind diese Mythen durch hineingelegte fremdartige Ideen von den ältesten Zeiten her entstellt und verdreht worden.

17. Der Prometheus bei Hesiod.

Denn bereits bei Hesiod repräsentirt der Προμηϑεύς oder Vorbedacht mit seinem Bruder Ἐπιμηϑεύς oder Nachbedacht den Sieg des menschlichen Verstandes über die Naturkräfte und die Götter, und wiederum auch seine Bethörung und sein Unterliegen. Und zwei Dinge besonders sind es, in denen Prometheus den Zeus überlistet, erstlich die Vertheilung des Opferfleisches und zweitens die Entwendung des Feuers. Die erstere haben wir noch zu erzälen. Als einst in Mekone (Sikyon) die Götter und die Menschen ihre gegenseitigen Rechte bestimmen wollten (so erzält Hesiod ϑεογ. 535),

---

127) Paus. IX, 25, 6.

so schlachtete Prometheus einen grossen Stier, und machte zwei Portionen: auf die eine Seite legte er das Fleisch und die Eingeweide mit dem Fett in die Haut eingewickelt, und oben darauf den Magen, der nichts werth ist: auf die andere Seite legte er die Knochen bedeckt mit dem weissen Fett. Nun sagt zwar Hesiod, Zeus habe den Betrug gemerkt: da er aber trozdem das schlechtere Theil erwählte, und dadurch nicht bloss für jenes Mal sondern für immer den Kürzeren zog (denn die Folge war, dass die Menschen von nun an stets nur die Knochen mit Fett bedeckt zu verbrennen brauchten), so muss man annehmen, dass der Dichter eine irgendwoher überkommene Sage aus Respect vor dem Zeus verändert habe. Sehr passend erinnert Göttling hier an den Handel welchen der Numa mit dem Zeus gemacht hat, als er von ihm wissen wollte, wie vom Bliz getroffene Orte zu entsühnen wären [128]. Er citirte ihn erstlich auf dem Berg Aventin so wie man auch bei uns Geister citirt, und zwang ihn, Rede zu stehen. Nach langem Zögern sagte Jupiter endlich: Mit Köpfen! »Von Zwiebeln«, schob ihm Numa rasch unter. Von Menschen! sagte Jupiter wiederum. »Die Haare«, fiel Numa wieder ein. Die Seele! corrigirte der Gott. Allein Numa, eben so gewandt, fügte schnell hinzu: »Von Fischen«. Da sagte der Gott zum Schluss: »Du hast mich betrogen: denn ich habe Menschenköpfe gewollt: doch weil es nun einmal ausgesprochen ist, so muss es dabei sein Bewenden haben«. Das ist der Glaube einer rohen Zeit, welche in den Göttern nichts Anderes als Dämonen siht, die den Menschen nichts Gutes gönnen und von denen auf gütlichem Wege nichts zu erhalten sei, mit denen man also gerade so umgieng wie noch vor hundert Jahren oder vielleicht noch heutiges Tages unser Volk mit dem Teufel wenn es einen Pact mit ihm macht, wo dieser Dämon sehr oft als der geprellte dumme Teufel erscheint. Und aus so einer Zeit

---

128) Arnob. V, I.

stammt ohne Zweifel auch die Sage, welche die Götter in
Mekone sizen und mit den Menschen um ihre Abgaben einen
Pact machen lässt. Verdreht aber ist diese Sage auch bereits in dieser rohen Gestalt, die selbst dem Hesiod zu crass
gewesen ist, so dass er sie nicht recht verstehen konnte und
aus Missverständniss abgeändert hat. Denn im Gegentheil,
anstatt die Götter zu prellen, hätte Prometheus, als Religions-
Gründer denn das pflegen die Dämonen und Heroen seiner
Art und Gattung alle zu sein, einen ehrlichen Handel mit
ihnen eingehen sollen, wie es andere gethan haben, z. B. der
Phoroneus, welcher fast in allen Stücken dem Prometheus
gleicht, und den wir jezt betrachten wollen, um den allegorisirenden Mythendeutern, wenn wir ihnen etwa die Lust an
diesen ihrem Lieblingsthema verdorben haben sollten, einige
Seitenstücke darzubieten, an denen sie ihre Kunst von Neuem
versuchen können.

18. Phoroneus.

Φορωνεύς, Sohn des Flusses Inachos und der Okeans-
tochter Melia, war König von Argos und beherrschte auch
den ganzen Peloponnes: seine Söhne waren Apis von dem
Ἀπία benannt ist, Argos, Kar von dem die Burg zu
Megara *Καρία* den Namen hat, Pelasgos, Iasos, Agenor
u. s. w. [129] . Dieser Phoroneus hat das Feuer erfunden
und die Götterdienste gestiftet [130]. Er hat auch im
Streit zwischen der Hera und dem Poseidon entschieden zugleich mit dem Kephisos und dem Asterion, als jene beide
Anspruch auf den Besiz des Landes Argos machten. Sodann
hat er die zerstreute Bevölkerung in eine Stadt
vereinigt, die er *Φορωνικόν* nannte. Sein Grab zeigte man
bei Argos neben dem Tempel des Nemeischen Zeus, und man

---

[129] Apollod. II, 1, 1. Hygin f. 143. Paus. I, 39, 4. Eustath.
p. 385, 38.

[130] Paus. II, 19, 5. Clemens Al. protr. p. 13, 11.

brachte ihm Todtenopfer noch zur Zeit des Pausanias. Auch wurde ihm ein ewiges Feuer unterhalten nahe beim Throne des Danaos[131]. Sein Weib *Κερδώ* lag am Markte bei Argos begraben[132]. Der Dichter Hellanikos hatte eine *Φορωνίς* geschrieben.

Hygin nennt diesen Phoroneus den ältesten König in der Welt und sagt, er habe, als die Menschen nach der Entstehung verschiedener Sprachen getrennt und veruneinigt waren, dieselben wiederum vereinigt, auch zuerst die Verehrung der Hera eingeführt, und darum habe ihm Zeus das Regiment über die Menschen gegeben. Clemens ferner stellt diesen Phoroneus mit dem *Μέροψ* zusammen als ersten Religionsstifter[133]. Das wird derjenige Merops sein welcher, in einen Adler verwandelt, zum Zeus in den Himmel aufgenommen worden ist, und nach welchem die Menschen *μέροπες*, d. h. Sterbliche benannt worden sind[134].

In dem Abschnitt welcher die Zwillinge überschrieben ist werden unsere Leser noch mehreren derartigen Heroen begegnen, die sich in ähnlicher Weise, wie der Phoroneus, um die ganze Menschheit oder nur um bestimmte Völker verdient gemacht haben, und aus der Betrachtung solcher Heroen oder Dämonen lässt sich leicht erkennen, was für Bestandtheile der philosophirende Dichter zur Gestaltung seines Prometheus aus dem gänge und gebe seienden aufnehmen konnte und was er dazu gethan habe. Zuthat ist alles was wie Allegorie aussieht, namentlich Alles was diesen Heros theils mit dem Epimetheus und theils mit der Pandora in Verbindung sezt. Die leztere bleibt uns jezt noch zu betrachten übrig.

------

131) Paus. II, 15, 5. 19, 5. 20, 3.   132 Das. II, 21, 1.

133) εἴτε Φορωνεὺς ἐκεῖνος ἦν εἴτε Μέροψ εἴτε ἄλλος τις οἱ νεὼς καὶ βωμοὺς ἀνέστησαν θεοῖς.

134) Schol. Il. ω, 293. Hygini astron. II, 16.

19. Pandora.

Die Dichtung von der *Πανδώρα* also, besonders wie sie in den Tagen und Werken enthalten ist, ist in der That eine Satire auf die Weiber und ein Musterstück zu des Simonides Schmähgedicht über die Weiber, mit dem der sogenannte Hesiod ich sage der sogenannte, denn in dem 29. Fragment findet sich eine ganz andere Ansicht von der Pandora ausgesprochen, indem sie als Tochter Deukalions von Zeus den Graekos gebiert) in vielen Punkten übereinstimmt. Wichtig ist für den Mythologen in dieser Erdichtung bloss das, dass dieses Weib vom Hephästos aus Lehm geknetet wird, gerade so wie anderwärts von Prometheus die Menschen geschaffen sein sollen, so dass wir also wiederum die beiden zusammen fallen, oder vielmehr den Prometheus später die Rolle des Hephästos occupiren, sehen. Die Pandora aber wird in den Tagen und Werken vollends zu einer Eva gemacht, welche den Menschen um das Paradies bringt, indem sie den Deckel von dem Gefäss abhebt, aus welchem alle ideellen Güter fortfliegen, dass bloss noch die Hoffnung zurückbleibt, und dagegen alle möglichen Uebel und Krankheiten einziehen. Diese Dichtungen sind in der That recht hübsche Seitenstücke zu unsres Schillers Gedicht »Ehret die Frauen, sie flechten und weben himmlische Rosen in's irdische Leben«, und ein trauriger Beweis von der Stellung welche das Weib leider auch unter den Griechen (denn von den Asiaten wollen wir gar nicht reden) eingenommen hat.

Es ist übrigens in diese Fabel (denn ein Mythus ist es nicht) eine zweite, nämlich die von den zwei Fässern, des Guten und des Bösen, hinein verwoben, welche aus Homer Il. ω, 527 ff. entlehnt ist. Aber die Erzälung ist fragmentarisch und corrupt, so dass man nicht einsiht, wo das Fass plözlich herkommt, und ob das Gute oder das Böse herausfliegt, und von einem zweiten Fass ist gar keine Rede. Wir sind in der Deutung den Alten, z. B. dem Babrios f. 58, gefolgt, welches uns immer das Sicherste scheint wo immer so eine Deutung vorhanden ist. Neuere haben anders gedeutet, z. B. Schömann in seinem Progr. von der Pandora, Greifsw. 1853.

B. Von der Weiterbildung der Mythen.

1. Legenden und Dichter-Erzälungen.

Nachdem wir gesehen haben, wie die volksthümlichen und wie die philosophischen Mythen aussehen, geziemt es sich nun ferner zu betrachten, wie die Mythen unter den Händen der Dichter sich gestalten, oder wie die poetischen Mythen sich ausnehmen. Die Dichter verfahren mit den überkommenen Legenden in ähnlicher Weise wie die Künstler mit den alten Tempelbildern, nur noch viel freier. So wie jene nur schöne ideale Menschengestalten herzustellen bestrebt sind, unbekümmert um die Bedeutung der symbolischen Anhängsel, welche die Schönheit beeinträchtigen, also pflegt den Dichtern, wenn sie einen religiösen Mythus in die Hand nehmen, sehr wenig daran gelegen zu sein, in welchem Zusammenhang dieser oder jener Punkt der Sage mit dem Cultus und der symbolischen oder religiösen Bedeutung stehe, indem sie einzig nur darauf bedacht sind, eine wahrscheinliche Geschichte mit menschlichen Motiven und völlig nothwendigem Verlaufe herzustellen und zugleich eine die da fesseln rühren und belehren könne. Durch dieses Verfahren werden gerade diejenigen Züge der Sage, welche dem mythologischen Forscher die interessantesten sein müssten, verwischt, und andere hineingezeichnet welche unkenntlich machen. Wie sehr dadurch die Sagen verändert und ihrer ursprünglichen Gestalt entfremdet werden, wollen wir jezt an einigen Beispielen zeigen.

In Phrygien verehrte man eine Göttinn Ἀδράστεια, in welcher die Hellenen ihre Helene, die Schwester der Dioskuren, wiederzuerkennen glaubten. Diese Adrasteia war aber Eins mit der Phoenizischen *Astarte*, auch der Name Adrasteia war aus diesem Namen gemacht, und diese Astarte war von ihnen unter dem Namen *Athor* auch nach Memphis in Aegypten in das dortige Quartier der Tyrier verpflanzt worden. Die Astarte nun ist bekannt genug, so dass es nicht nöthig sein wird, hier auseinanderzusezen, wie sie theils mit der Syrischen Aphrodite Urania genannt theils mit der Moira und Nemesis vertauscht theils mit der Dioskuren - Schwester vermengt werden konnte. Nur so viel sei hier bemerkt, dass sie gleich den Patäken und Dioskuren auch als Beschüzerin der Schiffahrer verehrt wurde, und dass sie in Sparta mit dem Menelaos, in Troja mit dem Paris, in Aegypten mit dem Seedämon Proteus vermählt war. Das ohngefähr sind die Facta, der Thatbestand. Lassen wir nun die Sagen-erfindende Volks-Phantasie hinzutreten, so wird sie erstlich den Aufenthalt der Göttin oder Heroin in vier entlegenen Ländern durch eine Irrfahrt zu vermitteln wissen. Zweitens wird die Hingebung der Heroin an drei Männer nothwendig in eine oder zwei Entführungen sich umwandeln müssen. Und endlich, wenn die sämmtlichen Abenteuer und Schicksale sich nicht chronologisch hinter einander anreihen lassen, sondern hartnäckig neben einander bestehen wollen, so wird nichts übrig bleiben als eine Doppelgängerin zu erfinden, welche zu gleicher Zeit als Luftgebilde in Aegypten beim König Proteus verweile, dorthin auf wunderbare Weise (so wie die Iphigenia nach Tauris, entrückt, und zu gleicher Zeit als wirkliche Helena in Troja zu sehen sei, dorthin durch den Seefahrer und Asiatischen Weibmann Paris entführt, woselbst sie ein grosses Männer - Morden und endlich ein grosses Verbrennungs - Opfer veranlasst, ganz dem Charakter jener Asiatischen Göttin gemäss: und das Alles wird sie so lange thun, bis sie von ihrem Griechischen Gatten den Entführern wieder abgenommen, also zum zweiten oder dritten Male entführt wird, um mit ihm noch einmal in allen den Gegenden herum zu irren, in denen ihr Cultus bestand. Wäre den Hellenen zu Homers Zeit bereits die Babylonische Semiramis bekannt gewesen sammt ihren Buhlen, den Weiblingen Ninus Ninias und Sardanapal, so konnte die Irrfahrt des Menelaos und seine Abenteuer noch weiter auch in jene Gegend fortgesezt werden: endlich konnte auch die Lydische Omphale mit dem dortigen Weibling Sandon, der sich später in einen verweiblichten Herakles verwandelte, hineingemischt werden.

Was nun die Erzälungen der Dichter von Homer an bis herab auf unseren Goethe aus diesen Sagen gemacht haben, ist zu bekannt, als dass es einer Hinweisung darauf oder gar einer Wiederholung bedürfte: und wer eine geordnete Zusammenstellung aller dieser Dichter-Erzälungen begehrt, den verweisen wir auf Lehrs, Populäre Aufsäze p. 4 ff.

Vergleicht man ferner dasjenige, was die Iphigenia in dem Gottesdienste war, mit demjenigen was aus ihr die Dichter gemacht haben, so ist jenes in diesem fast gar nicht mehr zu erkennen. Da sind zwar die vier Cultus-Stätten, Sparta Artemision Brauron und Taurien, sinnig mit einander in Verbindung gesezt, ferner ist das, was man von der Iphigenia glaubte und wusste, nicht allein mit dem, was von Agamemnon erzält wurde, sondern auch mit dem Wahnsinn und dem Herumirren des Orestes so innig zu einer zusammenhängenden Geschichte verwebt, als wenn das von jeher so gewesen wäre: und in diesen Geschichten wirken so bedeutende Motive, prägen sich so interessante Charaktere aus, gestalten sich so spannende Verwickelungen und so überraschende Lösungen, wie es gar nicht anders sein kann, wenn ein Jahrhundert lang die begabtesten dichterischen Geister, ohne die ursprüngliche Bedeutung der Mythen zu ahnen, auch ohne sich um die noch bestehenden Legenden und Cultus-Gebräuche viel zu bekümmern, bemüht gewesen sind, immer wahrscheinlichere Motive, immer ergreifendere Situationen, immer erschütterndere Begebenheiten, kurz immer grössere poetische Schönheiten in diese Geschichten hinein zu dichten. So wird das nicht Zusammengehörende verbunden, und die also entstandenen Geschichten greifen so hübsch in einander, dass nur das anatomische Messer des Forschers sie noch zu scheiden vermag. Dagegen erscheint das Ursprüngliche Symbolische und in religiöser Beziehung Bedeutsame, an welches die Mythen sich anknüpfen, dergestalt verfälscht verschoben und verändert, mit Zusäzen vermehrt, verdeckt und überkleidet, dann abgerundet und überfirnisst, dass es ein grosser Zufall ist, wenn hier und da noch ein unverwischter Zug oder ein durchschimmerndes Gepräge sich erhalten hat. Wer würde wohl in einem Achill noch den See- und Küsten-Dämon, in einem Melikertes den Melkarth, in einem Ἄργος πανόπτης den Moloch, in einem Admetos, einem Neleus, einem Laomedon den Hades, in einer Menalippe die Thetis, in einer Skylla die Britomartis, in einer Hekabe die Hekate, in einem Meleager und einem Πάρις Δύσπαρις den Lydischen Sandon wiedererkennen, wenn nicht theils die erhaltenen Nachrichten vom Cultus theils die Vergleichung der Symbole und der Mythen unter einander uns noch zu dem Ursprünglichen und Wahren zu geleiten vermöchten? Diese Verwirrung also ist grösstentheils erst von den Dichtern angerichtet worden, und sie mussten, eben als Dichter, diese Geschichten-Fälschung begehen, sie mochten wollen oder nicht. Ob z. B. Homer, wenn er von einer Durchpeitschung der Hera und von einem Schwebe-Hängen sowohl dieser als auch der sämmtlichen Götterschaft erzält, von der ursprünglichen Bedeutung dieser Sagen eine Ahnung hatte oder nicht, darf gar nicht erwogen werden: denn als Dichter geht ihn diese Bedeutung nichts an, und wenn er keine moralischen, d. h. menschlichen, Motive hineinlegen konnte, so war die Sache für ihn so gut wie nicht vorhanden, so konnte er sie nicht gebrauchen und musste sie ignoriren. Wenige Dichter sind darauf bedacht gewesen, die historischen Angedenken, d. h. die im Cultus herrschenden Gebräuche und Symbole, mit den poetischen Geschichten zu vermitteln, wie z. B. Euripides auch in der Iphigenia durch den *deus ex machina* die Stiftung des Dienstes zu Brauron in Attika vorhersagen und begründen lässt. Allein was hilft das? Auf die Gestaltung seiner Dichtung übt diese Rücksichtsnahme nicht den mindesten Einfluss, und oft steht der Cultus mit den poetischen Erfindungen dieses Dichters selbst in geradem Widerspruch, wenn z. B. im Hippolyt gesagt wird, dass die Liebe der Phädra zu Hippolyt ewig von den Mädchen besungen werden soll, während die Phädra doch des Jünglings Unglück gewesen ist; oder wenn in der Medea gesagt wird, dass die Korinthier Opfer für den begangenen Greuelmord bringen müssen, welchen doch der Dichter von jenen auf die Medea hinübergewälzt hat.

2. Wie man solche Mythen zu behandeln habe.

Der Dichter hat eben andere Interessen als der Religionsglaube: darum können dieselben nie zusammenhalten und selten sich mit einander vertragen. Was aber folgt denn daraus für den mythologischen Forscher? Dass er nicht die Sagen von der Argonautenfahrt, von den Sieben gegen Theben und ihren Nachkommen, vom Trojanischen Krieg, vom Pelopiden-Hause u. s. w., ja nicht einmal die Sagen von einem Helden wie Herakles, oder von einem Gotte wie Zeus, nach dem gemachten historischen Zusammenhang und fast auch in chronologischer Reihenfolge wiederbringen, sondern vor allem scheiden muss. Er muss trennen was als zusammenhängend überliefert ist, und verbinden was weit aus einander gezerrt ist. Denn der religiöse Zusammenhang ist ein anderer als der poetische, und um jenen hat sich kein Mythograph und kein Dichter je bekümmert, während sie diesen herzustellen und zu vervollkommnen um die Wette alle bemüht gewesen sind. Dieser leztere also muss vor allem zerstört werden. Wann wird

man einmal aufhören, die Geschichte eines Gottes von seiner
Geburt an bis zu seinem Verschwinden wie die Biographie
eines Menschen zu erzälen, und in so eine ganz nach Plutar-
chischer Manier entworfene Lebensbeschreibung alle aus allen
Gegenden Griechenlands und des Auslandes zusammengetra-
gene Geschichten aufzunehmen, die meistens viel weniger das
Wesen dieses Gottes, als das Wesen eines anderen Heros,
welcher neben jenem eine Rolle spielt, und oft auch nur die
Sitten und Bräuche der Landschaft, in welcher sie daheim
sind, betreffen? Die Geschichte von der Geburt und ersten
Erziehung des Zeus z. B. list sich in gutem Zusammenhange,
ist aber aus sehr verschiedenartigen Bestandtheilen zusam-
mengesezt, welche alle das Wesen des Zeus so gut wie gar
nicht berühren. Denn es handelt sich da um die Wirkung der
Asiatischen Lärm-Musik zur Verscheuchung böser Dämonen,
um die Heiligkeit der aus Assyrien und Arabien stammenden
βαίτυλοι, um die Kinder-Opfer im Molochs-Dienste, um die
Natur der Nymphen u. s. w. — also um viele aus verschiedenen Religionen und Weltgegenden und mancherlei Glaubensansichten zusammengebrachte Dinge, deren ein jedes von dem
Forscher in seine Heimath zurückzuführen und unter der
Rubrik der analogen und verwandten Dinge zu behandeln ist,
ganz unbekümmert um den Zusammenhang in welchen die
Dichtersage sie hier gebracht hat, wofern nicht aus diesem
Zusammenhange selbst noch hin und wieder eine symbolische
Bedeutung hervorleuchtet. Wenn sodann Ehestands-Scenen
von Zeus und der Hera erzält werden, wenn z. B. Zeus bei
Homer einmal seine Gemahlin peitscht, wenn er bei den Böo-
tiern die Davongelaufene durch Herumführung eines anderen
Liebchens reizt dass sie wiederkommt, so wird auch hier wieder der Forscher erkennen müssen, dass das, was sich zu einem
moralischen Zusammenhange mit einander verbinden liesse,
in der wahren Bedeutung aus einander liege. Denn was das
Peitschen der Hera (Erde) zu bedeuten habe, erklärt uns

Homer selbst, wenn er z. B. Il. *β*, 782 sagt: »*ὅτ' ἀμφὶ Τυφωέϊ
γαῖαν ἱμάσσῃ*. Die andere Ehestandsscene aber will eine Erklärung geben der grossen Böotischen Verbrennungsfeste *δαί-
δαλα*, und hat sehr wenig mit der ehelichen Eintracht ursprünglich zu schaffen [135].

3. Unterscheidung von Legenden und Mythen.

Das Resultat dieser Betrachtung ist: Man muss zwischen
religiösen und poetischen Sagen unterscheiden, und wir wollen
darum die ersteren Legenden, die zweiten Mythen vorzugsweise nennen. Wo es keine Dichtkunst gibt, gibt es auch
keine Mythen, sondern bloss Legenden. Das sind die *ἱεροὶ
λόγοι*, mit denen Griechenland von Aegypten her bereichert
worden ist. Dem mythologischen Forscher aber kann überall
nichts willkommener sein, als so ein *ἱερὸς λόγος*, und je abge-
schmackter er erscheint, desto bedeutungsvoller wird er sein,
gleich den rohen mit Symbolen behangenen und halb thiergestaltigen Götterbildern, welche dem Betrachter weit mehr von
dem Wesen und Wirken der Götter verrathen, als die schön-
menschlichen und aller Symbole entkleideten Gestalten aus der
Hand eines Phidias oder Praxiteles. Und darum ist Pausanias
die wichtigste Quelle für den Forscher, weil er mehr Legenden
als Dichtersagen überliefert, noch dazu im Verein mit den
Symbolen und Cultusgebräuchen, aus denen am ersten die
Bedeutung des Gottes oder Dämons entnommen werden kann.
Von diesen Dingen soll der Religions- und Mythen-Forscher
keines übergehen und keine derartige Ueberlieferung je unbe-
achtet lassen. Dagegen soll er im Referiren der Dichter-Erzälungen, wenn er sie nicht ganz übergehen kann, sich kurz
fassen, weil die Sachen oft besser in ein Lehrbuch der Aesthe-
tik als in eine Mythologie hineinpassen.

---

135. Paus. IX, 3, 2.

4. Unterscheidung zwischen Glauben und Dichten.

Die symbolisirende Mythologie nun vermengte das freie Schaffen der dichterischen Phantasie mit den unwillkürlichen Wunder-Dichtungen des Aberglaubens: sie vermochte die Geisterscherei eines Torquato Tasso von seinen poetischen Erzeugnissen, dessen Dispüte mit Geistern von seinen Speculationen, Macbeths und Hamlets Geisterscherei, und selbst den Hexenspuck in jener Tragödie, von Shaxpeares poetischen Gestalten kaum zu unterscheiden. »So liegt«, sagt Bauer in s. Symbolik und Myth. p. 6, »die poetische Bedeutung des Geistes in Shaxpears Hamlet, wodurch der Held der Dichtung die höhere Mahnung erhält, so wie der Hexen in seinem Macbeth, in nichts anderem als eben darin, dass sie die objectivirten in einem äusseren Abbild vor uns hingestellten Gedanken der That sind, um diese in ihrer unausweichlichen Nothwendigkeit stets gegenwärtig zu erhalten. Und wenn Calderon die träumerische Nichtigkeit des Lebens durch einen wirklichen Traum darstellt, wenn Tasso in seinem befreiten Jerusalem den seiner inneren Heldenkraft vergessenen Rinaldo durch den Spiegel, in welchen er blickt, zur Seelenkenntniss wiederum gelangen lässt, so sind auch dies Bilder einer Idee, deren Poesie eben darin besteht, dass wir an das ursprüngliche Wesen und Geschäft der Phantasie, Ideen und Begriffe in Bildern und Anschauungen auszuprägen, erinnert werden«. Denn, meint Herr Bauer, auch über den dichterischen Bildern werde die damit ausgedrückte Idee oft vergessen, und hinwiederum falle auch die Mythologie, weil sie das Uebersinnliche nicht durch Begriffe sondern durch Bilder darstelle, in die Sphäre der Poesie. Zu Luther kam fast alle Nacht ein Teufel der mit ihm disputiren wollte, und hielt ihm vor dass er mit seinen Lehren die Welt verwirrt habe: und Torquato Tasso behauptete steif und fest, dass der Geist, der ihn besuche, Realität ausser ihm

haben müsse, weil er ihm oft Ideen beibringe, auf die er selbst
von freien Stücken nimmermehr gekommen wäre. Wir aber
werden nicht zweifeln, dass hier diese Ideen und dort jene
Vorwürfe, trozdem dass sie die Visionäre selbst in Erstaunen
sezten, aus ihrem eigenen Geiste stammten, oder, mit H. Bauer
zu reden, objectivirte, in einem äusseren Abbild vor sie hin-
gestellte, Gedanken der That waren. War aber darum Luther
wohl unter die Dichter zu rechnen, gleich dem Shaxpear,
welcher den Hamletischen und den Macbethischen Geist
erdichtet hat? Nein, Luther und Tasso in dieser Lage waren
weder Dichter noch Mythologen, sondern geistergläubige
Visionäre: ihre Erzälungen aber geben Stoff zu Mythen und
bereichern die Mythologie der Geister. Aber Goethe wäre
vielleicht ein besserer Dichter gewesen, wenn er den Tasso
ganz so wie seinen Faust behandelt, und statt der ermüdenden
Monologe einige Gespräche Tassos mit seinem Geiste ge-
dichtet hätte, in welchen Tassos Verstand mit den verleum-
derischen Einflüsterungen des Dämons sich streiten musste.
Dann würden wir hier an einem neuen deutlichen Beispiel
erkennen, welch ein gewaltiger Unterschied zwischen dem
Glauben und dem Dichten sei. Ein eben so grosser wenigstens, wie zwischen der Historie und der Dichtung. Denn
auch diesen Unterschied hat man lange Zeit nicht eingesehen,
und will ihn zum Theil noch jezt nicht einsehen, zum grossen
Schaden für die richtige Auffassung der antiken Tragödien.
Es ist ein Glück für Homer, dass man ihm nicht nachzurech-
nen im Stande ist, was er an den Mythen für Veränderungen
gemacht hat um ihnen eine poetische Gestalt zu geben, oder
vielmehr dass man ihm diese Abweichungen nicht nachweisen
zu können glaubte, weil man gerade immer die Form, in welcher dieser Dichter die Mythen überliefert hat, für die ursprüngliche und älteste nahm, während begreiflicher Weise
die Tempelsagen, wenn sie auch in noch so später Zeit
erst durch Aufzeichnung fixirt worden sind, sofern sie mit

dem keineswegs wandelbaren Cultus übereinstimmen, für
ursprünglicher gehalten werden müssen. Dafür hat der arme
Euripides das Sündenthum tragen müssen, den diese symbolisirende und katholisirende Zeit dazu ausersehen hatte, aus
jeder seiner Tugenden ein Verbrechen zu machen. Welch eine
Frivolität war es von dem Manne, die Mythen nicht gerade so
wiederzugeben, wie sie der religiöse und der historische Glaube
überliefert hatte, und so willkürlich mit der Tradition zu
verfahren, der Tradition auf welcher die katholische Kirche
so fest ruht, als auf dem Felsen auf welchen Christus selbst
seine Kirche gebaut hat! Also musste selbst der frivole Aristophanes für ein Wunder der Frömmigkeit und des Patriotismus
gelten, weil er jenen Feind des guten alten Griechenthumes
so muthig verfolgt hatte. Man vergass dabei, dass die Griechische Religion nicht auf Dogmen ruhte, dass die Tradition zu
allen Zeiten etwas Wandelbares und Flüssiges gewesen war,
und dass sie, wie eine hingebende Geliebte, alles gerne geschehen liess was ihrem Bräutigam, dem Dichtergeist, wohl-
gefiel. Den grössten Schaden von dieser Bigotterie erntete
billig die Mythologie: und wenn man sich seit einem halben
Jahrhundert vergeblich quält mit den Mythen ins Reine zu
kommen, und ganze Bibliotheken geschrieben hat welche
unseren Nachkommen einst bloss zum Beweise einer grossen
Verirrung des menschlichen Geistes dienen werden, so verdankt sie dies zumeist der Vermengung der Mythen mit den
Dichtungen.

5. Die Elementen-Geister und die Hellenischen Götter.

Wir haben oben bemerkt, wie die Iris eigentlich einen
Vorgang in der Natur, eine Himmelserscheinung, bedeutet,
von diesem Phänomen aber so gänzlich losgelöst erscheint,
dass kaum noch ein hier und da gebrauchtes Prädikat an diesen Ursprung erinnert, den der Dichter Homer selber vergessen zu haben scheint. Wenn wir den Untersuchungen,

welche anderen Theilen dieses Werkes aufbehalten sind, vorgreifen wollten, so könnten wir noch viel anschaulichere Beispiele hierher ziehen. So ist z. B. der Sohn der Seegöttin Thetis, der Ἀχιλεύς, dessen Name selbst nur eine Nebenform von Ἀχελῷος ist und ἀχελῷος wird für *aqua* Wasser noch von dem Dichter Euripides gebraucht, ein Wasser-Dämon: allein Homer weiss nichts davon, obgleich er ihn mit einem anderen Wasserdämon, dem Xanthos oder Skamandros, in einen Kampf zusammenführt, dem der Achill beinah erlegen wäre. Dieser Skamander aber ist in der genannten Beziehung das gerade Gegentheil von Achill: er steckt noch ganz in seinem Elemente drinnen, geberdet sich ganz wie ein Fluss, kämpft nur mit den Waffen eines Flusses, und wird auch bekämpft und zu Paaren getrieben in der Art eines Flusses. Nur zwei Male, zu Anfang und zu Ende, zeigt er sich eine Weile in Menschengestalt und spricht wie ein Mensch.

Das ist das Verhältniss der Hellenischen Mythologie zu anderen Mythologien oder Göttergeschichten, wie wir jezo zeigen wollen. Denn auch in dem Griechischen Glauben sind solche Elementengötter neben den abgelösten Göttern noch vorhanden, und man findet fast jedem Olympier einen Elementen-Geist gegenübergestellt, welcher leztere im Cultus wenig oder gar nicht beachtet ist, weil er zu einem alten abgedankten Regime, so zu sagen, gehört. Da haben wir den Okeanos neben dem Poseidon, die Ge neben der Demeter, den Uranos neben dem Zeus, die Rhea neben der Hera, den Helios neben dem Phöbos, die Selene neben der Hekate, den Priapos neben dem Dionysos, den Pan neben dem Hermes, und noch manche andere, welche in Local-Sagen sich verkrochen haben. Noch mehr! ein ganzes zahlreiches Geschlecht von Dämonen Riesen und Missgestaltigen (Zwergen), ganze Thiere und Halbthiere, Ungeheuer mit denen die Götter und auch einige der Heroen zu kämpfen hatten, waren einst vorhanden im Himmel auf der Erde und im Meere, sind aber jezt

vertilgt oder unterworfen und gebunden, und die Sagen mel-
den von ihnen als einem früheren, mit Kronos herrschenden,
Göttergeschlechte, dem aber jezt keine Verehrung mehr ge-
zollt wird. Diese Mächte, nämlich die Elementen‑Götter,
werden vom Prometheus bei Aeschylus V. 88. zu Zeugen
angerufen gegen den Zeus und die n e u e r e n Götter:

> O Himmelsluft und flügelschnelle Winde und
> Ihr Bäch' und Quellen, und du heitrer Spiegelglanz
> Endloser Meereswellen, und Allmutter Erd',
> Allseh'nde Sonnenscheibe, dich auch ruf' ich an:
> Seht was ich Gott von Göttern hier erdulden muss!

Hierdurch ist der Gegensaz deutlich ausgesprochen. Wie
steht es denn aber mit den anderen Religionen? sind die Titanen da ebenfalls in den Hintergrund getreten? Die Asiaten
erkannten in dem Kronos ihren Bal und Moloch wieder und in
der Rhea ihre Erdgöttin. Die Germanen verehrten als höchsten Gott den Wodan, den Zauberer und Beherrscher des
Elysiums (Walhalla), in welchem offenbar wiederum der $K\varrho\acute{o}\nu o \varsigma$
$\dot{\alpha}\gamma\varkappa\upsilon\lambda o\mu\acute{\eta}\tau\eta\varsigma$ steckt, und ihre Göttergeschichten haben nichts
als Kämpfe und Verhandlungen mit den Riesen und den
Zwergen zu erzälen, woraus zwar ein Gegensaz der Götter
und der Titanen zu entnehmen ist, aber doch auch hervorgeht,
dass die lezteren noch keineswegs gewältigt und beseitigt seien.
Und wie wenig jene Götter noch von ihren Elementen losgelöst seien, das erkennen wir aus der Maasslosigkeit jener un-
menschlichen Geschichten, wenn z. B. ein Loki, als unterirdi-
sches Feuer, im Fressen mit einem der Götter wetteifert, ein
Hugi, als Gedanke, in der Geschwindigkeit obsiegt, wenn ein
Trinkhorn, welches das Meer vorstellt, von einem Gotte so
weit ausgesoffen wird wie bei der Ebbe das Wasser von den
Ufern zurücktritt, wenn eine alte Frau, die Zeit vorstellend,
sich nicht von der Stelle rücken und nicht niederwerfen lässt
u. s. w. Freilich sind das zum Theil auch allegorische Mährchen,
von irgend einem altnordischen Plato oder Prodikos erfunden,

aber doch im Charakter jener Mythen. Wenden wir uns aber nach Aegypten, so begegnet uns dort kein einziger rein-menschengestaltiger Gott, sondern lauter Thiere, also dass offenbar der thierische Instinct vergöttert sein muss, welcher freilich bereits besser ist als die blosse mechanische Kraft der Elemente, aber für die Sittlichkeit noch ein schlechteres Vorbild. Indessen hat eine Loslösung von dem Elemente doch bereits auch hier stattgefunden, wenn man den Dämon in Thiergestalt ausprägen und in Tempel einschliessen konnte, so dass dieser den Persern so anstössige Gözendienst doch bereits ein Fortschritt nach dem Griechischen Cultus hin war. Man durfte nur den Gott aus dem Thiere herausschälen und das also vom Gott abgelöste Thier, den Adler, den Pfau, das Käuzchen, den Stier, neben einen Zeus, eine Hera, eine Athena, einen Dionysos hinstellen, so stand der reinen Vermenschlichung nichts mehr im Wege. Davon waren die Assyrier und die Perser, zufolge der Dämonen-Bilder, die man in Persepolis und in Ninive antrifft, gerade am weitesten entfernt. Die Parsen-Religion, zu deren Kennen-Lernung das Avesta nicht die reinste Quelle ist, wird von Herodot I, 131 und Strabo XV. p. 732 ausdrücklich als Elementen-Verehrung bezeichnet. »Es ist nicht Brauch«, sagt jener, »Tempel und Altäre zu errichten, und sie halten es für Narrheit solches zu thun, wahrscheinlich weil sie die Götter nicht für menschenähnlich, wie die Hellenen, ansehen. Wer dem Zeus opfern will, der thut das auf dem höchsten Berg, und den ganzen Kreis des Himmels nennt man Zeus. In solcher Weise opfert man auch dem Sonnengott, der Mondgöttin, der Erde, dem Feuer, dem Wasser, den Winden. Und das sind ihre ursprünglichen Götter. Von den Assyriern und Arabern haben sie noch den Dienst der Urania angenommen, die sie Mitra statt Mylitta nennen. Und bei den Opfern fehlen die Spenden, die Musik, die Binden, der Opferschrot: man führt das Thier an einen reinen Ort, ruft den Gott an u. s. w.«

Strabo sezt hinzu, dass der Gott von dem Schlachtopfer bloss die Seele begehre, weiter nichts. Wie sehr mit dieser Art von Gottesdienst der unserer Germanischen Vorältern übereinstimmte, ist aus Tacitus [136] bekannt. Die völlig geistige Natur dieser Dämonen hinderte aber dennoch nicht, dieselben als Rosse mit einem Horn und als geflügelte Stiere mit Menschenköpfen abzubilden, oder die Bösen unter ihnen als Löwen, als gehörnte Ungeheuer mit Wolfsrachen, mit Adlerkrallen u. s. w. zu formen. Solcherlei Symbole vertrugen sich also mit der reingeistigen Natur der Dämonen, und darum schienen sie auch den Hebräischen Propheten nicht allein nicht anstössig sondern sogar erhebend und erbaulich [137], wie die Seraphim über dem Throne des Herrn, mit sechs Flügeln begabt [138].

Wir unterscheiden also vier Stufen der Symbolik bis zur Bildnerei: erst blosse Fetische oder einfache Symbole, dann phantastische Mischungen von Gliedern thierischer und menschlicher Leiber bei der Verehrung reiner Elementen-Geister, dann entweder wirkliche Thiergestalten oder Menschen mit Thierköpfen, wenn der Dämon zwar bereits von seinem Elemente abgelöst, aber noch in den Banden der Natur, als herrschender Instinct, befangen ist, endlich Erhebung zur bewussten Persönlichkeit in der Menschengestalt.

Erst auf der lezten Stufe ist eine poetisch-gestaltbare Mythologie möglich, weil nur Menschen und Menschengestaltigen Göttern wirkliche Handlungen beigelegt werden können. Dass nicht die Griechen allein im Besize solcher Götter waren, ist bekannt: auch der Germanische Glaube war, im Norden wenigstens, bis zu dieser Stufe vorgedrungen, offenbar mit Beihilfe der Poesie, und dabei hatte er die Aegyptische Zwischenstufe übersprungen oder umgangen, wie auch die Reli-

---

136 Germ. c. 9.   137 S. Jesaias 6, 2.
138 Daniel 7, 4 ff. Vgl. Bunsen, Gott in d. Gesch. I. p. 540.

gionen Kleinasiens, die Phrygische und die Lydische, an die sich die Hellenische zunächst anschloss. Soweit also war dem Geiste des Hellenischen Volkes, als dasselbe seine Mission übernahm, bereits vorgearbeitet: nun aber musste noch ein Schritt mehr geschehen, nämlich die Zurückstellung des Kronos mit seinen Titanen. Das war ein von dem Volksgeiste selbst vollbrachter Fortschritt, ehe noch von den Dichtern die Idealisirung der überkommenen Menschengestalten begonnen wurde. Der Zeus in dem Volksglauben, dessen Charakter aus dem Cultus zn entnehmen ist, gleicht noch gar sehr einem regenspendenden, die Erde befruchtenden, Blize schleudernden Natur-Geiste: da man ihm aber in Tempeln opferte und seine Bilder in reiner Menschengestalt aufstellte, so war er trozdem schon grundverschieden von einem Bal oder Moloch. Das Reich der Titanen aber ist aus und vorbei: theils sind sie in den Tartaros gestürzt, theils weilen sie am Ende der Welt im Elysium, und Zeus braucht sich nicht mehr mit ihnen herumzuschlagen. Darum erlaubt ihm seine Stellung ein ächter Vater der Götter und der Menschen zu werden, ohne die unmenschliche Härte der Riesen-Natur, die er behalten müsste wenn er immer noch mit Riesen zu kämpfen hätte, ein menschlich-fühlender Patriarchen-König, der seine Macht und Strenge mehr gegen die widerspenstigen Götter als gegen die schwachen Menschen geltend macht, aber auch bei jenen das selten nöthig hat, weil sie ihm gleichgeartet sind und sich zu beherrschen wissen.

6. Wie Homer und Hesiod den Griechen ihre Götter geschaffen haben.

Wohl einem jeden, der die Erscheinungen Epiphanien Griechischer Götter erwägt, muss es auffallen, dass dieselben so gar nichts Geisterhaftes haben. Wenn in der Odyssee die Athene dem Telemachos erscheint oder wenn in der Ilias der Poseidon die Ajasse in der Schlacht unterstüzt, so ist es eben

gerade wie wenn ein Mensch mit einem Menschen zusammen-
kommt; und wenn auch die Art des Verschwindens den Gott
erkennen lässt [139], so hat doch auch dieses Verschwinden
nichts Geisterhaftes. Also bedarf man auch auf dem Theater
keiner besonderen Vorrichtungen um ein plözliches Sichtbar-
werden und ein plözliches Verschwinden solcher Wesen etwa
durch Emporwindungen aus dem Boden und Versenkungen
nachzuahmen: denn diese Götter kommen und gehen wie
Menschen, höchstens erscheinen sie über den Giebeln der
Häuser in der Luft, aber auch da so leibhaftig wie unser einer,
nicht nebel- oder schattenartig. Das Geisterhafte, Schatten-
artige verbleibt allein den Seelen der Verstorbenen. Kurz,
diese Götter haben in ihren Erscheinungen nichts Unheim-
liches, und in welcher Gestalt sie auch kommen mögen, so
sind das immer leibhaftige Gestalten, wie Menschen mit
Fleisch und Blut begabte. In dieser Hinsicht sind die Griechischen Götter von den Göttern aller anderen Völker merkwürdig verschieden. Wie geisterhaft theils und theils wie
maasslos, bald zu Riesen aufgeschossen und bald zu Zwergen
verschrumpft, sind die Erscheinungen der meisten nordischen
Götter! Wie roh und crass sind ferner die Sagen vom Phrygischen Agdistis, seiner Entmannung, der Geburt des Atys etc.

»Es ist«, sagt Welker, »von allem Hellenischen das Helle-
nischeste, dass sie dies Werk bis zur vollständigen Metamorphose und zur allgemeinen Illusion zu vollenden vermochten,
die Persönlichkeiten der mythischen Götter so lebendig aus
der Idee hervorbildeten, dass diese an die Stelle der einschlä-
gigen physischen traten, ohne kaum an sie zu erinnern, und
in den Religionen des Landes weit hervorragten über die physischen, die sich noch erhielten«. Aber wie diese Veränderung
vor sich gegangen sei, dass die in der Natur lebenden Götter
»aus Schatten und Schemen in Personen von bestimmten

---

menschlichen Eigenschaften idealisirter Art übergiengen« —
dies scheint mir denn doch kein so unergründliches Geheimniss zu sein, wie dieser Gelehrte meint. Mit éinem Worte, die
Dichtkunst war es welche diese Verwandelung bewirkte. Je
mehr von einem Dämon Geschichten erzält werden, d. h. je
mehr er bei dem Thun und Leiden der Menschen betheiligt
und in die Schicksale der Völker und der Familien verflochten
wird, desto bestimmter muss seine Gestalt und sein Charakter
sich ausprägen, desto weiter seine Vermenschlichung vor-
schreiten. Welche fast körperhafte Gestalten zeigen z. B. schon
die Engel der Seherin von Prevost! Wenn also die Geister
sogar in den Visionen der Träumer und der Halbwachen schon
Vieles von ihrem Geisterhaften opfern und beinahe körperhaft
werden, um wie viel mehr müssen dies die von ihren Elementen abgelösten Götter thun, wenn sie, bald in diese bald in
jene Gestalt verwandelt, (denn freilich in ihrer eigenen Gestalt
erscheinen sie den Menschen selten), zu den Menschen kommen, mit ihnen reden, mit Rath und That zur Rettung aus
Nöthen beitragen, mit sichtbar-unsichtbarer Hand in die
menschlichen Angelegenheiten eingreifen? Wenn nun ein
Dichter solche Erzälungen in die Hand nimmt — ich meine
aber einen wirklichen Dichter und keinen Verfasser von Gebeten, keinen Spruchsprecher und keinen mystischen Lehr-
dichter, keinen Orpheus und keinen Melampus, — tritt also
ein Dichter hinzu, dem es wirklich nur um Ausprägung echt-
menschlicher Geschichten, nicht um mährchenhafte Verzierung
unvernünftigen Glaubens zu thun ist; so wird die Umbildung
solcher bereits so weit von der Natur abgelösten Götter in
ideale Menschengestalten, mit Abstreifung alles für menschliche Verhältnisse nicht Tauglichen, vollendet. Diese Art von
Poesie aber ist erst mit den Griechen in die Welt gekommen,
und in ihrer reinsten Gestalt auch nur von diesen gehandhabt
worden: also konnten auch die Götter und ihre Geschichten
nirgends weiter ausser bei diesem Volke bis zur völligen

Menschwerdung sich abrunden. Der Dichter aber arbeitet auch dem Künstler vor, wie die Beschreibung der Bilder auf dem Schilde Achills beweisst, und was jener noch übrig lässt, das wird von diesem vollends auf das rechte Maass zurückgeführt. Der bildende Künstler wird keinen übermässig grossen Kyklopen neben einem winzig-kleinen Odysseus darstellen mögen, er kann keinen Zeus ausprägen welcher Erde und Meer sammt allen Göttern an einer Kette in der Schwebe hält, keinen Ares dessen Leib sieben Plethren Flächenraumes bedeckt, keine Hera, welche, indem sie dem Ὕπνος einen Schwur leistet, mit der einen Hand die Erde und mit der anderen das Meer fasst, keinen Poseidon der mit drei Schritten von Thrakien nach Euböa gelangt, keinen Himmels-Gott, der mit einer Bewegung seiner Augenbrauen Himmel und Erde zittern macht. Es ist ein ungeschicktes Mährchen, welches sagt, dass Phidias gerade jenen Vers in der Ilias sich zum Muster genommen habe bei der Verfertigung seines Olympischen Zeus: denn gerade dies konnte er nicht. Darum sind später, nachdem auch bereits die Künstler zur völligen Vermenschlichung der Götter mitgewirkt hatten, in den Tragödien auch jene Ungeheuerlichkeiten bereits von den Gestalten und Erscheinungen der Götter verschwunden gewesen.

7. Die menschlichen Götter und die Humanität.

Auf jene Weise nun wurde zu gleicher Zeit die Verwandlung der moralischen und körperlichen Ungeheuer in schöne Menschengestalten und der Legenden in sinnige Dichtungen bewerkstelligt: und so ist zugleich mit seinen Göttern auch der Mensch erst ein wahrer Mensch geworden und die Humanität zum ersten Mal in der Welt empor gekommen. Denn wo die Götter Ungeheuer sind, da sind es auch die Menschen, und wo jene zu hoch zu ferne und zu geisterhaft dastehen, da können sie keine Nachahmung wecken. Und Legenden können zwar wohl mit Bewunderung Furcht und Staunen

erfüllen einestheils und anderntheils den Glauben an die Kraft
der Ceremonien und Symbole bestärken, doch eine menschen-
bildende und veredelnde Kraft besizen sie nicht. Aber die
poetische Erzälung besizt diese Kraft. Um dies hier zu beweisen, müssten wir wiederholen was über den Einfluss poetischer
Erzeugnisse auf den Charakter und die Gesinnung schon so
vielfach und so einleuchtend in alten und neuen Zeiten gesagt
worden ist. Hierher gehört aber bloss die Bemerkung dass,
um aus Legenden solcherlei Erzälungen zu machen, welche
nicht mehr durch ihren religiösen Inhalt stofflich, sondern
rein nur durch ihren dichterischen Werth, als Bilder menschlicher Thaten und Leiden, fesseln rühren und die Leidenschaften reinigen, wie Aristoteles sagt, oder den Geist frei
machen, wie Schiller sagt, es nöthig sei, dass dieselben eine
völlige Umgestaltung erfahren. Wie nun dadurch die Griechische Mythologie das geworden sei was sie ist, nämlich ein
Repertorium von Musterbildern für alle möglichen menschlichen Zustände und Situationen Tugenden und Fehler, eine
unerschöpfliche Fundgrube und ein Schaz für die Künstler
aller Völker und Zeiten, ein Gemeingut der ganzen Menschheit, welches keine andere Mythologie keines Volkes aus der
Gunst der Menschen verdrängen vermöchte, das ist so anerkannt, dass es keiner weiteren Erörterung bedarf.

Dass in der dichterischen und künstlerischen Behandlung
die heiligen Geschichten nicht allein vermenschlicht sondern
auch verweltlicht wurden, das ist freilich nicht zu leugnen.
Was kann aber diese Verweltlichung schaden, wenn die Kunst
mit der Religion zu gleichem Ziele hinstrebt und dabei den
Glauben mit der Vernunft vereinbart? Denn ein Unterschied
bleibt doch immer, ob der Stoff ein weltlicher von Haus aus
oder ein religiöser sei, und ein gemalter Zeus will nicht mit
einem irdischen König, eine Marie mit dem Kinde nicht mit
einer gewöhnlichen Mutter verwechselt werden. Es gibt aber
kein anderes Mittel, den Inhalt der Religion mit der Vernunft

zu vereinigen, ausser der Kunst, und keine Festung, in welcher jener Inhalt vor den Angriffen der Freigeisterei so sicher geborgen wäre, als seine Verschönerung durch die Kunst: denn das Schönheitsgefühl übt fast eine so grosse Macht wie die Gemüthswärme, und wird, was es einmal in Schuz genommen hat, gegen die Einsprüche des Verstandes nicht aufgeben.

9. Vor- und Nachhomerisches.

Wenn man aus demjenigen, was in manchen mittelalterlichen Dichtungen von einem Christenthum vorkommt, einen Schluss machen wollte auf die damalige Geltung des Christenthums überhaupt, so würde man sehr irren. wo z. B. im Tristan die Isolde, im Begriff einen Meineid zu schwören, fleissig Gott um Beistand anruft und dabei auf dessen Höveschheit, d. h. Artigkeit gegen eine Dame. baut, und nachdem der Meineid gelungen ist, der Dichter meint, dass der heilige Christ windschaffen zum Umwenden geeignet, wie ein Aermel sei, oder wo im Nibelungenliede beim Kirchengang die Frauen sich um den Vortritt streiten zanken und schimpfen, sonst aber von christlicher Religion sehr wenige Spuren, ausser dass man einige Male »Gotte dienet«, angetroffen werden. Nur wie weit bei dieser Classe von Menschen das Christenthum gedrungen war, können diese Gedichte zeigen, weiter nichts! Einen ähnlichen Massstab müssen wir auch bei Homer anlegen: denn auch diese Poesie ist eine Adelspoesie, und prägt die Glaubensansichten dieses Standes aus, während die Menschen des anderen Standes. den Thersites ausgenommen, bloss als Zalen existiren. und weder in der Schlacht noch in der Berathung jemals hervortreten. Wo aber eine solche Kluft zwischen zwei Ständen besteht. da darf man überzeugt sein, dass auch die Religionsansichten nicht völlig überein sein werden und nicht einerlei Götter auf beiden Seiten verehrt, oder wenigstens diesen Göttern nicht einerlei Bedeutung gegeben werde. So bemerkt Bunsen bei den Indischen Ariern richtig, dass der Brahmanismus weit mehr der Gegensaz als die Fortsezung der in den Veden vorhandenen Religion sei, und die beiden Religionen verhalten sich in der That zu einander so wie die Religionen eines Kriegerstandes und einer Priesterkaste sich verhalten müssen. Und neben dieselben stellt sich als dritte die des gemeinen Volkes, mit den Göttern *Çira* und *Vishnu* an der Spize. Denn man kann schon aus dem jedesmaligen höchsten Gottheiten den Geist ihrer Bekenner errathen, wenn man bei den Kriegern den Dämonen-Schläger Indra, bei den Priestern den metaphysischen Begriff Brahma, beim Volke die zu rohen Gözen-Gestalten gewordenen Naturkräfte betrachtet. Diese Göttermächte nun sind zwar nach einander zur Herrschaft gelangt in der Geschichte Indiens, aber nicht nach einander entstanden: denn der *Çira* sowohl als auch der *Vishnu* kommen bereits in den Veden vor[140], sind aber dort von untergeordneter Bedeutung, endlich das Brahma, die Weltseele, war vorhanden und wird bleiben so lange es pantheistische Weltanschauungen gegeben hat und geben wird.

Bei Homer findet sich von manchen Dingen keine Spur die doch bereits im Gange sein mussten, z. B. von Menschenopfern, welche so sicher bereits üblich waren in gewissen Gottesdiensten, als sie durch die aufgeklärtesten Zeiten hindurch bis zum völligen Verschwinden des Heidenthums immer fort bestanden haben. Es scheint also, dass mit dem stolzen Bewusstsein jener Homerischen Menschen ein so demüthiges Sündenbekenntniss sich nicht vertragen habe: und natürlich mussten Helden, die selbst gegen Götter den Speer in der Schlacht zu schleudern sich getrauten, weit entfernt sein von der Gözenfurcht Karthagischer Pairs, welche, als es ihnen schief gieng im Kriege gegen Agathokles, auf einmal 500 ihrer Söhne, theils freiwillig theils gezwungen zur Opferschlachtung

---

140 S. D u n c k e r, II. p. 231 f.

hergaben. Wenn also von einem Cultus des Dionysos oder der Demeter, von Mysterien, von Orphischem Wesen, von Mord-sühne u. s. w. sich wenige oder gar keine Spuren in den Homerischen Gedichten finden, so folgt daraus nicht, dass im ganzen Volke von allem diesem, allerdings nachweislich erst später zur Herrschaft gekommenen, Religions-Wesen noch gar nichts in jenen alten Zeiten vorhanden gewesen sei: denn es kann dasselbe bereits in den unteren Schichten existirt und nur gewartet haben bis es mit dem Emporkommen dieser Volksschicht sich geltend machte. Ein unbefangener Forscher kann zum Theil aus den Homerischen Gedichten selbst und noch deutlicher aus anderweitigen Spuren erkennen, dass das Asiatische Wesen lange vor Homer bereits an allen Orten Griechenlands geherrscht hat. Mehr als ein Duzend Dionyse lassen sich aus dem Schutte der Ruinen ausgraben, welche aus gestürzten oder verwitterten Culten übrig geblieben waren. Ja, der Homer ist von gestern, und wer das Griechische Reli-gionsleben von ihm ausgehen liesse, der würde so klug han-deln, wie wer die Erschaffung der Welt vom Jahr 5809 an datiren wollte! Wie wollte man denn die Flözgebirge, die Steinkohlen-Lager, die Versteinerungen erklären? Dergleichen Ablagerungen, Verschüttungen, Versteinerungen haben auch in der Menschengeschichte stattgefunden, und ihre Spuren sind noch zu erkennen, namentlich aus den Sprachen und aus den Mythologien. In den Homerischen Gedichten ist eine grosse Zal von Göttern, wenigstens eine viel grössere als bei irgend einem Asiatischen Volke, und eine noch grössere Zal von Heroen bereits vorhanden, und alle diese Individuen haben ihren Sagenkreis und ihre bereits von Sängern ausge-schmückten Geschichten. Und unter den Göttern befinden sich bereits welche Asiatischen Ursprungs sogar bis auf die Namen, z. B. die Aphrodite, die doch bereits völlig hellenisirt und ihrem ursprünglichen Wesen bis zur Unkenntlichkeit ent-fremdet sind. Die Heroen aber haben zu ihrer Umwandlung und Einflechtung in die Stammsagen noch längere Zeit gebraucht: denn sie sind früher lauter Götter gewesen. Welche Zeit musste vergehen und wie viele Dichter mussten den Stoff durch ihre Hände gehen lassen, ehe aus dem See- und Küsten-Dämon Achill, den, als solchen, noch der Cultus zu erkennen gibt, der Held geworden ist mit dem Sagen-Reichthum, welcher bereits den Homerischen Sängern vorgelegen hat! Die Deutung der Heroen-Mythen ist daher, so wie die wichtigste, also auch die schwerste für den mythologischen Forscher, und sie wäre ohne Nachrichten über den Cultus meistens gar nicht möglich. Darum wollen wir hier betrachten, wie sich's mit den Heroen-Geschichten im Allgemeinen verhalte.

9. Die Heroen-Geschichten waren Götter-Geschichten.

Dass die Heroen verkommene oder verdunkelte Götter seien, ist nicht bloss an den meisten derselben an sich deutlich zu erkennen, sondern wird uns auch von mehreren ausdrücklich durch wohlunterrichtete Zeugen versichert[141] und wenn man die Stätten und die Weisen ihrer Verehrung betrachtet, und dabei die überlieferten Legenden prüft, so ist meistens die Aehnlichkeit mit einem Gotte, für dessen Sohn oder auch Rivalen der Heros ausgegeben wird, nicht zu verkennen. Um nicht vorzugreifen und nicht specielle Untersuchungen in diese Einleitung herüberzunehmen, wollen wir statt Hellenischer Heroen einen Germanischen als Beispiel anführen, den Siegfried. Betrachtet man die Thaten und die Leiden dieses Helden, dass er von drei Walkyren geliebt wird und zweier Walkyren Vater wird, dass er die vom Odin verzauberte Brunhilde aus ihrem Zauberschlafe erlöst, durch die Waberlohe mittelst seines Rosses Grani (Grau) hindurchgedrungen, dass er die Tarnkappe besizt, dass er von einem Schlangen-Dämon erzogen wird und die Schlangen-Dämonen Fafnir und Regni

---

141 Vgl. Schömann, Gr. Alt. II. p. 167. 164.

tödtet, dass er den Goldhort besizt, dass er die Runen- und die
Vögelsprache versteht, auf wunderbare Weise zur Kenntniss
der einen und der anderen gelangt, dass er mit dem Odin
selbst einmal auf einem Schiffe fährt und von ihm, wie von
der Walkyre, unterwiesen wird, dass er endlich jung stirbt,
von Verwandten auf Anstiften der Walkyre gemordet, welche
doch nie aufhören kann ihn zu lieben: wenn man, sag ich,
das Alles betrachtet, so dürfte selbst der flachste aus dem vori-
gen Jahrhundert sizen gebliebene Rationalist nicht im Stande
sein, in diesen Geschichten blosse Uebertreibungen zu finden
und zu glauben dass sie durch Einmengung von Wundern aus
historischen Begebenheiten geworden seien. Wohl mit Recht
hat man daher in diesem Helden aus dem Nibelungenlande,
d. h. Nebelheim, bereits einen herabgekommenen Wodan erkannt, und diese Annahme findet ihre Bestätigung in vielen
deutlichen Spuren. So herrscht z. B. in diesen Geschichten
ein gewisser immer wiederkehrender Typus, dass ein Held von
einer Walkyre geliebt, dass er von einem Bruder oder Verwandten erschlagen wird, dass die Trauer um ihn ohn' Ende
ist und dass sein Tod durch ein Blutbad gerochen wird. Also
ist die Sigurd (Siegfried) - Sage eine Wiederholung der Helgi-
Sage, und der Helgi selbst gibt es zwei, die einander ähnlich
sehen, und die Walkyre Sigrun ist eine wiedergeborene Swawa.
Und so wie die Frauen lauter Walkyren sind, mithin auf die
Freya oder Frikka zurückgehen, so sind die Männer lauter
Wiederholungen des Odin-Odur, und so wie dieser Odur der
nordische Osiris ist, verschwindet und von seiner Gattin Freya
gesucht und betrauert ist, und so wie auch Fro oder Freyr
d. h. Herr, der Bruder der Freya (Frau), stirbt und begraben
wird, also scheint auch in allen diesen Mythen nur immer
wieder der Tod dieser Licht-Götter, auch der des Baldurs,
nacherzält zu sein, und die Namen und sonstigen Eigenschaften der Helden bestätigen die Selbigkeit mit dem Odin und
seinen Doppelgängern unter den Göttern. So ist z. B. der

Hogni = Hagen einäugig gleich dem Odin, und sein Name bedeutet Dorn, erinnert also an den Dorn womit der Odin als Swafnir (Einschläferer) Menschen in Zauber-Schlaf versenken kann, wie die Brunhild, eine andere Swawa, d. h. Schlaf. Helgi, d. h. Heilig, der vom Dag (Tag, getödtet wird, wie Hyakinthos vom Phöbos, bekommt, als er nach Walhalla kommt, vom Odin die Mitherrschaft über alle, womit deutlich genug gesagt ist, dass er ein anderer Odin sei. Atli oder Etzel (Etti, Atti, d. h. der Alte, der ursprünglich so wenig mit den Hunnen zu schaffen hat wie der Nibelung Heu (Heun oder Hein [142] selber, tritt bereits als Genosse des ersten Helgi auf, und jene Geschichten spielen keineswegs in Ungarn sondern bei den Riesen und Riesinnen im Norden. Dieser Alte aber wiederholt sich in dem alten Barbarossa mit seinem langen durch den Tisch gewachsenen Barte in seinem unterirdischen Aufenthalte, zwei Eigenschaften worin er dem Wodan-Kronos gleicht [143]. Endlich Sinfiötli, dessen Mythus zwischen der Helgi - und der Sigurd - Sage ein Mittelglied bildet [144]), wird, als er todt ist, in ein Schiff gelegt und den Wogen übergeben, und gerade das wird auch von Odin bei Baldurs Leiche gethan.

Die rationalistische Behandlung solcher Sagen, vermöge deren sie in menschliche oder geschichtliche Begebenheiten verwandelt werden, ist alt, und beginnt schon innerhalb der Dichtung selbst, welche darauf ausgeht, zwar ungewöhnliche aber doch nicht unnatürliche Charaktere zu gestalten. Betrachtet man z. B. die Gestalt eines Siegfried in dem Nibelungenlied, so ist sie bereits so weit herabgesunken in das Natürliche und Gewöhnliche, dass er sich von einem mittelalterlichen Ritter kaum mehr unterscheidet: kein Wunder dass, wer ihn bloss hier betrachtet, an eine historische Entstehung seiner Sagen gerne glaubt.

142, S. Schwenck, p. 242.
143 Plato Phileb. p. 270 D.
144, S. Schwenck, p. 320.

10. Wie die Götter zu Heroen herabgesunken seien.

Wie gieng es nun zu, dass Göttergestalten sich in Heroengestalten verwandelten? Der Gründe lassen sich mehrere denken. Einer der Gründe scheint der zu sein, dass das Wesen eines Gottes sich entzweispaltete in Vater und Sohn, welche Eins waren, bis auf den Unterschied, dass der Sohn zu den Menschen sich herabliess. um unter ihnen zu wandeln. Wir haben diese Einheit in der Zweiheit an den Semitischen Göttern Bal-Moloch, Ammon und Melkarth u. s. w. betrachtet, und dieselbe muss sich überall noch leichter gemacht haben wo noch statt der Zeugung die Emanation gegolten hat [115]. Die Zeugung aber ist erst mit der Vermenschlichung der Götter recht üblich geworden, und diese Vermenschlichung ist nur in der Hellenischen Religion völlig durchgeführt.

Ein anderer Grund scheint in physischen Verhältnissen gelegen zu haben. Die Bevölkerung eines Landes ist von neuen Einwanderern besiegt und geknechtet worden, und mit ihr sind auch ihre Götter, wenn sie nicht mit denen der Sieger Eins und gleichnamig waren, hinabgedrückt, degradirt worden [146]. Die Römer pflegten die Gottheiten einer eroberten Stadt einzuladen, dass sie nach Rom kommen möchten: dort wurden sie bei hohen Familien untergebracht, d. h. sie bekamen das Gnadenbrot, und behielten so zwar den Schein aber nicht das Wesen von dem was sie gewesen waren. Es lässt sich denken, dass auch die Griechen derartige Rücksichten genommen haben: denn mit Göttern will man es nicht gerne verderben, zumal wenn Proben ihrer Macht vorliegen.

Eine sehr fruchtbare Quelle der Vervielfältigung der Götter war ferner ihre Vielnamigkeit: und eine nothwendige Folge dieser Vervielfältigung war dann wieder die Herabsezung

---

115. Vgl. Movers, I, 389. 392. Georgi in Paulys Encycl. unter Melkarth IV. p. 1735.

146. Schömann, Gr. Alt. II. p. 163 ff.

solcher Abzweigungen. Ein Prädikat löst sich ab zu einer besonderen Existenz, und nimmt einen Theil des väterlichen Vermögens als Erbschaft mit. Je nachdem nun dieser Theil bedeutend oder beschränkt ist, waltet sodann die abgelöste Persönlichkeit entweder als mächtige Gottheit oder bloss als Heros fort. Oft auch wurde eine Gottheit aus der Nachbarschaft herübergenommen, die man schon selber besass, aber für etwas Neues hielt, weil sie bei den Fremden nach dem Charakter des Volkes eine fremde Gestalt angenommen hatte. So haben die Römer den Apoll neben ihrem Janus, die Griechen die Kypris neben ihre Hera eingebürgert, und konnten der neuen Gottheit entbehren, wenn sie die alte mit deren Eigenschaften hätten bereichern wollen. Mitunter ist so eine Uebertragung wirklich geschehen, und ist ein einheimischer Gott mit den Attributen eines ausländischen, mit welchem er für Eins galt, dermaassen überbürdet worden, dass er kaum mehr zu erkennen war, wie z. B. der Kretische Zeus mit denen des Pönischen Baal, und der Kronos mit denen des Pönischen Molochs. So ist also diese Unzal von Heroen und diese Menge von Göttern weit weniger aus ursprünglicher Trennung des Zusammengehörenden als aus späterer Zersplitterung Verwechselung Vertauschung und Vermengung, kurz aus Missverständnissen, herzuleiten. Von allen den Heroen, welche in der Ilias vorkommen, kann man getrost annehmen, dass kein einziger Namen erfunden sei, sondern überall in der Heimath des Helden ein derartiger Heros unter diesem Namen verehrt worden sei. Und daraus kann man entnehmen, wie viele Erschütterungen, Verschüttungen, Ueberfluthungen, Ablagerungen, Versteinerungen in allen diesen Landschaften bereits sich ereignet hatten, ehe auf der neuesten Humusbildung die Vegetation des Homerischen Heldenthums hatte gedeihen können. Es ist aber eine vergebliche Mühe, die Revolutionen im Einzelnen erforschen, die aufeinander folgenden Völkerschichten ausgraben, den Niederschlag aller

Bestandtheile nachweisen und so alles auf's Haar ausrechnen zu wollen, und es sind auch in dieser Hinsicht manche stupende Bücher umsonst geschrieben worden, die nicht mehr werth sind als weiland die Untersuchungen, aus welchem Holze das Kreuz Christi gewesen sei u. s. w. Dergleichen Forschungen müssen nothwendig immer im Dunklen tappen, indem man hinter den Mythen Geschichte sucht, was sie von Anfang nicht gewesen sind, folglich auch nie wieder werden können. Diese Sucht, Mythen in Geschichte zu verwandeln, aus welcher so viele unnüze Bücher hervorgegangen sind, verdient noch eine genauere Betrachtung.

11. Mythen sind nicht in Geschichte zu verwandeln.

Alle Geschichten aller Völker beginnen mit fabelhaften Königen und mit Fabeln, und diese Sagen sind so geschickt an die wahrhaften Begebenheiten angeschweisst, die Mythologie verläuft sich so allmählich und unvermerkt in die wirkliche Historie, dass es schwer ist zu bestimmen, wo die eine aufhört und die andere anhebt. Da war es denn ganz natürlich, dass man die Fabel-Geschichte bloss für eine Uebertreibung oder Verdrehung wahrer Begebenheiten ansah, und hoffte, wenn man die Uebertreibungen auf ein menschliches Maass zurückführe, die Vermummungen abreisse, statt der abergläubischen Motive wahrscheinliche und gewöhnliche unterlege und statt der erdichteten, auf Sinnentäuschung beruhenden, Erscheinungen simple natürliche Ergebnisse; so werde man auf einen Kern kommen, der sich als der wahre Gehalt herausschälen lasse. Man verfuhr also mit den Heroen-Geschichten wie mit den Wundern in der Bibel, die man durch Verwässerung, Verdünnung, Verdunstung, Ausschwefelung und Ablaugung einem rationellen Gaumen geniessbar zu machen suchte. Man irrte sich aber bei jenen so sehr wie bei diesen. Denn die Heroen oder die alten Könige, Gründer der Staaten und Stifter der Einrichtungen und Erfinder der zum Leben nüzlichen

Dinge, sind nicht zu Göttern aufgeschwellte Menschen, sondern zu Menschen herabgeschwundene Götter gewesen. Das lässt sich sowohl aus der Erfahrung als auch aus der Vernunft beweisen. Denn von einer grossen Zal von Heroen und Heroinen wird uns ausdrücklich überliefert, dass sie da und dort mit einem bestimmten Gotte für identisch gehalten wurden, z. B. der Erechtheus mit dem Poseidon, die Kallisto und die Iphigenia mit der Artemis, die Helena mit der Adrasteia, der Tlepolemos und der Phaethon mit dem Helios, die Aglauros mit der Athena, der Minos mit dem Zeus, der Lykurg mit dem Dionys, die Europa mit der Hera u. s. w. Bei einer noch weit grösseren Zal ist es aus anderen Spuren, aus dem Cultus, aus den Thaten und Leiden, aus dem Charakter des Heroen deutlich zu erkennen, welcher Gott in ihm stecke. Und ferner wissen wir, dass die mythologische Ueberlieferung so weit entfernt ist, historische Personen zu Göttern zu erheben, dass sie vielmehr Götter zu historischen Personen herabsezt, wie z. B. manche Königinnen der Fränkischen und Longobardischen Geschichte Walkyren gewesen sein mögen. Wenigstens gleicht ihr Thun und Wesen ganz und gar dem der Heldinnen der Nibelungen-Sage, einer Brunhilde, Gudrun, Swanhilde, welche ausdrücklich Walkyren genannt werden in der Edda, und auch ihre Namen (Brunahilde, Fredegunde, Rosamunde) deuten dahin. So werden Götter und Göttinnen erst zu Heroen herabgesezt und dann als Könige und Königinnen der Geschichte eingereiht. Die nämliche Erscheinung nehmen wir wahr in dem Heldengedichte des Persischen Dichters Firdusi, welcher um 1000 n. Chr. geblüht hat. Dort ist aus dem Adam-Noah, dem Yima, einer der ältesten Könige geworden, der die Menschen in vier Kasten theilte, die Diva zwang ihm prachtvolle Bauten aufzurichten und das erste Schiff baute. Ein anderer Held, *Fredun* oder *Feridun*, schreibt sich her von dem göttlichen Ueberwinder des dreiköpfigen Drachen mit den sieben Schwänzen und dem Befreier der Rinder und Retter der

Menschheit aus Tod und Krankheiten, und heisst im Avesta *Thraëtona*, in den Veden *Thrita*. Dieser Drache selbst aber, *Dahaka* genannt, hat sich hier ebenfalls in einen König verwandelt, einen abscheulichen Tyrannen *Sohak* mit Namen, welcher nach Dschemschid (Yima im Bunde mit dem Teufel *Iblis* die Welt verwirrt, während ihm aus den Schultern zwei garstige Schlangen herausgewachsen sind[147]. Der berühmte König *Gustasp* 'Histaçpa = *Hystaspis* Pferdebändiger), unter welchem *Zertuscht* aufgetreten sein soll, war gewiss auch eben solchen göttlichen Ursprungs gleich seiner Gemahlin *Nahid*, in welcher nicht unschwer die Göttin 'Ανᾶίτις zu erkennen ist[148].

12. Historische Personen werden mythischen, mythische historischen untergeschoben.

Ein anderes vielgebrauchtes Mittel, Fabeln und Geschichte zu vermengen, besteht darin, die Namen berühmter historischer Helden mythischen Namen zu substituiren, wie z. B. in der Dieterichssage der Odoaker an die Stelle des Sibich gesezt ist in dem bekannten Hildebrandsliede, und wie dieser Dieterich selbst an die Stelle des Gottes Donar oder auch des Wuotan getreten ist[149]. Die Rolandssage ist eine Abspiegelung des Kampfes des Erzengel wider den Antichrist, und der Held Roland, wenn er jemals gelebt haben sollte, müsste also eben so ein Substitut wie der Ottaker sein. Nun sollte man zwar meinen, dass eine gewisse Aehnlichkeit der Thaten und Schicksale den Anlass zu solchen Vertauschungen gegeben habe. Allein das ist nicht der Fall: der mythologische Ezel hat mit dem historischen Attila, der mythologische Dieterich mit dem wirklichen Könige der Gothen ausser dem Aufenthalte jenes in Ungarn und dieses in Verona geradezu gar

---

147) Spiegel, Avesta II. p. 70 f. Note 3. I. p. 7.
148) S. Vullers Fragm. über d. Rel. Zoroasters p. 109.
149) Grimm, D. Myth. p. 346.

nichts gemein, so dass also hier wiederum die Hoffnung der
Historiker, ein Stück Geschichte aus den Fabeln zu gewinnen,
zu Nichte werden müsste. Was ist denn nun wohl der Grund
zu solcher Vertauschung gewesen? Bisweilen die Namens-
Aehnlichkeit, wie z. B. der Attila mit dem Atli und seine Hunnen
mit den Hünen oder Heunen vertauscht worden sind. Und
solche Aehnlichkeiten mussten sich oft vorfinden, weil die
Kriegshelden gerne Heroen- und Götter-Namen trugen, wie
z. B. der bekannte Arminius oder Hermann mit der Irmen-
Säule gleichnamig war, wit welcher er aber sicher keine wei-
tere Gemeinschaft hatte, indem *Irman* so viel wie Welt oder
Erde bedeutete [150]. Jene Irminsul aber war ohne Zweifel eine
Weltsäule die den Himmel mit der Erde verband gleich dem
Atlas und gleich den Obelisken und den *Ilhamamnim*, von
denen wir bei Hermes sprechen werden. Daraus deutet sich
auch der Name des Gothischen Königs Ermanrich und des
ihm gleichen Theoderich, dessen Name auch wohl das
nämliche bedeutet. Wenn daher Tacitus meldet, dass der
Arminius noch fortlebe in den Liedern *canitur adhuc barbaras
apud gentes,* nicht allein seines Volkes sondern der nordischen
Völker überhaupt, so brauchen wir in die Richtigkeit dieser
Angabe keinen Zweifel zu sezen, wohl aber dürfen wir es in
Abrede stellen, dass der besungene Erman oder Irmin derjenige gewesen sei, mit welchem die Römer die Kriege geführt
hatten. Denn es widerstreitet der Vernunft und der Erfahrung,
dass bei einem Volke, wo die Religion noch Alles ist, Wissenschaft und Kunst aber gar nichts, und wo weit mehr als in
einer rationalistischen Zeit alles Schöne und Grosse in der
Natur und im Menschenleben als Thaten der Götter gepriesen
zu werden pflegt, den Verdiensten eines Mannes eine solche
Auszeichnung sollte zu Theil geworden sein.

---

150 Vgl. *irmandiet* Weltvolk, d. h. die ganze Menschheit, *jormun
grund* die allnährende Erdoberfläche, *iormungandr* die Weltschlange welche, wie der Okeanos, die Welt umschlingt.

Es ist wahr, Griechisch-Römische Herrscher haben sich vergöttern lassen und Versezungen unter die Heroen haben sogar auf Befehl des Orakels stattgefunden [151]. Allein wo ist denn der grosse Alexander oder einer der Römischen Kaiser, vollends nachdem sie todt waren, angebetet worden von einem Volke? und wo hat sich irgend so ein Cultus erhalten? Es ist auch ferner zu berücksichtigen, dass die katholische Kirche den Himmel mit Heiligen bevölkert hat. Allein beim Lichte betrachtet haben diese Menschen eben auch nichts weiter als ihre Namen zur Erzeugung des neuen Heiligen hergegeben, der noch dazu meistens auf einen Griechischen Heros geimpft worden ist. So läuft also alles Vergöttern sterblicher Menschen lediglich auf ein Unterschieben an die Stelle schon vorhandener göttlicher Wesen hinaus, welches Unterschieben nicht allein bei dem Sterben sondern auch schon bei dem Erzeugen stattzufinden pflegt, wenn ein Held einen himmlischen Vater neben dem irdischen hat, und wenn in den Mährchen Eltern, die lange kinderlos gewesen sind, Kinder von Elfen gegeben werden welche sodann auch immer die Natur der Elfen aufzuweisen haben. Nicht zu verwechseln aber mit dem allen ist das ἀφηρωΐζειν, d. h. die Verehrung theuerer Gestorbener durch liebende Hinterbliebene, gleich als wären sie Götter.

Auch Heroen-Namen selbst werden mit Heroen-Namen vertauscht, d. h. es werden gewisse immer wiederkehrende Thaten und Leiden göttlicher Personen wie z. B. dass Walkyren sich in Helden verlieben, dieselben eine Zeit lang beschüzen aber doch zulezt aus Eifersucht oder Rachsucht umbringen) von einem Helden auf den andern und auch von einer Heroin auf die andere übergetragen. Das ist es, warum die Fabeln von Helgi und Sigurd (Sigfried) von Swawa und Sigrun, von Chriemhilde und Gudrun u. s. w. sich alle so sehr gleichsehen. Darum ist es auch sehr zu bezweifeln, ob

---

151. S. Schömann, Gr. Alt. II. p. 145 ff.

der Longobarden - König Albuin überhaupt und ob er gerade von seinem Weibe ermordet worden sei, indem auf die Rosamunde nur die That einer Brunhild am Sigfried oder einer Gudrun am Atli übergetragen zu sein scheint. In der deutschen Geschichte nun, wo historische Aufzeichnungen neben den Fabeln überliefert sind, ist man der Beweisführungen überhoben, wenn man Dichtung und Wahrheit scheiden will: in den Ueberlieferungen aus dem Alterthume entbehrt man zwar solcher Zeugnisse, aber die Thatsachen reden doch oft auch laut genug, wenn z. B. in die Athenische Königsreihe die Namen Ἐρυσίχθων, Ἐριχθόνιος und Ἐρεχθεύς eingeschaltet sind, in denen deutlich Prädikate des Gottes Poseidon zu erkennen sind, ingleichen der Name Αἰγεύς, welcher einen Dämon des Aegäischen Meeres bezeichnet, und wenn endlich der Poseidons - Sohn Θησεύς, dessen Name schon mit Τηθύς übereinstimmt, sich selbst wieder als einen See- und Küsten- Dämon zu erkennen gibt. Doch der Beispiele möchten nun wohl genug sein.

13. Angebliche Vergötterung wichtiger Erfindungen.

Es ist aber noch zu bemerken, dass wichtige Einrichtungen in den Staaten fast immer an mythologische Namen angeknüpft sind, die man als die Repräsentanten solcher Einrichtungen ansehen kann, wie z. B. *Numa* der Urheber bürgerlicher und religiöser Anordnungen (νόμοι) in Rom sein soll. Nichts scheint natürlicher, als dass die Namen der Männer, die solche Erfindungen und Einrichtungen gemacht haben, in der Erinnerung seien festgehalten worden. Betrachtet man aber die Sache genauer, so ist es gerade bei Erfindungen Gründungen und Organisirungen nicht möglich dass die Namen von deren Urhebern gewusst und sonach verewigt worden seien, weil die Erfahrung lehrt, dass von den wichtigsten und folgenreichsten Erfindungen die eigentlichen Urheber nicht gekannt oder doch bestritten sind. Und das geht ganz

natürlich zu. Denn gerade das Beste und Zweckmässigste
wächst so allmählich seiner Vollkommenheit entgegen durch
unmerkliche allmähliche Verbesserungen und zufällige Wahr-
nehmungen, dass man, wenn eine Erfindung (wie die Buch-
druckerkunst, die Telegraphen, die Dampf-Maschinen) vollendet dasteht, meistens kaum mehr zu sagen weiss, von wem
der erste Gedanke ausgegangen sei und wer durch glückliche
Versuche die Sache weiter geführt habe.

Es gab eine Zeit wo man glaubte, dass der Bacchus
wegen der Erfindung des Weines, der Mercur wegen der Erfindung des Handels, die Ceres wegen der Einführung des
Getreidebaus, die Diana wegen der Jagd seien vergöttert worden u. s. w. [152]. Diese Nüzlichkeits-Philosophie, so lächer-
lich sie auch erscheinen muss, wenn man sie z. B. auf die
Venus, als Erfinderin des Beischlafes, auf die Hekate als Erfinderin der Hexerei u. s. w. ausdehnen wollte, ist noch immer
nicht völlig aufgegeben, trozdem dass man nach tieferer Forschung und besonders nach Vergleichung der Asiatischen Religionen hat einsehen müssen, wie flach und ungenügend jene
Auffassung des Hermes oder des Bakchos war, und findet noch
heute unter sehr achtbaren Männern ihre Bewunderer [153]. So
sei z. B. Herakles darum, weil er das Land von Ungeheuern
befreite, in den Himmel erhoben worden, und weil er Dämme
gegen überschwemmende Fluthen errichtete, Weg- und Was-
serbauten machte u. s. w., denn das sei auch mit der Be-
kämpfung mancher Ungeheuer, z. B. der Lerna, der Stymphalischen Vögel gemeint, nämlich Trockenlegung einer sumpfigen
Gegend durch Abzugs-Canäle und Entwässerung des Sees
Stymphalos. Sodann ist derselbe Heros auch ein Städtegrün-
der und ein Kriegsheld gewesen, und Stammhaupt eines kräftigen Geschlechtes, ferner ein Verfolger hierarchisch blutiger

---

152) Vgl. Cicero N. D. II, 23, 60.
153) Vgl. z. B. Welcker, II. p. 756 ff.

Priester und Tyrannen, und wegen so vieler Verdienste ist ihm erst eine dämonische Natur beigelegt, und diese schliesslich auch zu einer göttlichen erhöht worden. Diese Erklärungen werden schon dadurch bedenklich, dass z. B. die Stymphalischen Vögel nicht bloss in Arkadien, sondern auch am Pontos zu Hause sind, und nicht bloss vom Herakles sondern auch von den Argonauten bekämpft werden, dass ferner der Nemeische Löwe seine eigentliche Heimath in Assyrien hat: und siht man genauer hin, so zeigt sich das nämliche Verhältniss an allen den Thaten dieses Helden: es wechseln die Schaupläze derselben so wie die Aufenthalts-Orte der Helden, sie sind analog und entsprechend anderen Thaten anderer Heroen, und der Herakles selbst ist nicht der einzige in seiner Art sondern nur ein hervorragendes Exemplar einer ganzen Gattung von Helden, die nicht darum, weil sie diese oder jene Stadt gegründet haben, vergöttert worden sind, sondern umgekehrt darum, weil sie einer gewissen Klasse von Göttern oder Dämonen angehören, diese oder jene Stadt (wo man sie eben besonders verehrte) gegründet haben sollen. So wie also die Kimmerier nicht ursprünglich bei Cumä, die Meroper nicht auf der kleinen Insel Kos ihren Wohnsiz gehabt haben, und der Aeolos nicht auf den Liparischen Inseln bei Sicilien geherrscht hat noch die Kirke oder die Kalypso oder die Sirenen an dem Plaze wo man sie später fixirt hat heimisch gewesen sind, also hat auch die Gegend um Lerna und um Stymphalos nicht den Sagen von der Hydra und den Vögel-Ungeheuern ihre Entstehung gegeben, sondern diese Sagen waren längst da, ehe man an jene Gegenden gedacht hat, und sind sodann an jene Gegenden angeknüpft worden, gleichwie die Sagen von Nixen welche junge Burschen in das Wasser hineingezogen haben überall wo Gelegenheit war in Deutschland fixirt worden sind, und gleichwie auch Sagen von mythischen Personen auf historische übertragen worden sind.

14. Geschichten als Mythen anzuerkennen.

Wird man somit das Bemühen, aus der Mythologie Geschichte machen zu wollen, aufgeben müssen, so wird man dagegen einen grossen Theil dessen was noch immer für Geschichte genommen wird in das Fabelreich zu verweisen berechtigt sein. Es hat kein Volk von Amazonen je gegeben, es ist keine Einwanderung weder aus Phönizien durch Kadmos noch aus Aegypten durch die fünfzig Danaiden jemals geschehen: diese Danaiden waren fünfzig Najaden, die Amazonen waren lauter Idisen und Ebenbilder der Artemis und Nymphen derselben, und was der Kadmos gewesen sei, ist an den Kabiren zu erkennen. Mit den ältesten Königsreihen aller Völkerschaften oder Landschaften verhält es sich so wie mit dem oben genannten bei Firdusi: die Heroen sind meistens zu alten Königen gemacht worden, hinterher ist von Dichtern Zusammenhang und chronologische Ordnung in die Sagen gebracht worden, und was die Dichter für den Verstand noch vermissen liessen, das ist von den Logographen vollends ausgeglichen worden. Ueber diesen Zweig der Mythologie wäre viel zu sagen, wenn wir uns darauf einlassen wollten. Vieles ist darin bereits aufgeklärt, z. B. in der Römischen Geschichte, in anderem, wie in den genannten Beispielen, herrscht noch gedankenloses Nachsprechen. Man kann aber hoffen, dass die Finsterniss bald noch weiter dem Lichte weichen werde.

15. Ueber die herrschenden Methoden Heroengeschichten und Mythen zu behandeln.

Wenn das was wir von der Abwesenheit jedes historischen Gehaltes in den Mythen gesprochen haben richtig ist, so werden dann unsere Leser selbst urtheilen, was von dem Verfahren unserer Vorgänger zu halten ist, wenn sie z. B. die Thessalischen, die Böotischen, die Arkadischen, die Attischen

Heroen-Sagen, und dann wiederum die von der Argonauten-Fahrt, den Zug nach Theben und die Troischen Geschichten, ohngefähr so wie sie von den Kyklikern und Logographen zusammengereiht worden sind, als wären sie Geschichte oder könnte ein geschichtlicher Gehalt aus ihnen entnommen werden, nach einander referiren. Da bekommt man dann mitunter so klare und anschauliche Belehrungen, wie folgende über die Lapithen bei Gerhard: »Im Dämmer der Sage bleibt es dahingestellt, ob die Verschiedenheit von Gebirg und Thal Boden und Lebensweise allein es vermochten, jenem von Thrakischem Einfluss sichtlich berührten Volkstamm einen zwiefachen Cultus, bald nur von Feuer und Lanze in offenem Hohn des Zeus- Hera- und Apollodienstes, bald Apollinisch-Asklepischer Mächte, dort von der Ixions- und Phlegyas-Sage, hier von milden Heilgottheiten Lapithischen Waldgebirges begleitet, zu begründen« (§ 669). *Num furis, an prudens ludis me obscura canendo?* Es ist wahr, dass der Cultus gewisser Heroen, wie auch gewisser Götter, an gewisse Völkerschaften und Städte geknüpft war: so wie aber darum der Herakles nicht auf Theben und Tirynth, die Helene auf Sparta, die Athena auf Athen, oder die Hera auf Argos, der Zeus auf Olympia beschränkt war, so ist es auch unpassend die Mythen geographisch zu vertheilen, und die Heroen-Geschichten nach den Völkerschaften einzutheilen. Sowohl in der Schweiz als auch in Holland macht man Käse, und Baiern ist durch die Bierbrauereien von Alters her ausgezeichnet: doch sind diese Produkte nicht auf diese Landschaften beschränkt, und kommen an anderen Orten in so verschiedener Gestalt und auch zum Theil unter so verschiedenen Namen vor, dass man an der Einheit bei solchen Varietäten manchmal irre werden könnte. Die Sache aber ist diese, dass eine jede Stadt und jede Völkerschaft ihren Bedarf an Göttern und Heroen, so wie ihren Bedarf an Nahrungsmitteln und Kleidern, aus dem allgemeinen Vorrathe sich angeeignet und bei sich eingebürgert hatte, so dass man also, wenn nur die Nachrichten vollständig genug überliefert wären, wie z. B. bei der Stadt Rom, überall eine Art von Pantheon vorfinden würde, und dass mit geringen, im Charakter des Volksstammes und seiner Beschäftigungen begründeten, Einschränkungen und Abweichungen, bei den anderen immer im Wesentlichen wieder das nämliche vorkommt was man bereits bei dem ersten betrachtet hat, nur öfters unter anderen Namen, wobei auch meistens die Ceremonien des Cultus und der Mythen eine etwas verschiedene Gestaltung und Färbung angenommen haben. Nun ist es eben die Aufgabe des Mythologen, die Einheit in diesen Verschiedenheiten durch Unterscheidung des Wesentlichen und Unwesentlichen zu erkennen, und durch Zusammenstellung des Gleichen zu sorgen, dass die Mythen gegenseitig sich selber deuten. Wie wenig aber ein Forscher diese Aufgabe erfülle, wenn er, von Haus zu Haus gehend, überall ein Inventarium aufzeichnet, zwar mit gelegentlichen Bemerkungen dass dies und jenes Produkt da oder dorther stamme, mit dem oder jenem verwandt sein möge, aber ohne es doch zu einer durchdringenden technischen oder naturhistorischen Erkenntniss der Vorkommenheiten zu bringen, kann man hieraus abnehmen. Damit hängt sodann eine andere seit Otfried Müller herrschend gewordene Eigenthümlichkeit zusammen, ich meine die zu grosse Einschränkung des Cultus gewisser Götter und Heroen auf Oerter und Zeitperioden. Das Bier, um bei dem einmal gebrauchten Bilde stehen zu bleiben, ist nicht erst in München erfunden worden, sondern bereits Archilochus Aeschylus und andere kennen dieses Gerstengetränke im Gebrauch der Thraken und Germanen beinahe auch schon unter dem nämlichen Namen βρῦτον. Und nicht bloss die Götter sondern auch die Heroen der Griechen finden sich in Asien, in Phrygien, Lydien, Syrien und Assyrien wieder.

Gewissermaassen als Gegensaz gegen diese zu beschränkte Verörtlichung der Götter und Heroen geberdet sich das Ver-

fahren mancher Sanskrit-Gelehrten, welche fast jeden mythologischen Namen buchstäblich bei den Indiern wiederfinden
wollen, dergestalt dass z. B. der Ἑρμείας-*Sárameyas* ist, die
Ἐρινύς-*Saranyû*, die Δέσποινα-*Dárapatní*, die Κένταυροι-
Gandharvas, Μίνως-*Manus*, Ὀρφεύς-*Rbhus*, die Φλέγυες-
Bhrgûs, oder Φρύγες-*Bhrgûs*, Προμηθεύς-*Pramátha*, Φορω-
νεύς-*Bhuranyu* u. s. w. was Alles, wie leicht zu denken ist,
bei näherer Betrachtung in Nichts zerfällt. Denn man hat
schon von vornen herein Grund diesem Verfahren zu miss-
trauen, erstlich weil die Griechische Sprache mit dem Sanskrit
zwar Wortstämme und Flexionen aber nicht sehr viele fertige
Wörter gemein hat, zweitens weil ihre Götter und ihre Culte
unmittelbar von Vorderasien sowohl anfangs herübergekom-
men waren als auch fortwährend daher neue Zuflüsse erhielten,
während mit den Ariern nur eine geringe, mehr auf die Elemente als auf die gewordenen Göttergestalten sich erstreckende,
Uebereinstimmung zu erkennen ist. Drittens ist zu bedenken
dass, so lange die Götter und Dämonen noch wirklich im
Volke leben, dergestalt dass ein jeder in einer bestimmten
Sphäre seine Wirksamkeit erfasst und anerkannt ist, auch ihre
Namen noch im Flusse erhalten werden. Daher rührt ihre
Vielnamigkeit, und einer von den vielen Namen kann immerfort hier und da als der eigentliche und rechte fixirt werden,
während andere sich ablösen und als besondere Heroen fort-
zuleben beginnen. Betrachten wir, unter wie vielen Namen
z. B. in der nordischen Mythologie die Nymphen als Idisen
oder Disen, Walen, Nornen, Elben, Alraunen u. s. w., unter
wie vielen Namen noch jezt im Deutschen Volke die Zwerge
oder Wichtlein leben, und wie noch die meisten Namen dieser
Mythologie aus den Germanischen Sprachen sich leicht erklären lassen; so wird man darin eine Bestätigung des Gesagten
finden. Uebrigens ist hinsichtlich der Etymologien meine Ansicht diese, dass man nicht darauf versessen sein soll, alle
Namen erklären zu wollen, wo sich aber eine wahrscheinliche

Ableitung nachweisen lässt, dieses Mittel zur Aufhellung des Alterthums nicht abweisen soll.

Hand in Hand mit dieser Art zu etymologisiren geht ein leichtfüssiges Herumspringen von einer Aehnlichkeit zur anderen, wodurch man, weil es kaum zwei Dinge gibt die nicht dieses oder jenes mit einander gemein haben, von einem auf Alles kommen und Alles zu Allem machen kann. So ist z. B. neulich nachgewiesen worden dass das Hervorlocken der Flamme durch rasche Umdrehung eines Holzes in einem andern Holze und das Butter-Machen, als eine ähnliche Manipulation, und das Menschen-Zeugen und die Entstehung des Blizes am Himmel und die Bereitung des Göttertrankes und die Geburt des Dionysos u. s. w. Alles auf Eines hinausgehen, ingleichen dass Hermesstab, Wünschelruthe, Phallus, Donnerkeil und Butterstämpel Eins seien, und sind daraus gar wichtige Aufschlüsse über die alten Mythen gezogen worden. Das Wahre an diesen Dingen ist aber bloss dieses, dass der Funke in dem Holz oder Stein, aus welchem er hervorgelockt wird, drinnen zu stecken scheint, mithin manchmal bildlich das Holz mit dem Funken s c h w a n g e r genannt wird; dass man, wenn Seuchen herrschten, glaubte dass dies von ener Verunreinigung der Elemente, besonders der Luft und der Trinkwasser, durch böse Dämonen herkomme, und dieser Verunreinigung durch eine Feuerreinigung zu begegnen suchte (woher noch bei uns das Schüren von Johannisfeuern und das Laufenlassen brennender Räder kommt), und dass man zu solcher Reinigung natürlich ein ganz reines Feuer haben musste (denn, wie schon gesagt, auch das Feuer kann verunreinigt werden), welches Feuer entweder durch Anzündung an der Sonne (das ist das Herunter-Holen des Feuers vom Himmel) oder durch die bekannten Feuerzungen zu gewinnen war; dass man ferner, weil die Erhaltung der Gemeinden von der Erhaltung des heiligen Herdfeuers und von dessen Reinheit abzuhängen schien, von den Gründern solcher Gemeinden und Stammvätern ganzer Völker und der ganzen Menschheit, denen zu Ehren jene Herdfeuer in Vesta-Tempeln unterhalten wurden, glaubte, dass sie dieses Feuer auch ursprünglich angezündet und vom Himmel herab geholt haben. Anderer Art dagegen ist es, wenn der Indra den Dämon der Trockenheit *Çushṇa* schlägt und das Sonnenrad unter den Wolkenberg hinabdrückt, dass nach der Dürre die Regenzeit mit den Passatwinden eintritt, oder wenn der Frühlingsgott vom Blize verbrannt, dann im Meer oder bei den Nymphen oder auch in der Hüfte des Zeus eine Zuflucht findet, um neuverjüngt nachher wiederzukommen.

Druck von Breitkopf und Härtel in Leipzig.